○ 重庆市"双优"建设项目成果
○ 会计事务专业课程改革数字化教材

财务数据智能分析

蒋　勇　王　兵◎丛书主编

蒲　敏　夏文娟◎主　编

赵沙沙　程可歆◎副主编

电子工业出版社

Publishing House of Electronics Industry

北京·BEIJING

内 容 简 介

本书是一本内容全面且实操性强的 WPS 软件应用教材。开篇从 WPS 表格数据处理入手，详细介绍了数据复制与粘贴、查找与替换、筛选与排序、分列与填充等任务，为读者奠定基础操作技能。继而深入剖析常用函数，包括统计函数、数学函数、逻辑函数、日期函数、文本函数、查找函数等六大类函数，以满足多样化的数据计算要求。在数据透视表部分，详述了创建与设计数据透视表的全过程，助力高效地分析数据。

在业务分析方面，本书涵盖工资核算、固定资产分析、采购与库存业务分析、销售业务分析、成本分析和财务指标分析等多个关键领域，每个领域都细化了具体任务和子任务，细致入微地指导读者应对各种实际业务场景。此外，本书还介绍了人工智能"WPS AI"的应用和对数据的处理方法，为读者带来前沿的技术体验。

图书在版编目（CIP）数据

财务数据智能分析 / 蒲敏，夏文娟主编. — 北京：
电子工业出版社，2024. 9. — ISBN 978-7-121-49007-1

Ⅰ. F275

中国国家版本馆 CIP 数据核字第 2024DP7440 号

责任编辑：关雅莉　　　　　文字编辑：张　彬
印　　刷：涿州市般润文化传播有限公司
装　　订：涿州市般润文化传播有限公司
出版发行：电子工业出版社
　　　　　北京市海淀区万寿路 173 信箱　邮编　100036
开　　本：787×1 092　1/16　印张：13.5　字数：345.6 千字
版　　次：2024 年 9 月第 1 版
印　　次：2024 年 9 月第 1 次印刷
定　　价：42.00 元

凡所购买电子工业出版社图书有缺损问题，请向购买书店调换。若书店售缺，请与本社发行部联系，联系及邮购电话：（010）88254888，88258888。

质量投诉请发邮件至 zlts@phei.com.cn，盗版侵权举报请发邮件至 dbqq@phei.com.cn。

本书咨询联系方式：（010）88254386，liujia@phei.com.cn。

丛 书 编 委 会

　　本书对应中等职业学校会计事务专业核心课程，以相关教学标准和全国职业院校技能大赛智能财税基本技能为编写依据，将岗位技能要求、技能大赛标准、AI 表格技术等内容有机融入教材。教材适应了数字经济时代对技术、岗位职业能力的要求，是积极贯彻党的二十大关于"推进教育数字化"的会议精神，探索教育数字化转型、专业课程升级转型的优秀成果。

　　本书设置 10 个项目，包括 WPS 表格数据处理、常用函数介绍、数据透视表、工资核算业务、固定资产分析、采购与库存业务分析、销售业务分析、成本分析、财务指标分析及 WPS AI 应用介绍等内容。

　　本书采用项目引导、任务驱动的编写方式，将工作内容转化为教学内容，强调动手操作和主动探究，并在课程讲解和任务训练中有机融入思政元素，在传授知识、提升职业能力的同时，注重对学生的工匠精神、职业道德的培养。教材内容难度适中，符合中职学生的心理特征和认知规律，强调技能体验、学习过程记录，并为每个任务实例配套相应的数字化教学资源，以利于学生学习效能的提升和综合职业能力的培养与多维发展。

　　本书既可作为中职会计事务、纳税事务、统计事务等专业课程的教材，也可作为财务工作者的继续教育培训教材和参考用书。本书由蒲敏、夏文娟担任主编，由赵沙沙、程可歆担任副主编。赵沙沙编写项目一和项目五，程可歆编写项目二，蒲敏编写项目三和项目四，曹霞编写项目六，赵洁编写项目七和项目八，夏文娟编写项目九，张潇尹编写项目十，卢锋负责汇总和后勤工作。

　　对于教材中的不足之处，恳请读者批评指正。

编　者

2024 年 8 月

CONTENTS ━━━━━━━━━━━━━━━ ● 目　录 ●

项目一
WPS 表格数据处理

项目介绍

　　WPS 是金山软件公司自主研发的一款办公软件品牌。它集编辑与打印于一体，提供了丰富的全屏幕编辑功能，还提供了各种控制输出格式及打印功能，使打印出的文稿既美观又规范，基本上能满足各界文字工作者编辑、打印各种文件的需要和要求。WPS 表格是办公软件的一个重要组成部分，是一种能够使财务管理工作变得轻松和高效的软件工具，运用好它的一些基本功能，有助于财务管理人员在繁冗的数据中高效地开展财务工作。

　　本项目主要介绍数据的复制与粘贴、查找与替换、筛选与排序、分列与填充功能。

任务一
数据复制与粘贴

任务场景

　　作为公司财务部门的一名员工，你需要对公司员工的相关信息进行处理，由于部分信息需反复输入且较长，需要用复制与粘贴功能。

任务目标

1. 掌握数据的复制功能；
2. 掌握数据的粘贴功能。

任务内容

　　请根据任务目标完成训练内容，并在练习过程中达到熟练程度。

表 1.1.1　公司人员名单

人员编号	人员姓名	人员类别	银行账号	月基本工资	调整后工资
101	王四	总经理	6227003762800202634	8000	
102	李四	经理	6227003762800202635	6000	
201	何四	经理	6227003762800202636	6000	
202	张四	管理人员	6227003762800202637	4500	
203	张五	管理人员	6227003762800202638	4500	
204	黄四	管理人员	6227003762800202639	4500	

任务实施

一、使用复制与粘贴功能，在表格中输入相同的数据。

步骤　打开素材"公司人员名单"，选中需要复制的数据单元格区域，按 Ctrl+C 组合键复制，然后在要粘贴的起始单元格处按 Ctrl+V 组合键粘贴即可完成。

知识链接

下面介绍几种实用的粘贴选项。

1. 粘贴为数值：复制内容后，单击"粘贴"下拉按钮，在打开的下拉列表中选择"选择性粘贴"选项。在弹出的"选择性粘贴"对话框中勾选"粘贴"栏中的"数值"单选项，如图 1.1.1 所示。

图 1.1.1　粘贴为数值

2. 保持列宽：粘贴的表格数据的列宽不变，表格的宽度不变。在"选择性粘贴"对话框中勾选"粘贴"栏中的"列宽"单选项，如图 1.1.2 所示。

3. 转置：将行转换成列，将列转换成行。在"选择性粘贴"对话框中勾选右下角的"转置"单选项，如图 1.1.3 所示。

图 1.1.2 保持列宽

图 1.1.3 转置

二、使用复制与粘贴的运算功能，将公司所有人员的月基本工资上调 500 元。

步骤 1 打开素材"公司人员名单"，将原基本工资金额（E2:E5 单元格区域）数据复制并粘贴到 G2:G7 单元格区域，如图 1.1.4 所示。

图 1.1.4 粘贴数据

步骤 2 分别在 H2:H5 单元格区域输入 500，即增加额 500 元。按 Ctrl+C 组合键复制

H2:H5 单元格区域的数据，如图 1.1.5 所示。

图 1.1.5　输入 500

步骤 3　选中单元格 G2:G5，单击"粘贴"下拉按钮，在打开的下拉列表中选择"选择性粘贴"。在弹出的"选择性粘贴"对话框中勾选选中"运算"栏中的"加"单选项，如图 1.1.6 所示。

图 1.1.6　基本工资总额增加

步骤 4　可在表格中看到每月增加后的基本工资总额，将其复制并粘贴到 F2:F5 单元格区域，如图 1.1.7 所示。

图 1.1.7　基本工资总额增加

任务评价

现对任务实际掌握情况进行评价，具体评价指标和评价标准如表 1.1.2 所示。

表 1.1.2　"数据复制与粘贴"评价表

评价维度	评价指标	评价标准	评价		
			自评	互评	师评
知识技能（25分）	了解 WPS 表格的各种功能（5分）	正确描述数 WPS 表格的各种功能，得 5 分； 描述不完整，得 2 分； 无法描述，不得分			
	熟练运用复制与粘贴功能（10分）	正确运用复制与粘贴各项功能，得 10 分			
	完成任务拓展训练（10分）	正确完成任务训练中的复制与粘贴任务，得 10 分			
职业道德素养（25分）	"坚持学习，守正创新"的职业道德规范（10分）	学习过程认真仔细，笔记全面，训练积极，得 10 分； 认真听讲，基本参与训练，得 5 分			
	"严谨细致、一丝不苟、精益求精"的工作作风（10分）	严谨细致，得 5 分； 操作熟练，得 5 分			
	沟通交流能力（5分）	在团队合作中主动沟通交流，得 5 分			
课堂参与度（10分）	积极参与课堂互动（10分）	主动参与互动，得 5 分； 承担小组展示活动，得 5 分； 参与小组展示，得 2 分			
小计					
平均分（满分 60 分）					

说明：任务评价采取课堂评价（60%）与期末考核评价（40%）相结合的方式。课堂评价由自我评价（自评）、小组评价（互评）和教师评价（师评）组成，分别从知识技能、职业道德素养、课堂参与度三个方面进行评价。

任务拓展训练

根据表 1.1.3 所示的单位人员基本信息（金额单位：元）完成训练，具体要求如下。

1. 将表头按相同的列宽进行粘贴；
2. 将表格中的内容进行复制与粘贴，银行账号、月基本工资按数值进行粘贴；
3. 公司按每人的月基本工资的 5 倍发放年终奖，运用运算功能进行计算。

表 1.1.3　单位人员基本信息

部门名称	人员编号	人员姓名	人员类别	银行账号	月基本工资	年终奖
财务部门	205	戴三	管理人员	6227003762800202640	4500	
财务部门	206	游三	管理人员	6227003762800202641	4500	
生产车间	301	周三	经理	6227003762800202642	6000	
生产车间	302	李三	生产人员	6227003762800202643	3000	
生产车间	303	杨三	生产人员	6227003762800202644	3000	
生产车间	304	彭三	生产人员	6227003762800202645	3000	
销售部门	401	唐三	经理	6227003762800202646	6000	
销售部门	403	余三	销售人员	6227003762800202647	2500	

扫码查看训练
任务和操作演示

任务二

数据查找与替换

任务场景

销售部的小杨拿着自己部门的销售明细表向你请教如何在内容复杂的表格中迅速找到自己想要的数据。

任务目标

1. 掌握数据的查找功能；
2. 掌握数据的替换功能。

任务内容

请根据任务目标完成训练内容，并在练习过程中达到熟练程度。

完成任务需要用到销售部人员销售明细表（金额单位：元）如表 1.2.1 所示。

表 1.2.1　销售部人员销售明细表

日期	姓名	销售额
2023 年 4 月 1 日	吴二	78860
2023 年 4 月 2 日	黎二	51660

续表

日期	姓名	销售额
2023 年 4 月 3 日	刘二	28740
2023 年 4 月 4 日	方一	0
2023 年 4 月 5 日	谢二	53000
2023 年 4 月 6 日	李二	15890
2023 年 4 月 7 日	曾二	54780
2023 年 4 月 8 日	方二	0
2023 年 4 月 9 日	周二	65430

任务实施

一、使用查找功能，查找出销售员"方一"的销售额数据。

步骤 1 打开素材"销售部人员销售明细表"，按 Ctrl+F 组合键，弹出"查找"对话框，如图 1.2.1 所示。

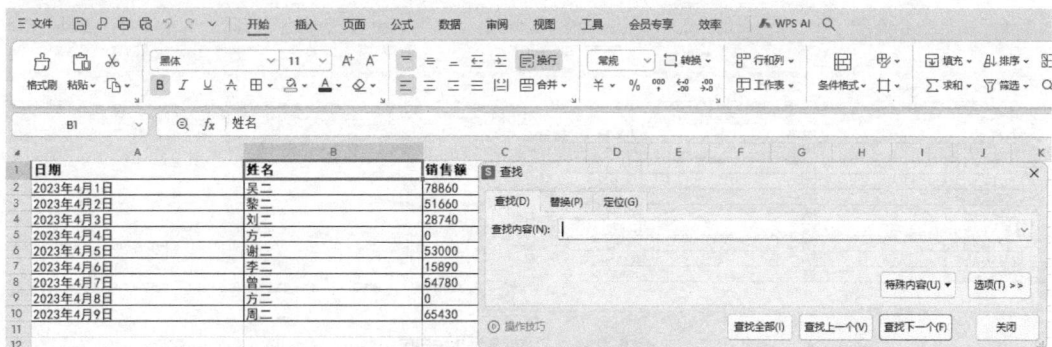

图 1.2.1 "查找"对话框

步骤 2 在"查找内容"文本中输入"方一"，单击"查找下一个"按钮，如图 1.2.2 所示。

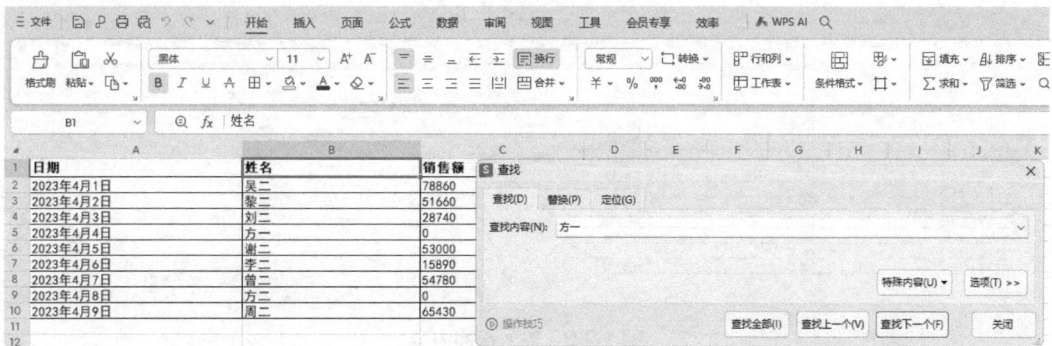

图 1.2.2 输入查找内容

步骤 3 光标将自动定位在"方一"所在单元格，如图 1.2.3 所示。

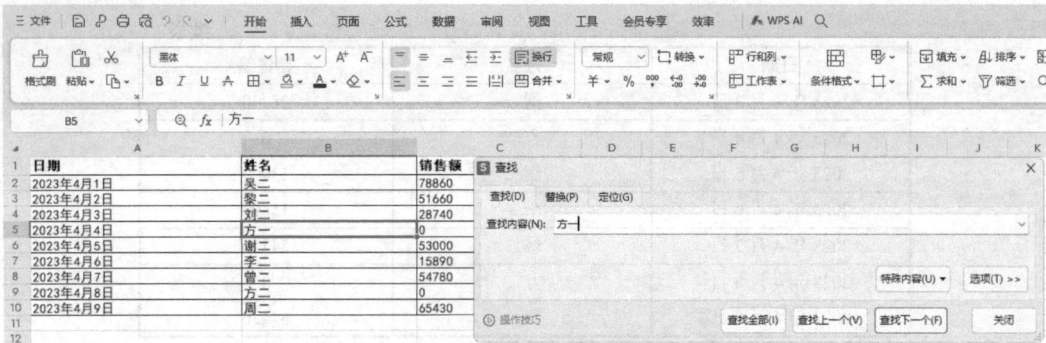

图1.2.3　定位到查找出的内容所在单元格

二、使用替换功能，将销售额中的"0"替换为"无"。

步骤 1　打开素材"销售部人员销售明细表"，按 Ctrl+H 组合键，弹出"替换"对话框，如图 1.2.4 所示。

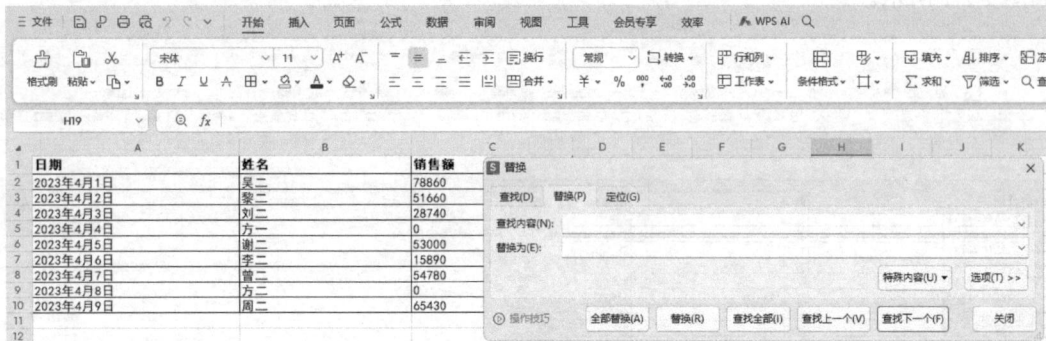

图1.2.4　"替换"对话框

步骤 2　在"查找内容"文本框中输入"0"，在"替换为"文本框中输入"无"，单击"选项"按钮，如图 1.2.5 所示。

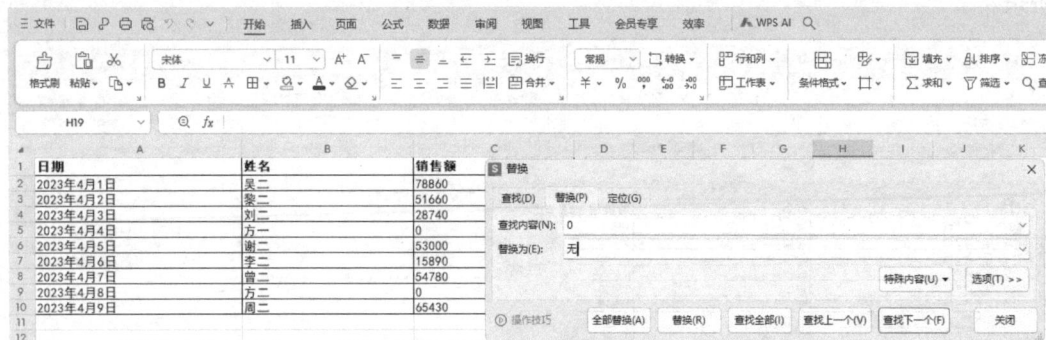

图1.2.5　输入替换内容

步骤 3　勾选"单元格匹配"复选框，单击"全部替换"按钮，即可完成全部替换，如图 1.2.6 所示。

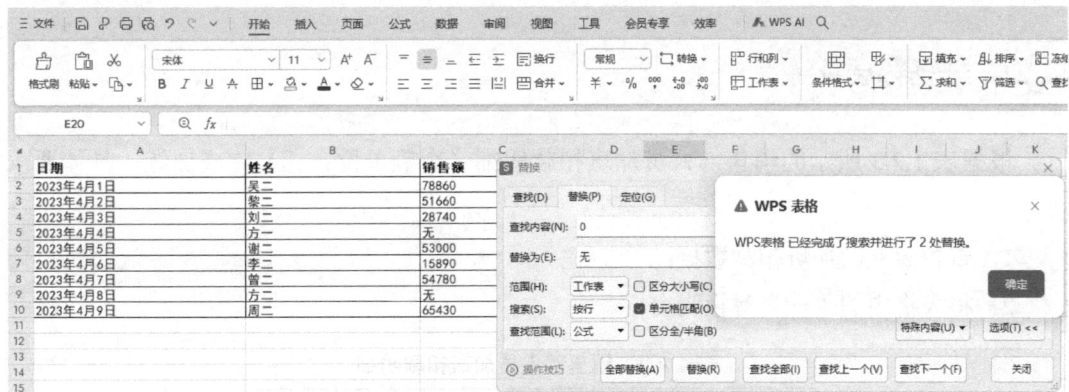

图1.2.6 全部替换

![任务评价]

现对任务实际掌握情况进行评价，具体评价指标和评价标准如表1.2.2所示。

表 1.2.2 "数据查找与替换"评价表

评价维度	评价指标	评价标准	评 价		
			自评	互评	师评
知识技能 （25分）	熟练运用查找功能（5分）	正确运用查找功能，得5分； 不能完整运用，得2分； 无法运用，不得分			
	熟练运用替换功能（10分）	正确运用替换功能，得10分			
	完成任务拓展训练（10分）	正确完成任务拓展训练中的查找与替换任务，得10分			
职业道德 素养 （25分）	"坚持学习，守正创新"的职业道德规范。（10分）	学习过程认真仔细，笔记全面，训练积极，得10分； 认真听讲，基本参与训练，得5分			
	"严谨细致、一丝不苟、精益求精"的工作作风（10分）	严谨细致，得5分； 操作熟练，得5分			
	沟通交流能力（5分）	在团队合作中主动沟通交流，得5分			
课堂 参与度 （10分）	积极参与课堂互动（10分）	主动参与互动，得5分； 承担小组展示活动，得5分， 参与小组展示，得2分			
小计					
平均分（满分60分）					

说明： 任务评价采取课堂评价（60%）与期末考核评价（40%）相结合的方式。课堂评价由自我评价（自评）、小组评价（互评）和教师评价（师评）组成，分别从知识技能、职业道德素养、课堂参与度三个方面进行评价。

任务拓展训练

根据表 1.2.3 所示的销售部人员加班扣款明细（金额单位：元）完成训练，具体要求如下。

1. 查找黎五的加班扣款数据；
2. 将表格中的"—"替换为空格。

表 1.2.3　销售部人员加班扣款明细

姓名	加班工资	病假扣款	事假扣款
吴五	470	-47	-12
黎五	—	-39	-6
刘五	—	—	-93
方五	86	—	—
谢五	—	-10	-31
方五	—	—	-52

扫码查看训练
任务和操作演示

任务三

数据筛选与排序

任务场景

作为销售部的市场分析员，部门经理要求你分析部分新产品在各个地区的销售业绩，主要包括新产品在各销售地区的销售总量及销售业绩最好的部门。针对销售比较差的产品和地区进行原因分析，制定相应的措施；针对销售业绩最好的部门进行奖励，提升公司销售总量。

任务目标

1. 掌握数据的快速筛选、自定义筛选、高级筛选功能；
2. 掌握数据的快速排序、自定义排序功能。

任务内容

新产品 2023 年度销售业绩统计表（金额单位：亿元）如表 1.3.1 所示。

表 1.3.1 新产品 2023 年度销售业绩统计表

产品名称	销售地区	销售总量	同比增长率	销售部门
开心饼饼干	A 市	2.5	15%	销售 1 部
开心饼饼干	B 市	3.7	0.10%	销售 2 部
开心饼饼干	D 市	5.2	2%	销售 1 部
开心饼饼干	F 市	4.3	0.01%	销售 3 部
开心饼饼干	G 市	1.8	0.21%	销售 1 部
开心饼饼干	H 市	5.8	17%	销售 2 部
开心饼饼干	I 市	3.8	23%	销售 3 部
开心饼饼干	K 市	2.6	—	销售 2 部
开心饼饼干	L 市	11.5	3%	销售 3 部
开心饼饼干	M 市	7.8	1.30%	销售 3 部

任务实施

一、使用快速筛选功能，筛选出销售总量前 5 名的产品及对应地区。

步骤 1 打开素材"新产品 2023 年度销售业绩统计表"，选中任意标题，单击"筛选"按钮，进入筛选状态。单击"销售总量"筛选按钮，在打开的下拉列表中选择"数字筛选"→"前十项"选项，如图 1.3.1 所示。

图 1.3.1 筛选前十项

步骤2 弹出"自动筛选前10个"对话框。单击左侧的下拉按钮，在打开的下拉列表中选择"最大"选项，在数字框中输入"5"，单击"确定"按钮，如图1.3.2所示。

图1.3.2 "自动筛选前10个"对话框

步骤3 在表格中可以看到筛选出的销总量前5名的数据，如图1.3.3所示。

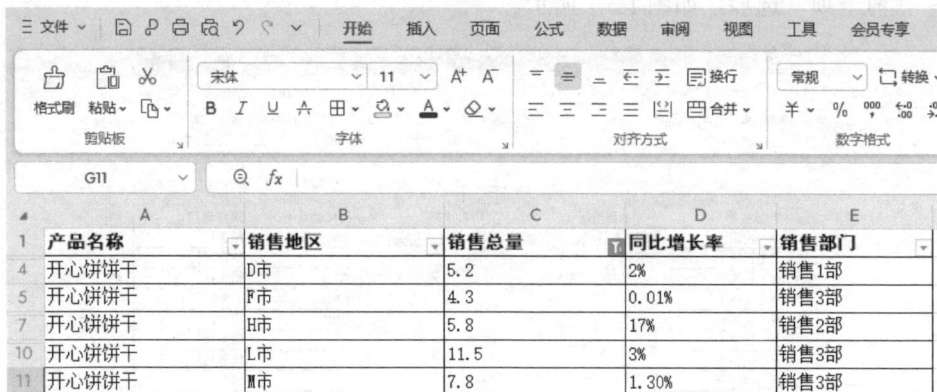

图1.3.3 筛选出销售总量前5名的数据

二、使用自定义筛选功能，筛选出销售总量为0~5亿元的产品及对应的地区。

步骤1 打开素材"新产品2023年度销售业绩统计表"，单击"销售总量"筛选按钮，在打开的下拉列表中选择"数字筛选"→"自定义筛选"选项，如图1.3.4所示。

步骤2 弹出"自定义自动筛选方式"对话框。单击第一个筛选条件下拉按钮，在打开的下拉列表中选择"大于或等于"选项，在其右侧的文本框中输入"0"，如图1.3.5所示。

图 1.3.4　自定义筛选

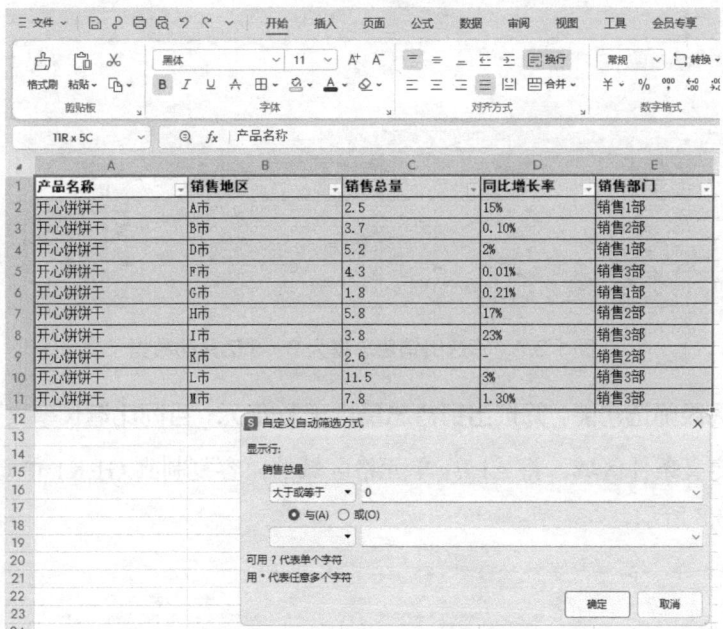

图 1.3.5　设置第一个筛选条件

步骤 3　将第二个筛选条件设置为"小于或等于"，在其右侧的文本框中输入"5"，单击"确定"按钮，如图 1.3.6 所示。

步骤 4　在表格中可以看到筛选出的销售总量为 0～5 亿元的数据，如图 1.3.7 所示。

图 1.3.6　设置第二个筛选条件

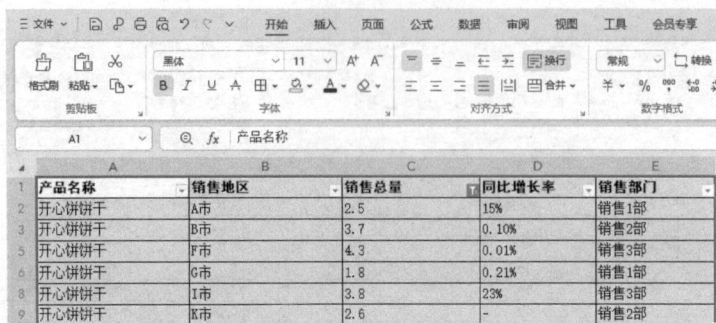

图 1.3.7　筛选出销售总量为 0～5 亿元的数据

三、使用高级筛选功能，筛选出销售总量大于 5 亿元，且同比增长率大于 2% 的数据。

步骤 1　定义条件区域，将 A1:E1 单元格区域的内容复制到 G1:K1 单元格区域，适当加线，如图 1.3.8 所示。

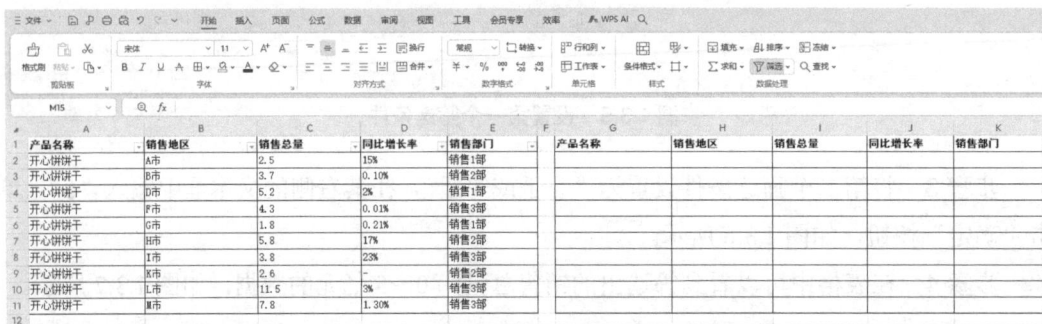

图 1.3.8　复制数据

步骤 2 在 I2 单元格中输入第一个条件——销售总量大于 5 亿元，即输入"">5"";在 J2 单元格中输入第二个条件——同比增长率大于 2%，即输入"">2%"，如图 1.3.9 所示。

图 1.3.9　数入数据

步骤 3 选中任意单元格，切换到"数据"选项卡，单击"筛选"下拉按钮下拉列表，如图 1.3.10 所示。

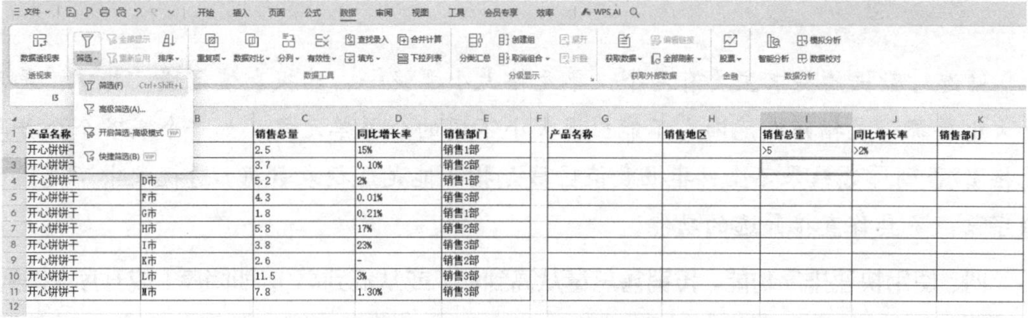

图 1.3.10　"筛选"下拉列表

步骤 4 选择"高级筛选"选项，弹出"高级筛选"对话框。在"方式"栏中勾选"在原有区域显示筛选结果"单选项，在"列表区域"中选中 A1:E11 单元格区域，如图 1.3.11 所示。

图 1.3.11　设置列表区域

步骤 5 在"条件区域"中选中输入的两个条件区域，即 G1:K2 单元格区域，单击"确定"按钮，如图 1.3.12 所示。原数据区域就会显示出筛选结果。

图 1.3.12　设置条件区域

注　意

筛选对数据的要求主要有两个：单元格大小要统一、非报表值区域。其中，单元格大小要统一是指筛选范围内不能出现大小不同的合并单元格（如一个或多个合并单元格），否则筛选结果不全；非报表值区域是指不能是透视表数据，透视表中不是值区域字段，不具备直接筛选的功能。

四、使用快速排序功能，按销售总量从高到低（或从低到高），即降序（或升序）排列。

步骤 1 打开素材"新产品 2023 年度销售业绩统计表"，选中 C1 单元格，单击"排序"下拉按钮，在打开的下拉列表中选择"降序"（或"升序"）选项，如图 1.3.13 所示。

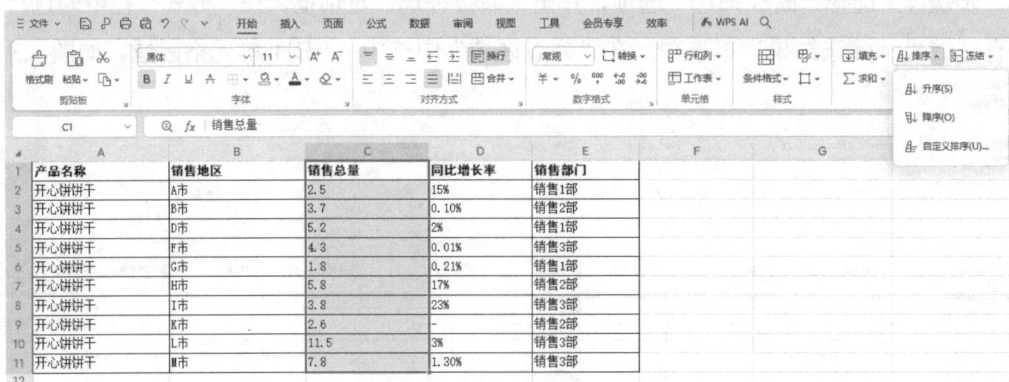

图 1.3.13　快速排序

五、使用自定义排序的多条件排序功能，按销售部门进行排序，同时按销售总量从高到低排列。

步骤 1 选中需要排序的 A1:E11 单元格区域，单击"排序"下拉按钮，在打开的下拉列表中选择"自定义排序"选项，如图 1.3.14 所示。

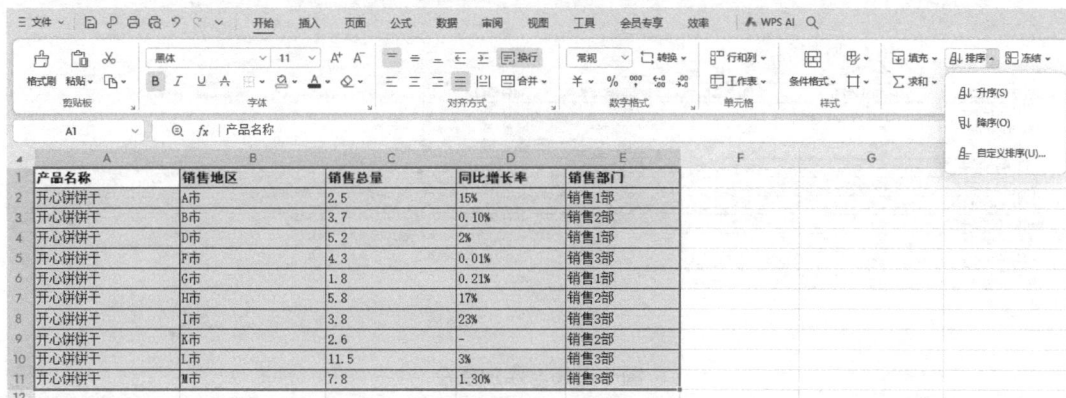

图 1.3.14 自定义排序

步骤 2 在弹出的"排序"对话框中单击"列"栏中"主要关键字"的下拉按钮，在打开的下拉列表中选择"销售部门"选项；单击"排序依据"栏中的下拉按钮，在打开的下拉列表中选择"数值"选项；单击"次序"栏中的下拉按钮，在打开的下拉列表中选择"降序"，如图 1.3.15 所示。

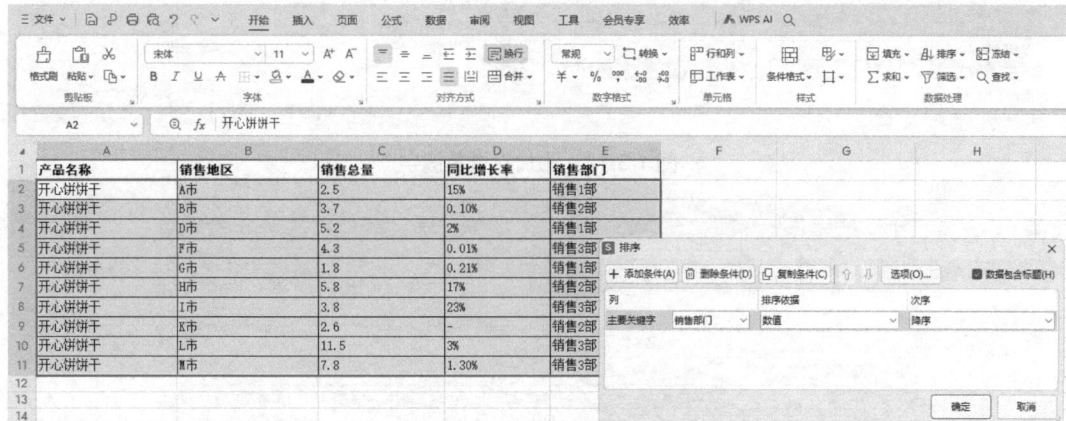

图 1.3.15 添加主要关键字

步骤 3 单击左上角的"添加条件"按钮，如图 1.3.16 所示。

步骤 4 单击"列"栏中"次要关键字"的下拉选择"销售总量"选项；单击"排序依据"栏中的下拉选择"数值"选项，单击"次序"栏中的下拉按钮，在打开的下拉列表中选择"降序"选项，如图 1.3.17 所示。

步骤 5 单击"确定"按钮，原数据区域就会显示出重新排序的结果，如图 1.3.18 所示。

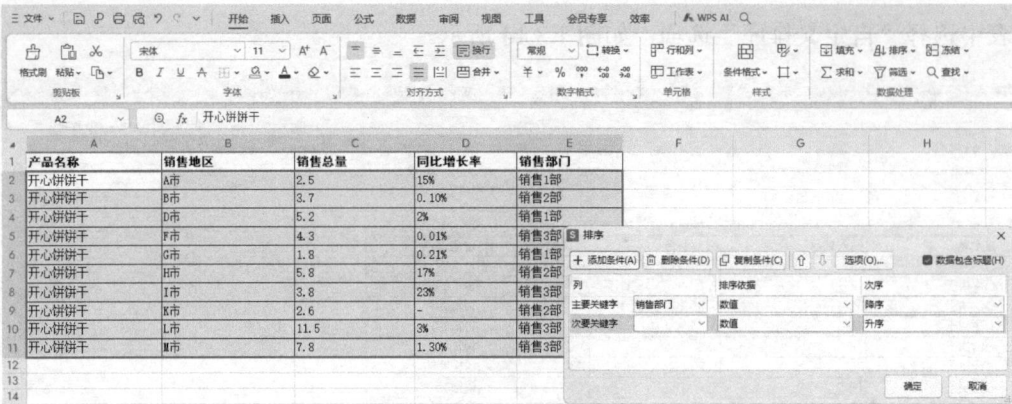

图 1.3.16　添加条件

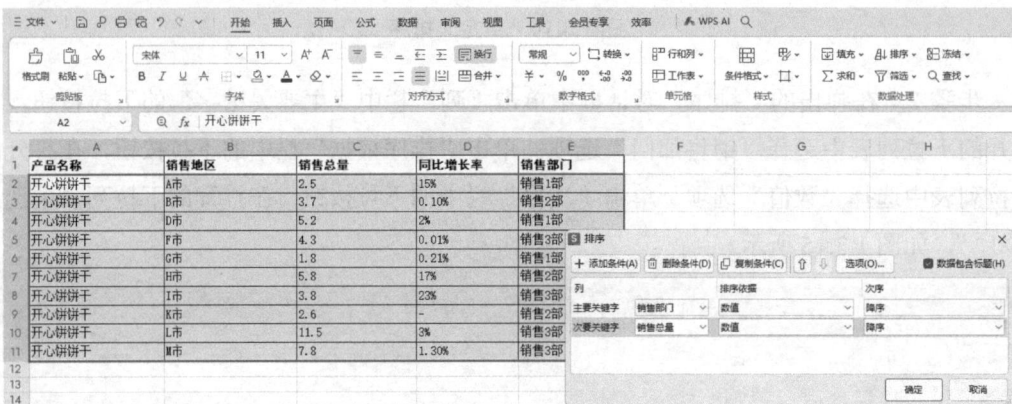

图 1.3.17　添加次要关键字

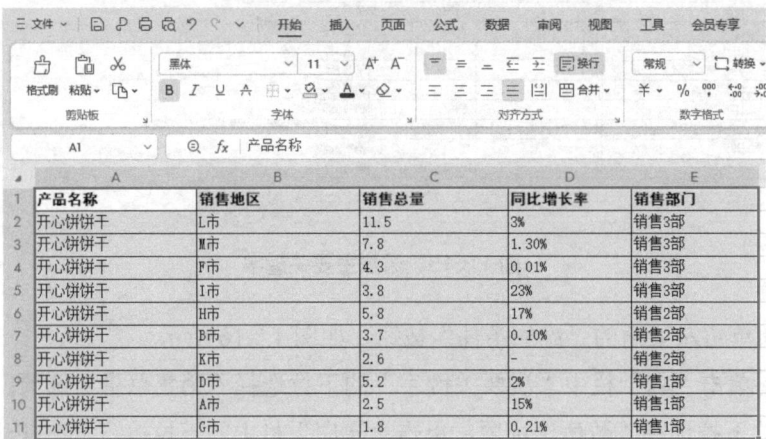

图 1.3.18　重新排序

小知识

通过自定义排序功能，还可以针对单元格颜色、字体颜色等进行排序。只需要在"排序依据"栏的下拉列表中选择相应的条件选项即可以实现。

六、使用自定义排序功能中的自定义排序功能，将销售地区按 I 市、K 市、L 市、M 市、H 市、A 市、D 市、B 市、F 市、G 市的顺序排列。

步骤 1 选中需要排序的 A1:E11 单元格区域，单击"排序"下拉按钮，在打开的下拉列表中选择"自定义功能"选项。

步骤 2 在弹出的"排序"对话框中单击"列"栏中"主要关键字"的下拉按钮，在打开的下拉列表中选择"销售地区"选项；单击"排序依据"栏中的下拉按钮，在打开的下拉列表中选择"数值"选项；单击"次序"栏中的下拉按钮，在打开的下拉列表中选择"自定义序列..."选项，如图 1.3.19 所示。

图 1.3.19 "排序"对话框

步骤 3 在弹出的"自定义序列"对话框中，按要求的顺序输入"I 市,K 市,L 市,M 市,H 市,A 市,D 市,B 市,F 市,G 市"的内容（注意："，"需要在英文状态下输入），如图 1.3.20 所示。单击"确定"按钮，原数据区域显示出按要求排序的结果。

图 1.3.20 自定义序列

任务评价

现对任务实际掌握情况进行评价，具体评价指标和评价标准如表 1.3.2 所示。

表 1.3.2 "数据筛选与排序"评价表

评价维度	评价指标	评价标准	评价		
			自评	互评	师评
知识技能（25分）	熟练运用筛选与排序基本功能（5分）	正确运用筛选与排序基本功能，得5分；不能完整运用，得2分；无法运用，不得分			
	熟练运用数据精确筛选、多条件排序功能（10分）	正确运用数据精确筛选、多条件排序功能，得10分			
	完成任务拓展训练（10分）	正确完成任务拓展训练中的筛选与排序任务，得10分			
职业道德素养（25分）	"坚持学习，守正创新"的职业道德规范（10分）	学习过程认真仔细，笔记全面，训练积极，得10分；认真听讲，基本参与训练，得5分			
	"严谨细致、一丝不苟、精益求精"的工作作风（10分）	严谨细致，得5分；操作熟练，得5分			
	沟通交流能力（5分）	在团队合作中主动沟通交流，得5分			
课堂参与度（10分）	积极参与课堂互动（10分）	主动参与互动，得5分；承担小组展示活动，得5分，参与小组展示，得2分			
小计					
平均分（满分60分）					

说明：任务评价采取课堂评价（60%）与期末考核评价（40%）相结合的方式。课堂评价由自我评价（自评）、小组评价（互评）和教师评价（师评）组成，分别从知识技能、职业道德素养、课堂参与度三个方面进行评价。

任务拓展训练

根据表 1.3.3 所示的产品销售总量统计负责表（金额单位：亿元）完成训练，具体要求如下。

1. 筛选出销售总量前 5 名的销售负责人员，按从高到低的顺序排列；

2. 筛选出上半年销售总量在 10 亿元以上的数据，按从低到高的顺序排序；

3. 筛选出上半年销售总量在 20 亿元以下的数据，将销售地区按卯市、丑市、乙市、丁市、丙市、甲市、戊市、辛市、壬市、子市、寅市进行排序。

表 1.3.3　产品销售总量统计负责表

产品名称	销售地区	销售总量	销售负责人员
幸福脆脆鲨	甲市	21.5	张一
幸福脆脆鲨	乙市	15.9	王二
幸福脆脆鲨	丙市	13.4	李三
幸福脆脆鲨	丁市	15.8	赵四
幸福脆脆鲨	戊市	7.9	曾五
幸福脆脆鲨	辛市	9.8	陈六
幸福脆脆鲨	壬市	8.4	夏八
幸福脆脆鲨	子市	17.9	曹九
幸福脆脆鲨	丑市	12.3	李三
幸福脆脆鲨	寅市	21.6	孙十一
幸福脆脆鲨	卯市	13.3	卢十二

扫码查看训练
任务和操作演示

任务四

数据分列与填充

任务场景

作为新入职的财务人员，你在导入外部数据时，因为操作的问题将所有数据导入了同一列中。现在要求你将不同的数据分到不同的列中，并按照一定的要求填充至相应的表格中，这时你就需要分列功能，先将同一列数据分列，再按照相关要求填充。

任务目标

1. 掌握数据分列功能、智能分列功能；
2. 掌握数据填充功能。

任务内容

完成任务需要用到的产品零售数据和仓管部 1 月出库明细表（金额单位：元）如表 1.4.1~表 1.4.5 所示。

表 1.4.1　开心饼饼干零售数据 1

销售日期	产品名称	月销售额	成本	毛利
2023/4/1	开心饼饼干	¥123567.00	¥100100.00	¥23467.00
2023/4/10	开心饼饼干	¥153667.00	¥110810.00	¥42857.00
2023/5/11	开心饼饼干	¥193557.00	¥100100.00	¥93457.00
2023/5/23	开心饼饼干	¥109547.00	¥100100.00	¥9447.00
2023/6/7	开心饼饼干	¥223762.00	¥100100.00	¥123662.00
2023/6/21	开心饼饼干	¥623861.00	¥100100.00	¥523761.00

表 1.4.2　开心饼饼干零售数据 2

销售日期	产品名称	月销售额	成本	毛利
2023/4/1	开心饼饼干	¥123567.00	¥100100.00	¥23467.00
2023/4/10	开心饼饼干	¥153667.00	¥110810.00	¥42857.00
2023/5/11	开心饼饼干	¥193557.00	¥100100.00	¥93457.00
2023/5/23	开心饼饼干	¥109547.00	¥100100.00	¥9447.00
2023/6/7	开心饼饼干	¥223762.00	¥100100.00	¥123662.00
2023/6/21	开心饼饼干	¥623861.00	¥100100.00	¥523761.00

表 1.4.3　开心饼饼干零售数据 3

销售日期	产品名称	月销售额	成本	毛利
2023/4/1	开心饼饼干	¥123567.00	¥100100.00	¥23467.00
2023/4/10	开心饼饼干	¥153667.00	¥110810.00	¥42857.00
2023/5/11	开心饼饼干	¥193557.00	¥100100.00	¥93457.00
2023/5/23	开心饼饼干	¥109547.00	¥100100.00	¥9447.00
2023/6/7	开心饼饼干	¥223762.00	¥100100.00	¥123662.00
2023/6/21	开心饼饼干	¥623861.00	¥100100.00	¥523761.00

表 1.4.4　仓管部 1 月出库明细表

出库日期	材料名称	出库数量	出库单价	出库金额	单位
2023/3/1	材料 1	100	75	7500	千克
2023/3/2	材料 1	240		19200	千克
2023/3/3	材料 1	300	85	25500	千克
2023/3/4	材料 2	600	65	39000	千克
2023/3/5	材料 2	450	70	31500	千克
2023/3/6	材料 1	700		56000	千克
2023/3/7	材料 3	600	90	54000	千克
2023/3/8	材料 2	500	65	32500	千克
2023/3/9	材料 3	800	95	76000	千克
2023/3/10	材料 3	360		28800	千克

表 1.4.5　仓管部 1 月出库明细表 2

出库日期	材料名称	出库数量	出库单价	出库金额	单位
2023/3/1	材料 1	100	75	7500	千克
2023/3/2	材料 1	240	80	19200	千克
2023/3/3	材料 1	300	85	25500	千克

续表

出库日期	材料名称	出库数量	出库单价	出库金额	单位
2023/3/4	材料 2	600	65	39000	千克
2023/3/5	材料 2	450	70	31500	千克
2023/3/6	材料 1	700	80	56000	千克
2023/3/7	材料 3	600	90	54000	千克
2023/3/8	材料 2	500	65	32500	千克
2023/3/9	材料 3	800	95	76000	千克
2023/3/10	材料 3	360	80	28800	千克

任务实施

一、使用数据分列功能，将产品零售数据分列。

步骤 1 打开素材"开心饼饼干零售数据 1"（这张表格的特点是有","将项目分隔开），选中需要分列的数据所在单元格区域 A1:A7，切换到"数据"选项卡，单击"分列"按钮，如图 1.4.1 所示。

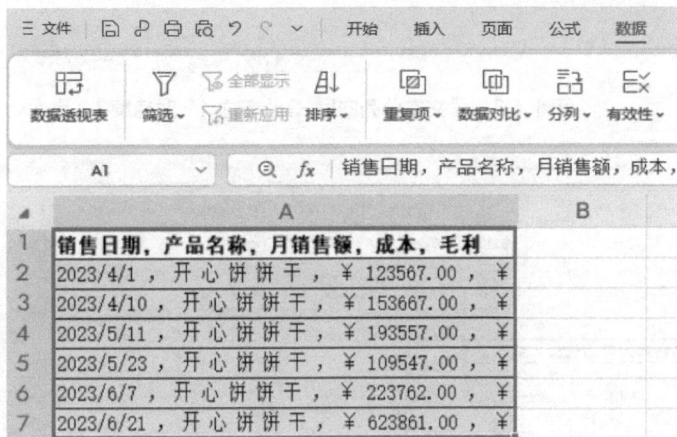

图 1.4.1 选中数据

步骤 2 在弹出的"文本分列向导-3 步骤之 1"对话框中，单击"下一步"按钮，如图 1.4.2 所示。

步骤 3 在弹出的"文本分列向导-3 步骤之 2"对话框中，勾选"其他"复选框，在其右侧的文本中输入","，单击"下一步"按钮，如图 1.4.3 所示。

步骤 4 在弹出的"文本分列向导-3 步骤之 3"对话框中，单击"完成"按钮，就将数据分列完成，如图 1.4.4 所示。

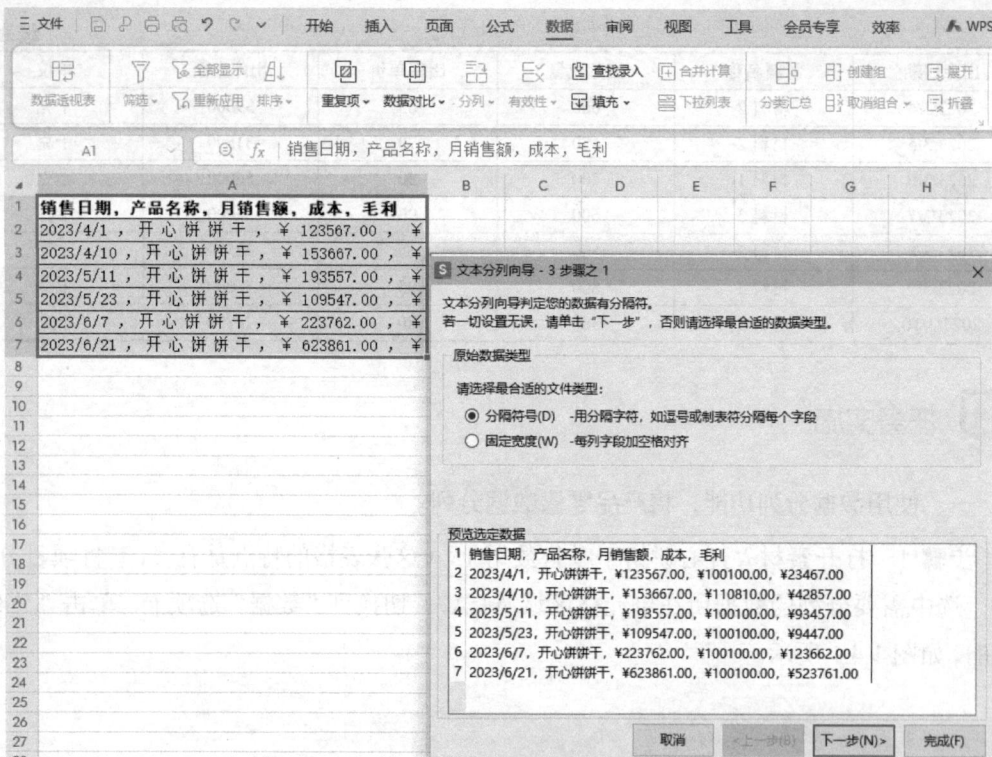

图1.4.2 "文本分列向导-3步骤之1"对话框

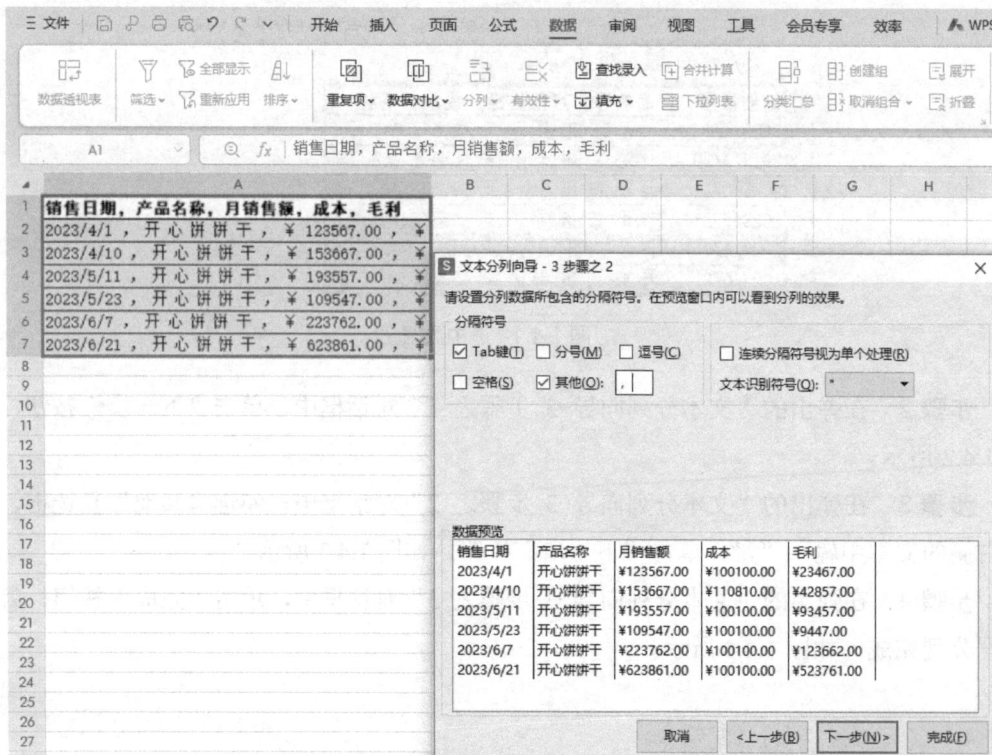

图1.4.3 "文本分列向导-3步骤之2"对话框

图1.4.4　"文本分列向导-3 步骤之 3"对话框

二、使用 Ctrl+E 组合键分列功能，将产品零售数据分列。

步骤 1　打开素材"开心饼饼干零售数据 2"（这张表格的特点是没有"，"将项目分隔开），将标题行通过复制、粘贴分离到独立单元格中，并对标题行对应的内容进行复制、粘贴。特别注意：分离出来的标题行应和原数据的标题行在同一行，如图 1.4.5 所示。

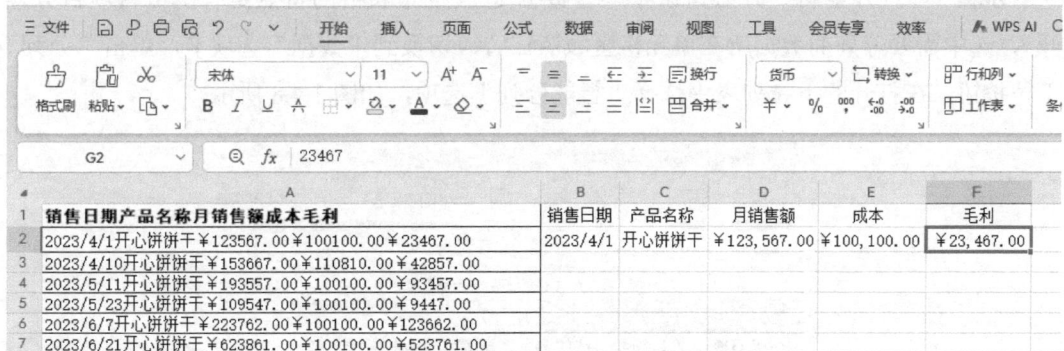

图1.4.5　复制、粘贴数据

步骤 2　将光标移动到 B3 单元格，使用 Ctrl+E 组合键进行填充，如图 1.4.6 所示。

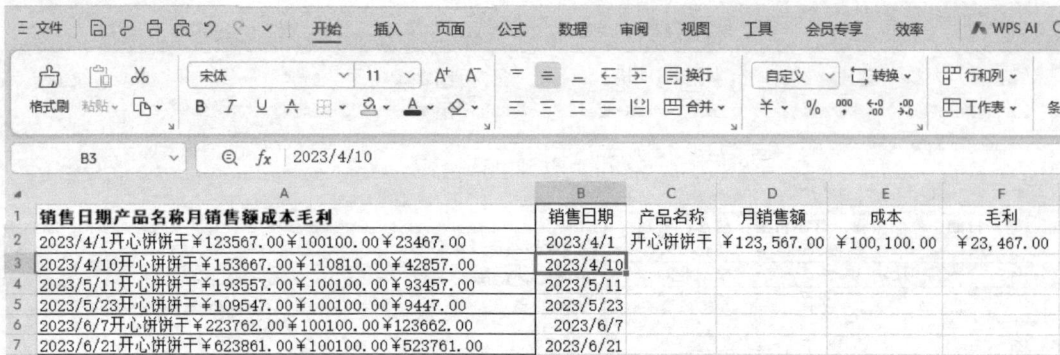

图1.4.6 填充数据

步骤3 将光标分别移动到C3、D3、E3、F3单元格，使用Ctrl+E组合键即可完成所有分列填充，如图1.4.7所示。

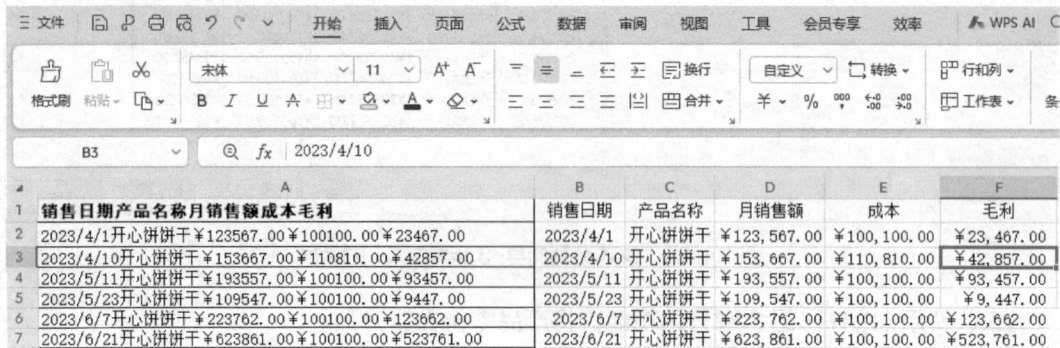

图1.4.7 完成分列填充

三、使用智能分列中的固定宽度功能，将产品零售数据分列。

步骤1 打开素材"开心饼饼干零售数据3"（这张表格的特点是有空格将项目分隔开），选中需要分列的数据所在单元格区域A1:A7，切换到"数据"选项卡，单击"分列"下拉按钮，在打开的下拉列表中选择"智能分列"选项，如图1.4.8所示。

图1.4.8 智能分列

步骤 2　弹出"智能分列结果"对话框，单击"手动设置分列"按钮，如图 1.4.9 所示。

图 1.4.9　"智能分列结果"对话框

步骤 3　弹出"文本分列向导 2 步骤之 1"对话框，切换到"固定宽度"选项卡，将光标移动到"数据"区域，按住鼠标左键，拖动竖线，将需要分列的内容分隔开，单击"下一步"按钮，如图 1.4.10 所示。

图 1.4.10　"文本分列向导 2 步骤之 1"对话框

步骤4 弹出"文本分列向导2步骤之2"对话框，检查数据区域内的分列结果是否正确，若正确则单击"完成"按钮（若不正确则单击"上一步"按钮进行调整），即可完成数据分列，如图1.4.11所示。

图1.4.11 "文本分列向导2步骤之2"对话框

四、使用序列填充功能，对仓管部1月出库明细表的出库日期按工作日进行填充。

步骤1 打开素材"仓管部1月出库明细表1"，选中A2单元格，将光标移到单元格右下角，光标变成实心"十"字符号（填充柄），如图1.4.12所示。

图1.4.12 光标变成"十"字符号（填充柄）

步骤2 按住鼠标左键向下拖曳，界面出现"自动填充选项"下拉按钮，单击该下拉按钮，在打开的下拉列表中选择"以工作日填充"选项，即可自动完成出库日期填充，如图1.4.13所示。

图 1.4.13　以工作日填充

步骤 3　按照此方法可以进行 "以月填充" "以年填充" "不带格式填充" 等，如图 1.4.14 所示。

图 1.4.14　以其他方式填充

五、使用 Ctrl+Enter 组合键批量填充功能，将出库单价的空白单元格一次填充为 80。

步骤 1 打开素材"仓管部 1 月出库明细表 2"，选中数据所在单元格区域 A1:F11，按 Ctrl+G 组合键，弹出"定位"对话框。勾选"空值"单选项，单击"定位"按钮，如图 1.4.15 所示。

图 1.4.15 "定位"对话框

步骤 2 在编辑栏内输入"80"，按 Ctrl+Enter 组合键，即可完成填充，如图 1.4.16 所示。

图 1.4.16 完成填充

六、使用快速填充功能，将材料名称从 1 快速填充至 1000。

步骤 1 打开素材"仓管部 1 月出库明细表 2"，将 B2:B11 单元格区域的数据删除，再将光标移动到B2单元格，输入"1"，切换到"数据"选项卡，单元"填充"下拉按钮，在打开的下拉列表中选择"序列"选项，如图1.4.17所示。

图1.4.17 "填充"下拉列表

步骤2 弹出"序列"对话框，勾选"列"单选项，在"终止值"文本框中输入"1000"，单击"确定"按钮，即可快速完成填充，如图1.4.18所示。

图1.4.18 "序列"对话框

任务评价

现对任务实际掌握情况进行评价，具体评价指标和评价标准如表1.4.6所示。

表 1.4.6 "数据分列与填充"评价表

评价维度	评价指标	评价标准	评价		
			自评	互评	师评
知识技能 (25分)	熟练运用分列与填充基本功能(5分)	正确运用分列与填充基本功能,得5分; 不能完整运用,得2分; 无法运用,不得分			
	熟练运用数据分列与填充功能(10分)	正确运用数据分列与填充功能,得10分			
	完成任务拓展训练(10分)	正确完成任务拓展训练中的分列与填充任务,得10分			
职业道德 素养 (25分)	"坚持学习,守正创新"的职业道德规范(10分)	学习过程认真仔细,笔记全面,训练积极,得10分; 认真听讲,基本参与训练,得5分			
	"严谨细致、一丝不苟、精益求精"的工作作风(10分)	严谨细致,得5分; 操作熟练,得5分			
	沟通交流能力(5分)	在团队合作中主动沟通交流,得5分			
课堂 参与度 (10分)	积极参与课堂互动(10分)	主动参与互动,得5分; 承担小组展示活动,得5分, 参与小组展示,得2分			
小计					
平均分(满分60分)					

说明: 任务评价采取课堂评价(60%)与期末考核评价(40%)相结合的方式。课堂评价由自我评价(自评)、小组评价(互评)和教师评价(师评)组成,分别从知识技能、职业道德素养、课堂参与度三个方面进行评价。

任务拓展训练

一、根据表 1.4.7 所示的产品销售数据(金额单位:元)完成训练,具体要求如下。

使用两种以上数据分列功能将表 1.4.7 中的内容分列。

表 1.4.7 产品销售数据

销售日期	产品名称	月销售额	成本	毛利
2023/7/18	开心饼饼干	¥188927.00	¥100100.00	¥88827.00
2023/7/30	开心饼饼干	¥339973.00	¥100100.00	¥239873.00
2023/8/8	开心饼饼干	¥703670.00	¥100100.00	¥603570.00
2023/8/18	开心饼饼干	¥456817.00	¥100100.00	¥356717.00
2023/9/15	开心饼饼干	¥514923.00	¥100100.00	¥414823.00

扫码查看训练
任务和操作演示

二、根据表 1.4.8 所示的销售部门历年销售数据（数量单位：台）完成训练，具体要求如下。

1．使用数据填充功能将表 1.4.8 的年份从 2018 智能填充至 2023；

2．使用数据填充功能将销售数据的空白单元格一次填充为 3320。

表 1.4.8　销售部门历年销售数据

年份	销售一部	销售二部	销售三部
2018	1120		
		5330	1280
		3560	
	2860		
	4350		5230
			4760

扫码查看训练
任务和操作演示

项目二
常用函数介绍

项目介绍

函数是办公软件中被定义好的公式模块，通过参数和运算方式得出结果，是计算数据的利器。在办公软件中，不同类型的函数虽然应用在不同领域，有不同的使用方法，但是它们有共同的应用基础。

办公软件的函数结构大体相同，都是由几个关键部分构成的：等号、函数名、括号、参数和分隔符。其中，等号、函数名、括号和参数是必须具有的。

公式可以包含函数；也可以不包含。例如：

$$=AVERAGE(A3:A30) \quad + \quad B20 \quad - \quad 10$$

函数 　　　　　单元格地址　运算符　　数值

1. 等号。

公式必须以等号开始，这也是其区别于其他常规数据的主要特点，否则会自动将其识别为常规数据。

2. 单元格地址。

要进行运算的单元格地址分为同一工作簿同一工作表中的单元格（单个单元格、多个单元格，下同）、同一工作簿其他工作表中的单元格或其他工作簿某张工作表中的单元格。

3. 运算符。

公式中的运算符与日常使用的运算符相似，是指对公式中的元素进行特定类型的运算。不同的运算符用于进行不同的运算，如"+（加）""-（减）""*（乘）"和"/（除）"等。

4. 字符串。

字符串包括文本等各类数据，如"员工家庭住址""CD0001"等都属于字符串。

5. 参数。

参数主要是指参与运算的一系列数据，可以是函数、数值、单元格地址及自定义的名称等。在公式中，参数的个数不等，用户可以根据实际需要计算的数据进行设置。

办公软件中的常用函数包括统计函数、数学函数、逻辑函数、日期函数、文本函数、查找函数等。

本项目主要介绍办公软件中常用函数的使用方法和适用情形。学习本项目后，你将掌握如何使用函数高效、简捷地分析数据，并根据实际需求选择合适的函数服务于日常学习和工作。你将能够快速、准确地分析和处理大量数据，提高工作效率。在多种函数的使用过程中，可以通过对数据的处理和分析，培养严谨的学习和工作态度。学习函数的使用，有助于快速掌握数据重点内容，提高工作效率和沟通表达能力。

任务一

统计函数

任务场景

作为公司销售人员，你需要统计分析销售数据。为此，你需要使用相应的函数进行计算，以提升工作效率。

任务目标

1. 了解统计函数的使用；
2. 能在进行数据分析时灵活运用所学函数，简化操作、提高效率。

任务内容

请根据任务目标，选择相应的函数进行计算、分析。

完成任务需要用到的产品销售表（数量单位：件）如表 2.1.1 所示。

表 2.1.1　产品销售表

产品编号	产品名称	产品产地	销售数量
SW101	话梅	江苏	9877
SW102	陈皮干	广西	6548
SW103	牛肉干	重庆	8890
SW104	猪肉脯	重庆	5789
SW105	辣条	江苏	4685
SW106	山楂棒	江苏	6530
SW107	海苔	湖北	5735
SW108	饼干	内蒙古	4800

产品编号	产品名称	产品产地	销售数量
SW109	蛋糕	内蒙古	8955
SW110	红枣	辽宁	9015

任务实施

知识链接

统计函数是指统计工作表函数，用于对数据区域进行统计分析。在办公软件中进行数据分析的统计函数有很多，如 COUNT、COUNTIF、COUNTIFS、AVERAGE、MIN、MAX 等。

1. COUNT 函数。

使用 COUNT 函数可以返回包含数字的单元格，以及参数列表中的数字的个数。

COUNT 函数的语法结构：=COUNT(数据区域)。

2. COUNTIF 函数。

使用 COUNTIF 函数可以计算区域中满足给定条件的单元格的个数。

COUNTIF 函数的语法结构：=COUNTIF(数据区域,条件)。

3. COUNTIFS 函数。

使用 COUNTIFS 函数可以计算多个区域中满足给定条件的单元格的个数。

COUNTIFS 函数的语法结构：=COUNTIFS(数据区域 1,条件 1,[数据区域 2,条件 2],...)。

4. AVERAGE 函数。

使用 AVERAGE 函数可以返回所有参数的平均值（算术平均值）。

AVERAGE 函数的语法结构：=AVERAGE(数值 1,数值 2,...)。

5. MIN 函数和 MAX 函数。

MIN 函数：可以返回参数列表中的最小值（忽略文本值和逻辑值）。

MIN 函数的语法结构是：=MIN(数值 1,数值 2,...)。

MAX 函数：可以返回参数列表中的最大值（忽略文本值和逻辑值）。

语法结构：=MAX(数值 1,数值 2,...)。

一、使用 COUNT 函数对本月销售的产品种类进行统计。

步骤 打开素材"产品销售表"，将 F3:I3 单元格合并，输入"一共有多少种产品"，再将 F4:I4 单元格合并，输入"=COUNT (D2:D11)"，按 Enter 键，结果为 10，表示 D2 到 D11 单元格中共有 10 个非空单元格，共有 10 种产品，如图 2.1.1 和图 2.1.2 所示。需要注意的是，COUNT 函数只能对数值型参数进行统计。

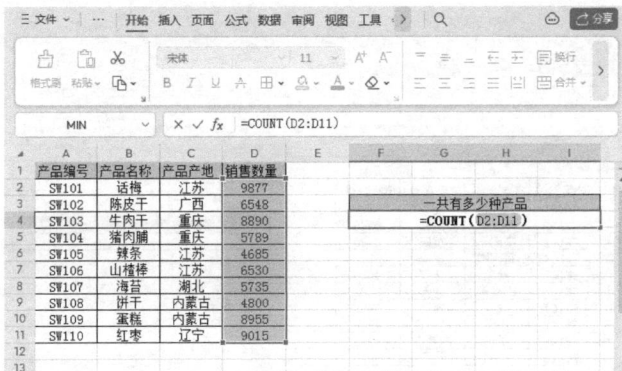

图 2.1.1　输入公式（COUNT 函数）

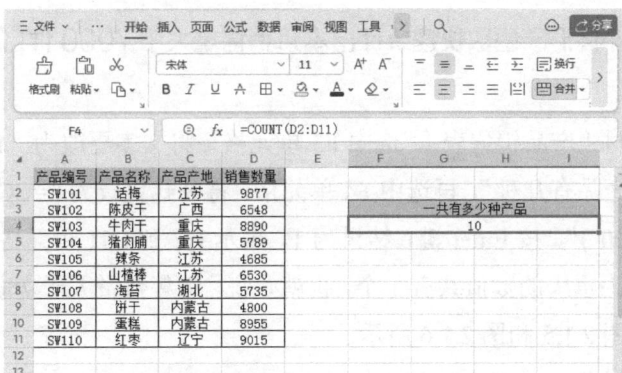

图 2.1.2　输出结果（COUNT 函数）

二、使用 COUNTIF 函数快速统计出本月销售数量大于 7000 件的产品数量。

步骤　打开素材"产品销售表"，选中 F3 单元格，将文字更改为"销售数量大于 7000 件的产品有几种"，再选中 F4 单元格，将公式更改为"=COUNTIF (D2:D11, ">7000")"，按 Enter 键，结果为 4，表示 D2 到 D11 单元格中大于 7000 的数值共有 4 个，也就是说，销售数量大于 7000 件的产品有 4 种，如图 2.1.3 和图 2.1.4 所示。

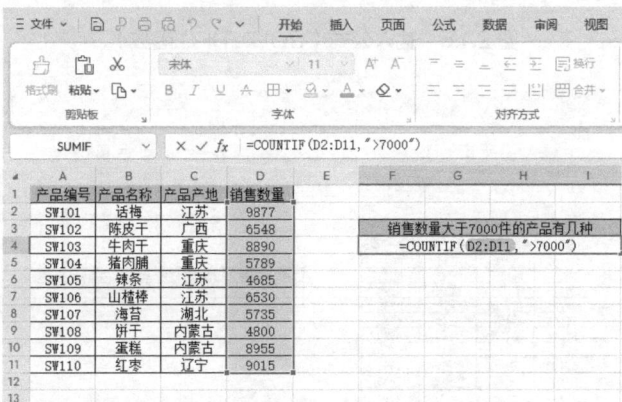

图 2.1.3　输入公式（COUNTIF 函数）

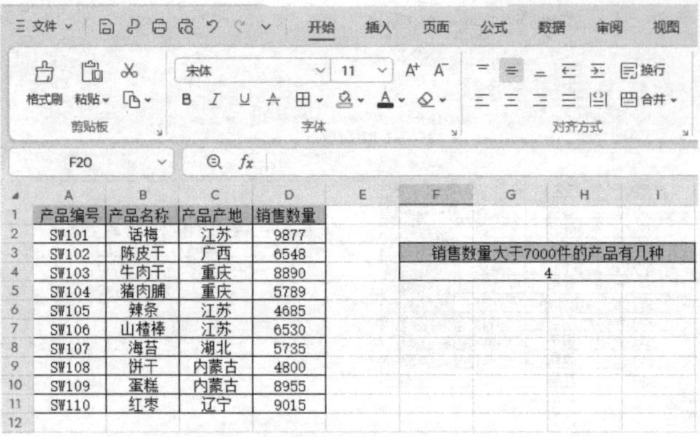

图 2.1.4 输出结果（COUNTIF 函数）

三、使用 COUNTIFS 函数快速统计出本月销售量大于 7000 件且产地在重庆的产品种类。

步骤 打开素材"产品销售表"，选中 F3 单元格，将文字更改为"销售数量大于 7000件且产地在重庆的产品有几种"，再选中 F4 单元格，将公式更改为"=COUNTIFS (C2:C11,"重庆",D2:D11,">7000")"，按 Enter 键，结果为 1，表示 D2 到 D11 单元格中大于 7000 且 C2到 C11 单元格中值为重庆的数值共有 1 个，也就是说，销售数量大于 7000 件且产地在重庆的产品有 1 种，如图 2.1.5 和图 2.1.6 所示。

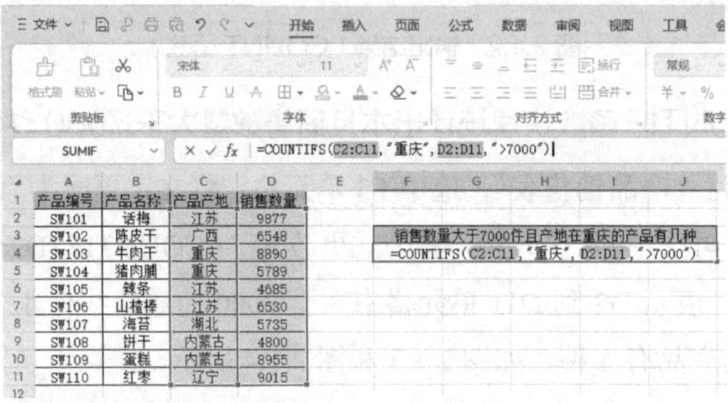

图 2.1.5 输入公式（COUNTIFS 函数）

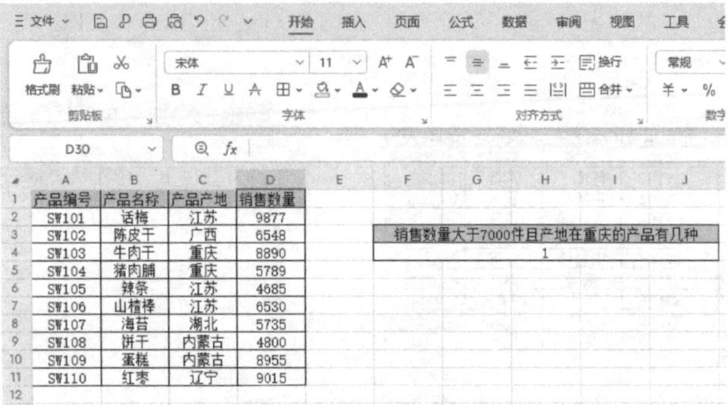

图 2.1.6 输出结果（COUNTIFS 函数）

四、使用 AVERAGE 函数计算本月销售量的平均值。

步骤　打开素材"产品销售表"，选中 F3 单元格，将文字更改为"计算销售数量的平均值"，再选中 F4 单元格，将公式更改为"=AVERAGE（D2:D11）"，按 Enter 键，结果为 7082.4，表示 D2 到 D11 单元格数据的平均值为 7082.4，也就是说，产品销售表中销售数量的平均值为 7082.4 件，如图 2.1.7 和图 2.1.8 所示。

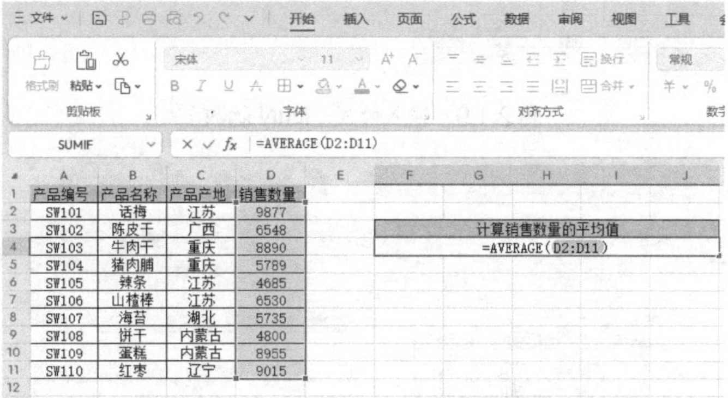

图 2.1.7　输入公式（AVERAGE 函数）

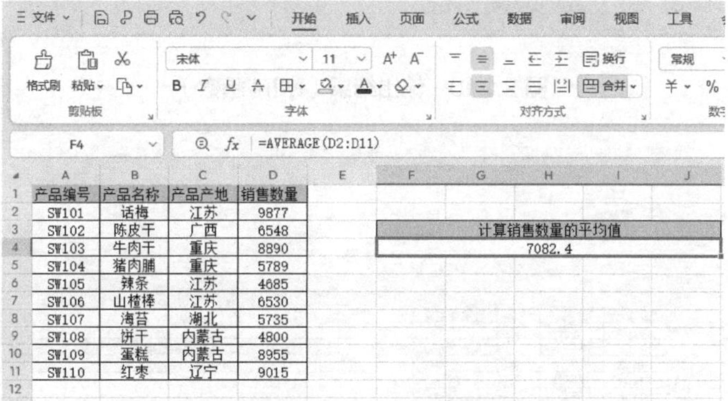

图 2.1.8　输出结果（AVERAGE 函数）

五、使用 MIN 函数和 MAX 函数找到最低销售数量和最高销售量。

步骤 1　打开素材"产品销售表"，选中 F3 单元格，将文字更改为"选出最低的销售数量"，再选中 F4 单元格，将公式更改为"=MIN(D2:D11)"，按 Enter 键，结果为 4685，表示从 D2 到 D11 单元格中的最小值为 4685，也就是说，产品销售表中的最低销售数量为 4685 件，如图 2.1.9 和图 2.1.10 所示。

步骤 2　打开素材"产品销售表"，选中 F3 单元格，将文字更改为"选出最高的销售数量"，再选中 F4 单元格，将公式更改为"=MAX(D2:D11)"，按 Enter 键，结果为 9877，表示从 D2 到 D11 单元格中的最大值为 9877，也就是说，产品销售表中的最高销售数量为 9877 件，如图 2.1.11 和图 2.1.12 所示。

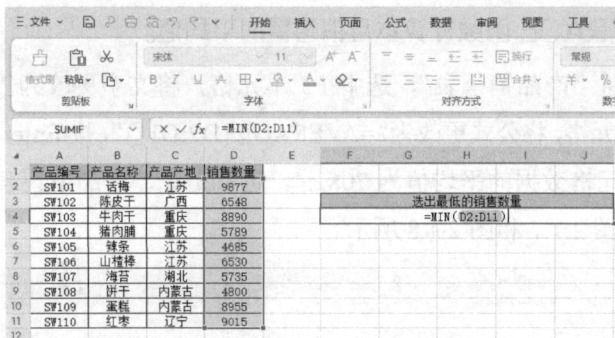

图 2.1.9　输入公式（MIN 函数）

图 2.1.10　输出结果（MIN 函数）

图 2.1.11　输入公式（MAX 函数）

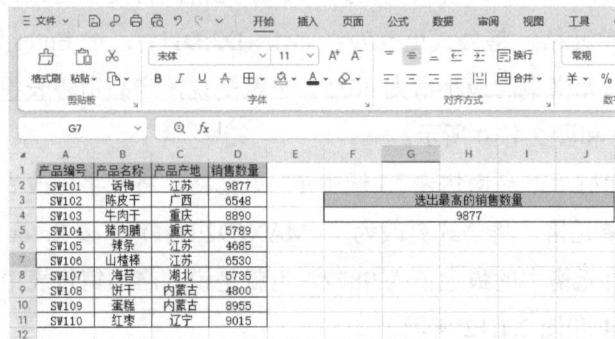

图 2.1.12　输出结果（MAX 函数）

任务评价

现对任务实际掌握情况进行评价，具体评价指标和评价标准如表 2.1.2 所示。

表 2.1.2　"统计函数"评价表

评价维度	评价指标	评价标准	评价		
			自评	互评	师评
知识技能（25分）	了解函数的定义（5分）	正确描述函数的定义，得5分；描述不完整，得2分；无法描述，不得分			
	了解函数的语法结构（10分）	正确描述函数的语法结构，得10分；在描述中出现不完整解释，得5分；不能描述，不得分			
	完成任务拓展训练（10分）	正确使用函数及其语法结构，得10分；在描述中出现不完整解释，得5分；不能描述，不得分			
职业道德素养（25分）	"坚持学习，守正创新"的职业道德规范（10分）	学习过程认真仔细，笔记全面，训练积极，得10分；认真听讲，基本参与训练，得5分			
	"严谨细致、一丝不苟、精益求精"的工作作风（10分）	严谨细致，得5分；操作熟练，得5分			
	沟通交流能力（5分）	在团队合作中主动沟通交流，得5分			
课堂参与度（10分）	积极参与课堂互动（10分）	主动参与互动，得5分；承担小组展示活动，得5分，参与小组展示，得2分			
小计					
平均分（满分60分）					

说明： 任务评价采取课堂评价（60%）与期末考核评价（40%）相结合的方式。课堂评价由自我评价（自评）、小组评价（互评）和教师评价（师评）组成，分别从知识技能、职业道德素养、课堂参与度三个方面进行评价。

任务拓展训练

要求使用统计函数对销售数据进行分析，帮助公司销售经理了解本公司产品的销售情况，为公司制订以后的销售计划提供帮助。根据表 2.1.3 所示的产品销售数据（数量单位：件）完成训练，具体要求如下。

1. 统计本公司销售数据中一共有多少种产品；
2. 找出销售数量大于 10000 件的产品有几种；
3. 找出销售数量最高的产品；
4. 找出销售数量最低的产品；
5. 求出所有产品销售数量的平均值。

表 2.1.3　产品销售数据

产品编号	产品名称	产品产地	销售数量
SW101	紫米糕	江苏	9909
SW102	柠檬糖	广西	8091
SW103	重庆小面	重庆	13000
SW104	猪肉脯	重庆	5789
SW105	辣条	江苏	4685
SW106	山楂棒	江苏	6530
SW107	海苔	湖北	5735
SW108	饼干	内蒙古	4800
SW109	乳扇	云南	12900
SW110	鲜花饼	云南	15620

扫码查看训练
任务和操作演示

任务二

数学函数

任务场景

作为公司销售人员，你需要统计分析销售数据。为此，你需要使用相应的函数进行计算，以提升工作效率。

任务目标

1. 了解数学函数的使用；

2. 能在进行数据分析时灵活运用所学函数，简化操作、提高效率。

任务内容

请根据任务目标，选择相应的函数进行计算、分析。

完成任务需要用到的电器销售表 1（金额单位：元）、电器销售表 2（金额单位：元）、实际销售量和计划销售量（销售量单位：件）、4 月产品销售单价表（单价单位：元/台）分别如表 2.2.1～表 2.2.4 所示。

表 2.2.1 电器销售表 1

销售表					
	电视	手机	计算机	洗地机	洗衣机
1 月	1356	2080	2000	1090	877
2 月	1224	2912	2300	1589	1529
3 月	1809	3023	3100	1892	890
4 月	1509	2101	2509	1627	1255

表 2.2.2 电器销售表 2

销售表					
	性别	电视	手机	计算机	洗地机
王一	男	1356	2080	2000	1090
李二	女	1224	2912	2300	1589
张三	男	1809	3023	3100	1892
向四	女	1509	2101	2509	1627

表 2.2.3 实际销售量和计划销售量

销售表			
指标	实际销售量	计划销售量	完成率（%）
A	300	500	
B	500	900	
C	810	950	
D	450	460	

表 2.2.4 4 月产品销售单价表

4 月产品销售单价表		
产品	销售平均单价	求整数
电视机	8780.85672	
计算机	13010.58327	
硬盘	312.11456	
空调	5788.47281	
手机	8755.34358	
耳机	675.79231	

任务实施

知识链接

数学函数是指计算工作表函数，用于对数据区域进行计算分析。在日常生活和工作中，数学函数也是十分常用的，统计一个人一个月的消费情况到统计一个公司上千个人的消费情况，都可以运用数学函数。在进行数据分析时，用到的数学函数有 SUM、SUMIF、

SUMIFS、ROUND、INT 等。

1. SUM 函数。

SUM 是求和函数，用于返回某一单元格区域中所有数值之和。

SUM 函数语法结构：=SUM(数值 1，数值 2，...)。

2. SUMIF 函数。

SUMIF 函数用于对满足条件的单元格求和。

SUMIF 函数的语法结构：=SUMIF(条件区域,条件,实际求和区域)。

3. SUMIFS 函数。

SUMIFS 函数用于对满足多个条件的单元格求和，功能十分强大。

SUMIFS 函数的语法结构：=SUMIFS(求和区域,条件区域 1,[条件 1,条件区域 2,条件 2],…)。

4. ROUND 函数。

使用 ROUND 函数可以返回一个数值，该数值是按照指定的小数位数进行四舍五入运算的结果。除数值外，也可对日期进行舍入运算。

ROUND 函数的语法结构：=ROUND(需四舍五入的数字,指定位数)。

5. INT 函数。

使用 INT 函数可以将数值向下舍入到最接近的整数，可以理解为"向下取最近整数"函数。

INT 函数的语法结构：=INT(x)。

一、使用 SUM 函数计算前 4 个月各种电器的销售量等。

步骤 1 打开素材"电器销售表 1"，选中 B7 单元格，输入"=SUM(B3:B6)"，按 Ctrl+Enter 组合键，计算出"电视"1—4 月的销售数量之和，如图 2.2.1 所示。

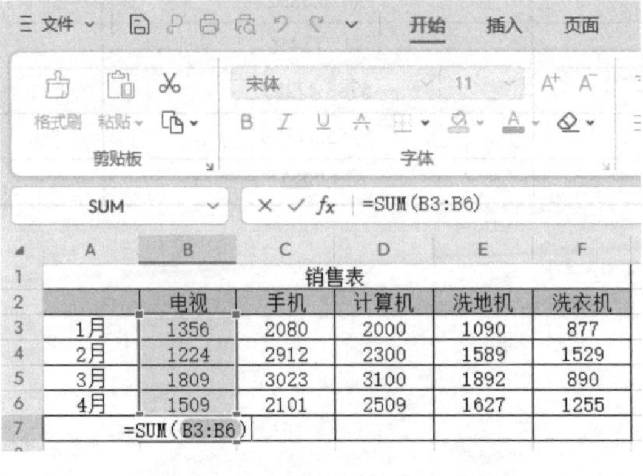

图 2.2.1 输入公式（SUM 函数）

步骤 2 在 A7 单元格中输入"合计"，使用填充柄将 SUM 函数填充到 F7 单元格，如图 2.2.2 所示。

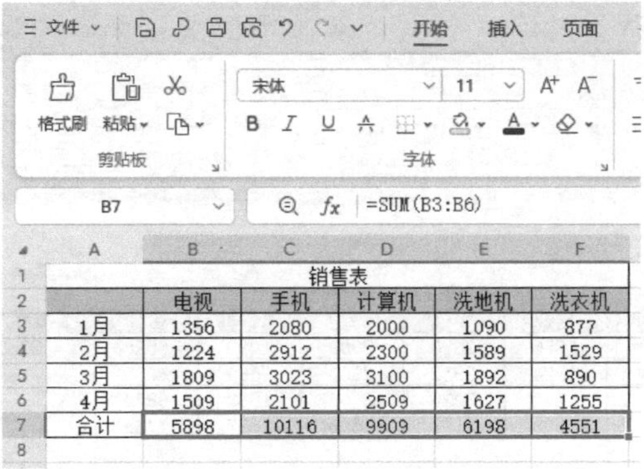

图 2.2.2　输出结果（填充）

二、使用 SUMIF 函数计算女职员的电视销售金额之和。

步骤 1　打开素材"电器销售表 2"，在 H2 单元格中输入"女职员的电视销量金额之和"，如图 2.2.3 所示。

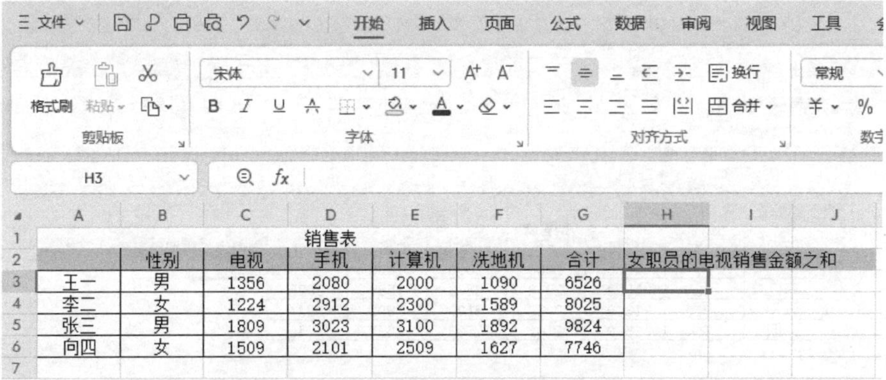

图 2.2.3　输入文本

步骤 2　在 H3 单元格中输入公式"=SUMIF(B3:B6,"女",C3:C6)"按 Enter 键，即可得到女职员的电视销售金额之和为 2733 元，如图 2.2.4 和图 2.2.5 所示。

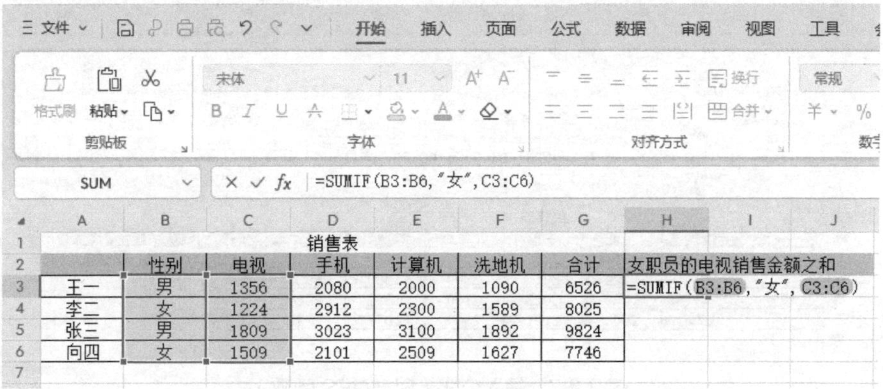

图 2.2.4　输入公式（SUMIF 函数）

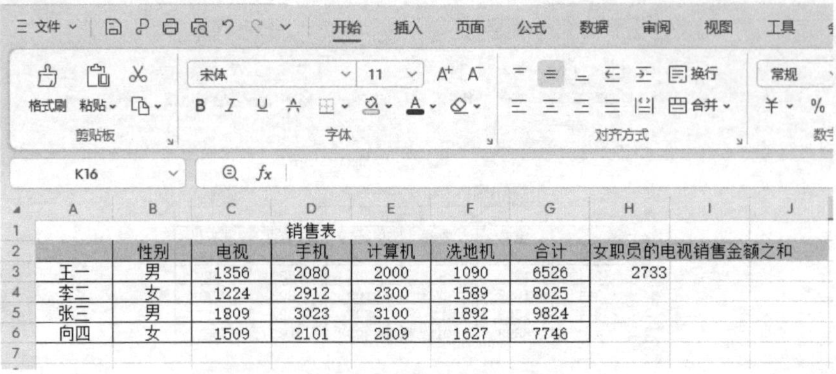

A	B	C	D	E	F	G	H
			销售表				
	性别	电视	手机	计算机	洗地机	合计	女职员的电视销售金额之和
王一	男	1356	2080	2000	1090	6526	2733
李二	女	1224	2912	2300	1589	8025	
张三	男	1809	3023	3100	1892	9824	
向四	女	1509	2101	2509	1627	7746	

图 2.2.5　输出结果（SUMIF 函数）

三、使用 SUMIFS 函数计算男职员的电视销售金额之和。

步骤 1　打开素材“电器销售表 2”，选中 H2 单元格，将文字更改为“男职员的电视销售金额之和”，如图 2.2.6 所示。

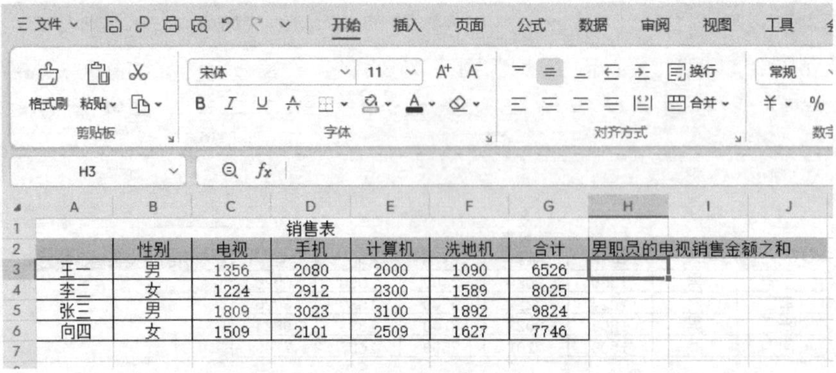

A	B	C	D	E	F	G	H
			销售表				
	性别	电视	手机	计算机	洗地机	合计	男职员的电视销售金额之和
王一	男	1356	2080	2000	1090	6526	
李二	女	1224	2912	2300	1589	8025	
张三	男	1809	3023	3100	1892	9824	
向四	女	1509	2101	2509	1627	7746	

图 2.2.6　更改文本

步骤 2　在 H3 单元格中输入公式“=SUMIFS(C3:C6,B3:B6,"男")”，按 Enter 键，即可得到结果 3165，如图 2.2.7 和图 2.2.8 所示。

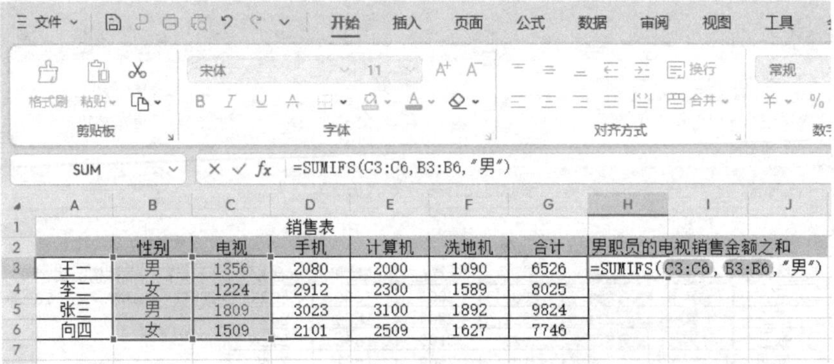

A	B	C	D	E	F	G	H
			销售表				
	性别	电视	手机	计算机	洗地机	合计	男职员的电视销售金额之和
王一	男	1356	2080	2000	1090	6526	=SUMIFS(C3:C6,B3:B6,"男")
李二	女	1224	2912	2300	1589	8025	
张三	男	1809	3023	3100	1892	9824	
向四	女	1509	2101	2509	1627	7746	

图 2.2.7　输入公式（SUMIFS 函数）

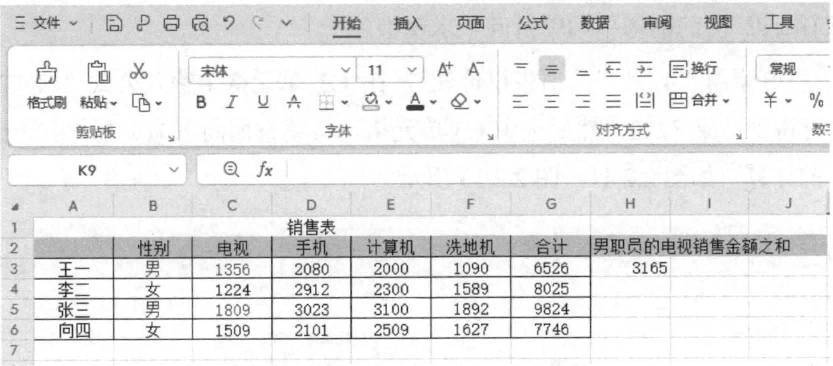

图 2.2.8　输出结果（SUMIFS 函数）

四、使用 ROUND 函数计算完成率，要求将结果四舍五入到整数。

步骤　打开素材"实际销售量和计划销售量"，在 D3 单元格中输入公式"=ROUND (B3/C3*100,)"[①]，按 Enter 键，即可得到结果 60，然后选中 D3 单元格，将填充柄向下拖曳到 D6 单元格，完成"完成率"的计算，如图 2.2.9 和图 2.2.10 所示。

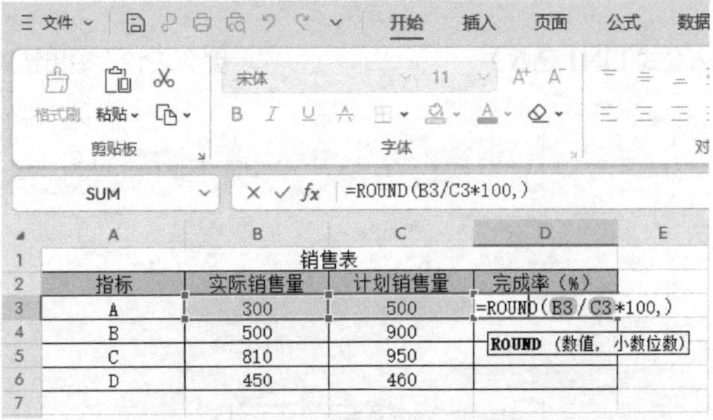

图 2.2.9　输入公式（ROUND 函数）

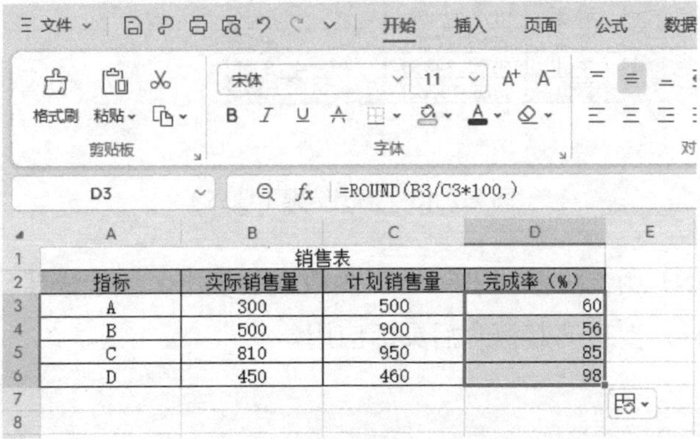

图 2.2.10　输出结果（填充）

---

① 注意，不要丢掉公式括号中的逗号。

五、对每种产品的销售平均单价向下求整数。

步骤 打开素材"4 月产品销售单价表",在 C3 单元格中输入公式"=INT(B3)",按 Enter 键即可得到结果 8780,然后选中 C3 单元格,将填充柄向下拖曳到 C8 单元格,完成"求整数"的计算,如图 2.2.11~图 2.2.13 所示。

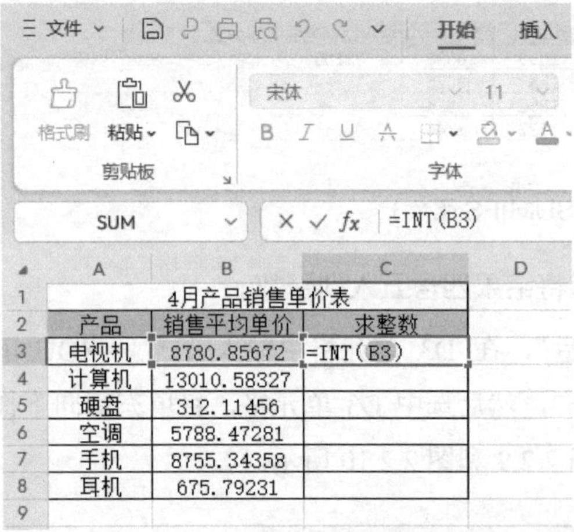

图 2.2.11 输入公式(INT 函数)

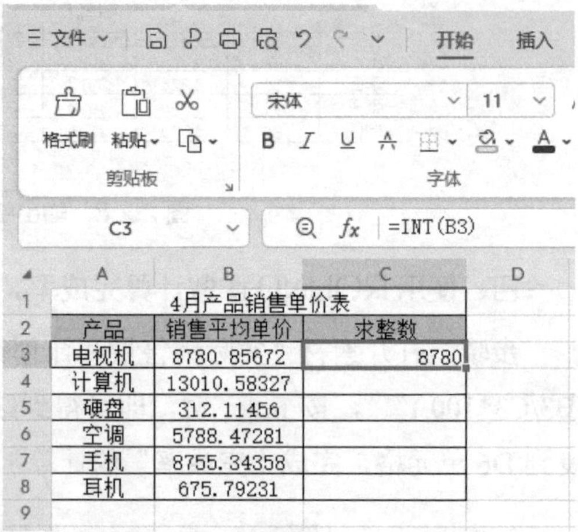

图 2.2.12 输出结果(INT 函数)

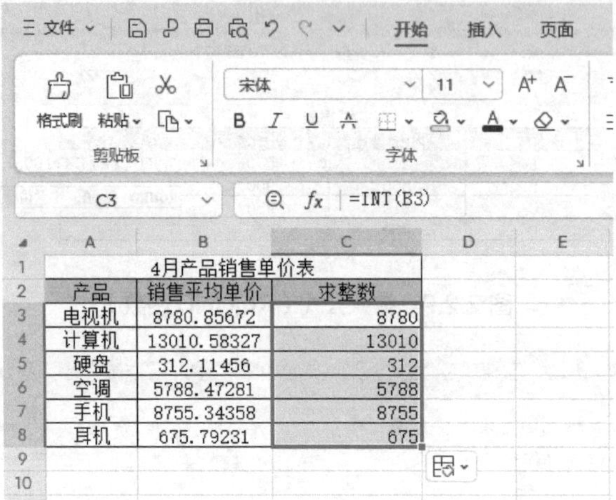

图 2.2.13 输出结果(填充)

某些情况下,INT 函数可以和 ROUND 函数嵌套使用,用于快速分组等。总之,函数的使用方法多种多样,要理解其概念后灵活应用。

任务评价

现对任务实际掌握情况进行评价,具体评价指标和评价标准如表 2.2.5 所示。

表 2.2.5　"数学函数"评价表

评价维度	评价指标	评价标准	评价		
			自评	互评	师评
知识技能 （25分）	了解函数的定义（5分）	正确描述函数的定义，得5分； 描述不完整，得2分； 无法描述，不得分			
	了解函数的语法结构（10分）	正确描述函数的语法结构，得10分； 在描述中出现不完整解释，得5分； 不能描述，不得分			
	完成任务拓展训练（10分）	正确使用函数及其语法结构，得10分； 在描述中出现不完整解释，得5分； 不能描述，不得分			
职业道德 素养 （25分）	"坚持学习，守正创新"的职业道德规范（10分）	学习过程认真仔细，笔记全面，训练积极，得10分； 认真听讲，基本参与训练，得5分			
	"严谨细致、一丝不苟、精益求精"的工作作风（10分）	严谨细致，得5分； 操作熟练，得5分			
	沟通交流能力（5分）	在团队合作中主动沟通交流，得5分			
课堂 参与度 （10分）	积极参与课堂互动（10分）	主动参与互动，得5分； 承担小组展示活动，得5分， 参与小组展示，得2分			
小计					
平均分（满分60分）					

说明：任务评价采取课堂评价（60%）与期末考核评价（40%）相结合的方式。课堂评价由自我评价（自评）、小组评价（互评）和教师评价（师评）组成，分别从知识技能、职业道德素养、课堂参与度三个方面进行评价。

任务拓展训练

要求运用数学函数对销售数据进行分析。请根据表 2.2.6 所示的产品销售数据（数量单位：件）完成训练，具体要求如下。

1. 运用数学函数计算所有产品销售数量之和；

2. 运用数学函数计算女销售员的销售数量之和；

3. 运用数学函数计算男销售员的手机销售数量之和；

4. 运用数学函数求 3.141592653 这个数值最接近的整数值（向下取整）；取小数点后 5 位的数值。

表 2.2.6　产品销售数据

销售表						
	性别	电视	手机	计算机	洗地机	合计
王二	男	1356	1080	2000	1090	
李四	女	1224	4912	2300	1589	
张六	男	1809	7023	3100	1892	
向十	女	1509	2179	2509	1627	

扫码查看训练
任务和操作演示

任务三

逻辑函数

任务场景

作为公司行政办公人员，你需要统计部门数据。为此，你需要使用相应的函数进行计算，以提升工作效率。

任务目标

1. 了解逻辑函数的使用；
2. 能在进行数据分析时灵活运用所学函数，简化操作、提高效率。

任务内容

请根据任务目标，选择相应的函数进行计算、分析，完成任务需要用到的 4 月员工绩效表（金额单位：元）、员工考评表、员工基本信息表（是否退休）分别如表 2.3.1～表 2.3.3 所示。

表 2.3.1　4 月员工绩效表

4 月员工绩效表			
姓名	计划完成	实际完成	任务是否完成
王毅	160000	189010	
李二	190000	199999	

4 月员工绩效表			
姓名	计划完成	实际完成	任务是否完成
张三	180000	173000	
赵四	150000	169000	
秦五	170000	189000	
杨六	130000	145999	

表 2.3.2 员工考评表

员工考评表					
姓名	工作部门	能力 1	能力 2	能力 3	是否晋升
王毅	销售部	优秀	良好	合格	
李二	销售部	合格	合格	良好	
张三	行政部	优秀	良好	优秀	
赵四	行政部	合格	优秀	良好	
秦五	财务部	合格	良好	良好	
杨六	财务部	优秀	合格	良好	
徐七	生产部	优秀	合格	合格	
陈八	生产部	合格	良好	良好	

表 2.3.3 员工基本信息表（是否退休）

员工基本信息表					
年龄	姓名	性别	工作部门	参加工作时间	是否退休
62	王毅	男	销售部	1997.1	
36	李二	男	销售部	2010.7	
27	张三	女	行政部	2019.7	
55	赵四	女	行政部	1996.1	
42	秦五	男	财务部	2004.6	
29	杨六	女	财务部	2018.7	
39	徐七	男	生产部	2009.7	
48	陈八	男	生产部	2002.1	

任务实施

知识链接

逻辑函数是一类返回值为逻辑值 true 或 false 的函数。在运算公式中，逻辑函数是一种强大的工具，可以根据条件进行判断和计算，根据不同的逻辑条件来执行各种操作。在进行数据分析时，用到的逻辑函数有 IF、AND、OR 等。

1. IF 函数。

IF 函数是常用的逻辑函数之一，用于根据一个逻辑条件来执行不同的操作。

IF 函数的基本语法：=IF(条件,真值操作,假值操作)。

其中，条件是一个逻辑表达式或判断条件，真值操作是在条件为真时执行的操作，假值操作是在条件为假时执行的操作。

2. AND 函数。

AND 函数是一个逻辑函数，用于判断多个条件是否同时为真。它接受多个逻辑表达式，并返回一个布尔值。也可把它理解成"一错全错，全对才对"函数：任一条件不满足则全错，所有条件都满足才通过。

AND 函数的语法结构：AND(条件 1,条件 2, ...)。

3. OR 函数。

OR 函数用于判断多个条件中是否有一个为真。它也接受多个逻辑表达式，并返回一个布尔值。

OR 函数的语法结构：OR(条件 1, 条件 2, ...)。

一、判定员工绩效是否完成，销售额大于或等于 175000 元算完成考核任务，反之则算未完成。

步骤 1 打开素材"4 月员工绩效表"，选中 D3 单元格，输入"=IF(C3>=175000, "完成", "未完成")"，按 Enter 键确认，如图 2.3.1 所示。

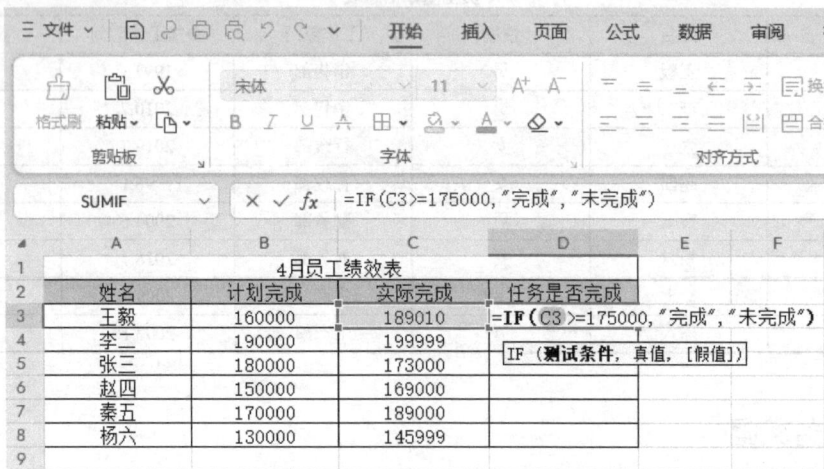

图 2.3.1 输入公式（IF 函数）

步骤 2 选中 D3 单元格，将填充柄向下拖曳到 D8 单元格，即可判断出哪些员工完成了任务，哪些员工未完成任务，如图 2.3.2 所示。

IF 这一系列函数中还有 IFERROR 函数比较常用。借助 IFERROR 函数，如果公式的计算结果为假，则返回指定的值；否则将返回公式的结果。

IFERROR 函数的语法结构：=IFERROR(需要计算的公式,当公式错误时返回的内容)。

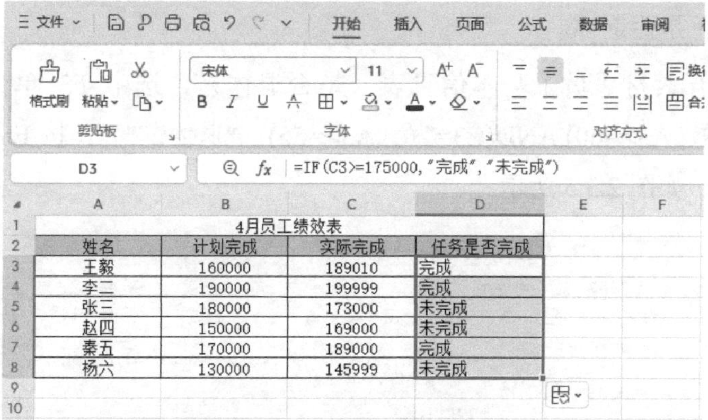

图 2.3.2　输出结果（填充）

二、以员工的工作能力综合判断员工是否可以晋升。

步骤　打开素材"员工考评表"，选择 D4 单元格，在编辑栏中输入函数"=IF(AND (C4>=88,C4<=100),"是","否")"，如图 2.3.3 所示，按 Enter 键，得出晋升结果。选中 D4 单元格，拖动填充柄填充数据公式至 D11 单元格，得出所有结果，如图 2.3.4 所示。

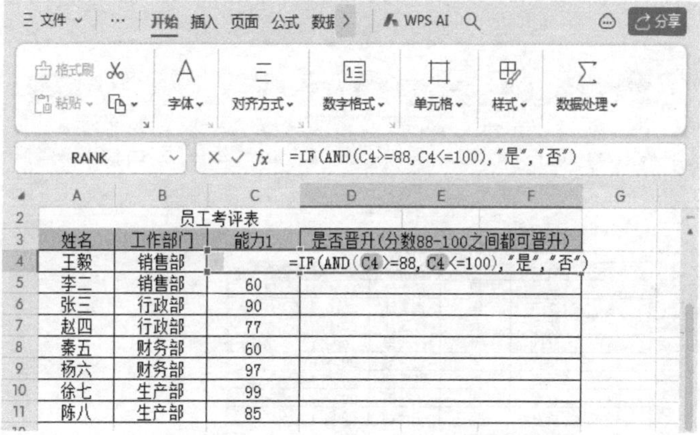

图 2.3.3　输入公式（AND 函数）

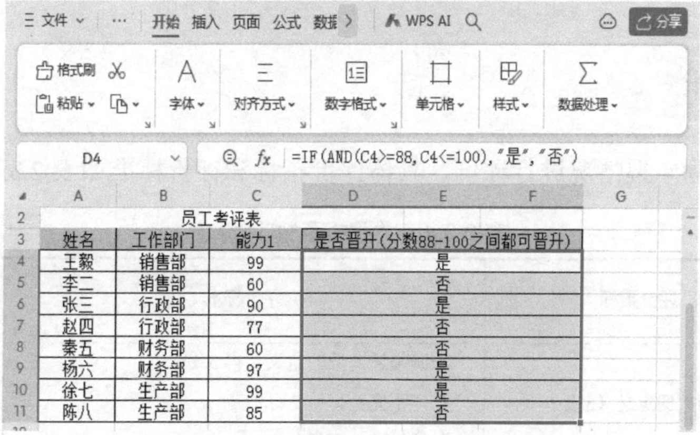

图 2.3.4　输出结果（填充）

三、判断员工是否退休。

步骤 1 打开素材"员工基本信息表（是否退休）"，选中 F3 单元格，输入"=IF（OR(AND(C3="男",A3>=60),AND(C3="女",A3>=55)), "退休","")"，按 Enter 键，可以得出是否退休的结果，如图 2.3.5 所示。

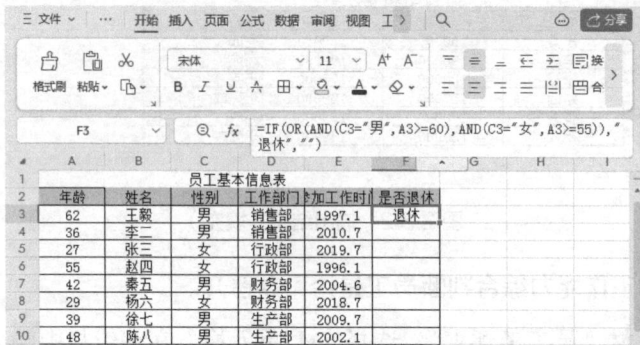

图 2.3.5　输出结果（OR 函数）

步骤 2 选中 F3 单元格，将填充柄向下拖曳到 F10 单元格，得出所有结果，如图 2.3.6 所示。

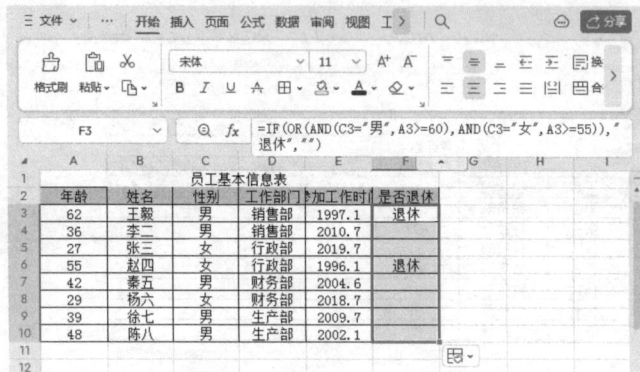

图 2.3.6　输出结果（填充）

任务评价

现对任务实际掌握情况进行评价，具体评价指标和评价标准如表 2.3.4 所示。

表 2.3.4　"逻辑函数"评价表

评价维度	评价指标	评价标准	评 价		
			自评	互评	师评
知识技能（25 分）	了解函数的定义（5 分）	正确描述函数的定义，得 5 分；描述不完整，得 2 分；无法描述，不得分			

续表

评价维度	评价指标	评价标准	评　价		
			自评	互评	师评
	了解函数的语法结构（10分）	正确描述函数的语法结构，得10分； 在描述中出现不完整解释，得5分； 不能描述，不得分			
	完成任务拓展训练（10分）	正确使用函数及其语法结构，得10分； 在描述中出现不完整解释，得5分； 不能描述，不得分			
职业道德素养（25分）	"坚持学习，守正创新"的职业道德规范（10分）	学习过程认真仔细，笔记全面，训练积极，得10分； 认真听讲，基本参与训练，得5分			
	"严谨细致、一丝不苟、精益求精"的工作作风（10分）	严谨细致，得5分； 操作熟练，得5分			
	沟通交流能力（5分）	在团队合作中主动沟通交流，得5分			
课堂参与度（10分）	积极参与课堂互动（10分）	主动参与互动，得5分； 承担小组展示活动，得5分， 参与小组展示，得2分			
小计					
平均分（满分60分）					

说明：任务评价采取课堂评价（60%）与期末考核评价（40%）相结合的方式。课堂评价由自我评价（自评）、小组评价（互评）和教师评价（师评）组成，分别从知识技能、职业道德素养、课堂参与度三个方面进行评价。

任务拓展训练

请根据表2.3.5所示的7月员工绩效表（金额单位：元），使用逻辑函数核验本月员工的销售任务完成情况，销售量大于或等于16500元的算完成任务，反之则算没完成任务。

表2.3.5　7月员工绩效表

7月员工绩效表			
姓名	计划完成	实际完成	任务完成
王一	160000	150000	
李二	190000	179099	
张三	180000	190911	
赵四	150000	160020	
秦五	170000	290000	
杨六	130000	132310	

扫码查看训练
任务和操作演示

任务四

日期函数

任务场景

作为公司行政办公人员，你需要统计分析公司数据。为此，你需要使用相应的日期函数进行计算，以提升工作效率。

任务目标

1. 了解日期函数的使用；
2. 能在进行数据分析时灵活运用所学函数，简化操作、提高效率。

任务内容

请根据任务目标，选择相应的函数进行计算、分析，完成任务需要用到的员工基本信息表（参加工作时间）如表 2.4.1 所示。

表 2.4.1 员工基本信息表（参加工作时间）

员工基本信息表							
年龄	姓名	性别	工作部门	参加工作时间	参加工作年份	参加工作月份	参加工作日期
62	王毅	男	销售部	1997 年 1 月 8 日			
36	李二	男	销售部	2010 年 7 月 15 日			
27	张三	女	行政部	2019 年 7 月 2 日			
55	赵四	女	行政部	1996 年 1 月 5 日			
42	秦五	男	财务部	2004 年 6 月 20 日			
29	杨六	女	财务部	2018 年 7 月 2 日			
39	徐七	男	生产部	2009 年 7 月 7 日			
48	陈八	男	生产部	2002 年 1 月 10 日			

制表人：　　　　　　　小张

制表时间：

任务实施

知识链接

日期函数是处理日期型或日期时间型数据的函数。在工作中，经常需要使用日期函数，以快速地对数据进行分析和处理。办公软件中常用的日期函数有：YEAR、MONTH、DAY、NOW。本节课介绍这几个常用的日期函数。

1．YEAR 函数。

YEAR 函数：返回给定时间的年份值，一个介于 1900~9999 的四位数。它的语法结构：YEAR(日期数据)。

2．MONTH 函数。

MONTH 函数：返回给定时间的月份值（一个在 0～12 范围内的整数）。

MONTH 函数的语法结构：MONTH(日期数据)。

3．DAY 函数。

DAY 函数：返回给定时间是这个月的第几天（一个在 0～31 范围内的整数）。

DAY 函数的语法结构：DAY(日期数据)。

4．NOW 函数。

NOW 函数：返回系统当前的日期与时间。

NOW 函数的语法结构：NOW()。

一、使用 YEAR 函数从参加工作时间中提取每位职工参加工作的年份。

步骤 1　打开素材"员工基本信息表（参加工作时间）"。选中 F3 单元格，输入"=YEAR(E3)"，如图 2.4.1 所示。按 Enter 键确认，得出结果 1997，如图 2.4.2 所示。

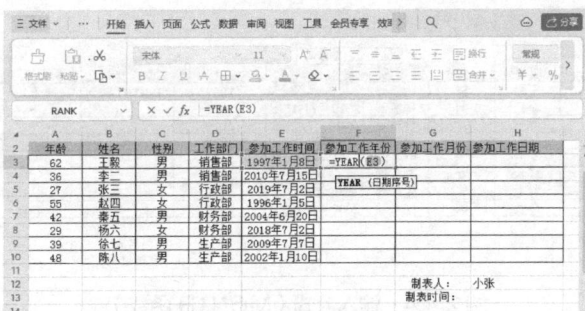

图 2.4.1　输入公式（YEAR 函数）

图 2.4.2　输出结果（YEAR 函数）

步骤2 选中 F3 单元格，将填充柄向下拖曳到 F10 单元格，可得到所有员工参加工作的年份，如图 2.4.3 所示。

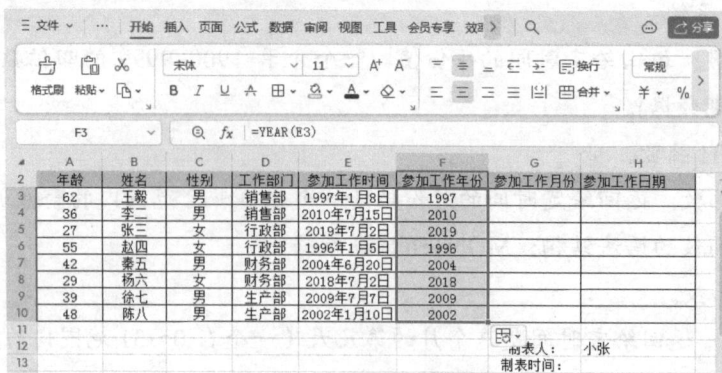

图 2.4.3 输出结果（填充）

二、使用 MONTH 函数从参加工作时间中提取每位职工参加工作的月份。

步骤1 选中 G3 单元格，输入"=MONTH(E3)"，如图 2.4.4 所示。按 Enter 键确认，得出结果，如图 2.4.5 所示。

图 2.4.4 输入公式（MONTH 函数）

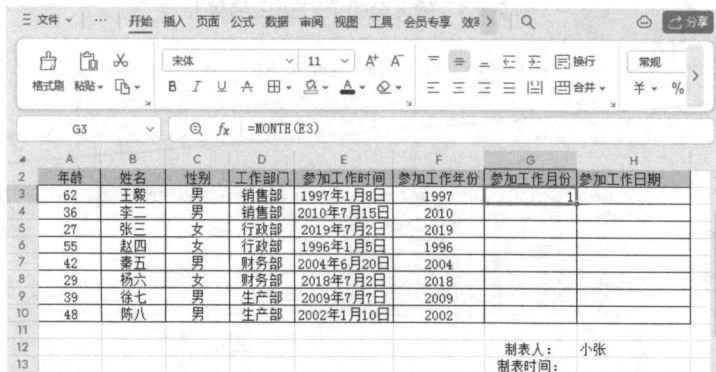

图 2.4.5 输出结果（MONTH 函数）

步骤 2　选中 G3 单元格，将填充柄向下拖曳到 G10 单元格，可得到所有员工参加工作的月份，如图 2.4.6 所示。

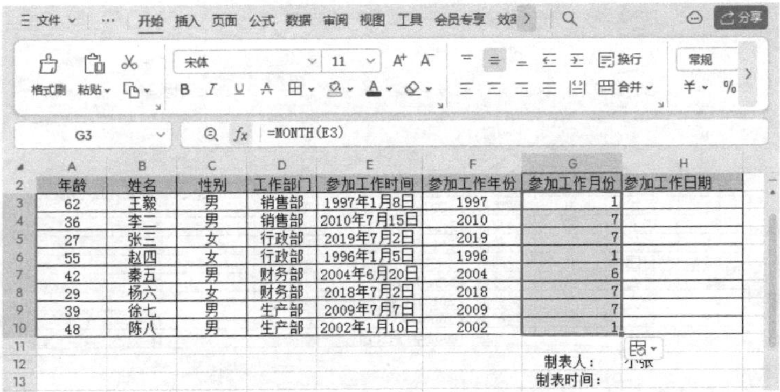

图 2.4.6　输出结果（填充）

三、使用 DAY 函数从参加工作时间中提取每位职工参加工作的日期。

步骤 1　选中 H3 单元格，输入"=DAY(E3)"，如图 2.4.7 所示。按 Enter 键确认，得出结果，如图 2.4.8 所示。

图 2.4.7　输入公式（DAY 函数）

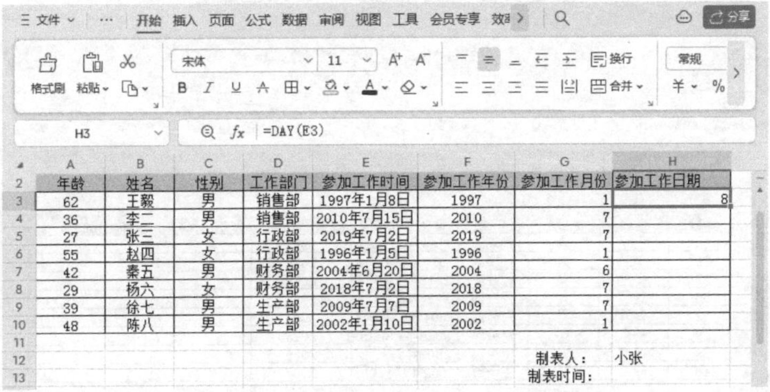

图 2.4.8　输出结果（DAY 函数）

步骤 2 选中 H3 单元格，将填充柄向下拖曳到 H10 单元格，可得到所有员工参加工作的日期，如图 2.4.9 所示。

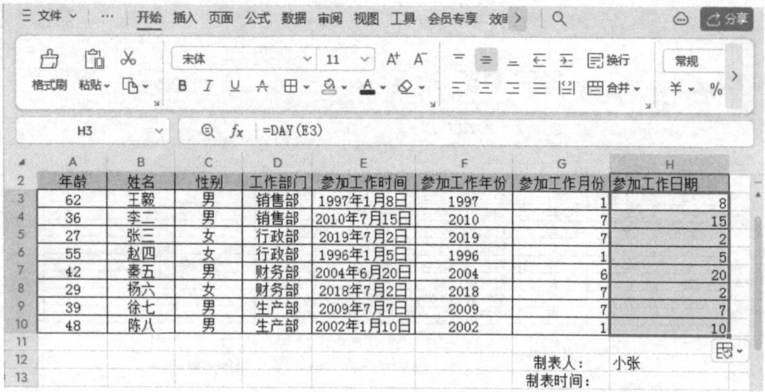

年龄	姓名	性别	工作部门	参加工作时间	参加工作年份	参加工作月份	参加工作日期
62	王毅	男	销售部	1997年1月8日	1997	1	8
36	李二	男	销售部	2010年7月15日	2010	7	15
27	张三	女	行政部	2019年7月2日	2019	7	2
55	赵四	女	行政部	1996年1月5日	1996	1	5
42	秦五	男	财务部	2004年6月20日	2004	6	20
29	杨六	女	财务部	2018年7月2日	2018	7	2
39	徐七	男	生产部	2009年7月7日	2009	7	7
48	陈八	男	生产部	2002年1月10日	2002	1	10
						制表人：	小张
						制表时间：	

图 2.4.9 输出结果（填充）

四、使用 NOW 函数得出制表日期。

步骤 选中 H13 单元格，输入“=NOW()”，如图 2.4.10 所示。按 Enter 键确认，得出结果，如图 2.4.11 所示。

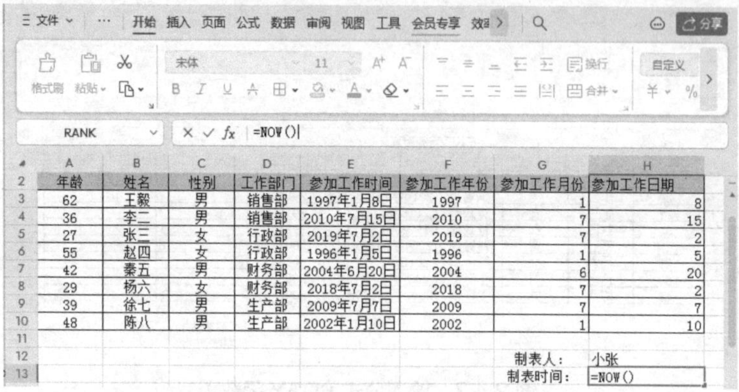

年龄	姓名	性别	工作部门	参加工作时间	参加工作年份	参加工作月份	参加工作日期
62	王毅	男	销售部	1997年1月8日	1997	1	8
36	李二	男	销售部	2010年7月15日	2010	7	15
27	张三	女	行政部	2019年7月2日	2019	7	2
55	赵四	女	行政部	1996年1月5日	1996	1	5
42	秦五	男	财务部	2004年6月20日	2004	6	20
29	杨六	女	财务部	2018年7月2日	2018	7	2
39	徐七	男	生产部	2009年7月7日	2009	7	7
48	陈八	男	生产部	2002年1月10日	2002	1	10
						制表人：	小张
						制表时间：	=NOW()

图 2.4.10 输入公式（NOW 函数）

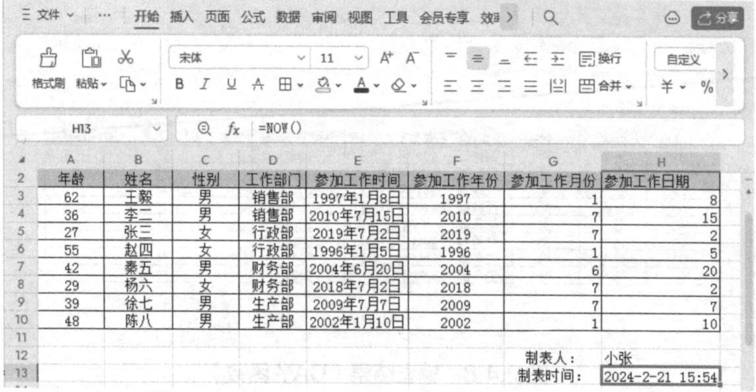

年龄	姓名	性别	工作部门	参加工作时间	参加工作年份	参加工作月份	参加工作日期
62	王毅	男	销售部	1997年1月8日	1997	1	8
36	李二	男	销售部	2010年7月15日	2010	7	15
27	张三	女	行政部	2019年7月2日	2019	7	2
55	赵四	女	行政部	1996年1月5日	1996	1	5
42	秦五	男	财务部	2004年6月20日	2004	6	20
29	杨六	女	财务部	2018年7月2日	2018	7	2
39	徐七	男	生产部	2009年7月7日	2009	7	7
48	陈八	男	生产部	2002年1月10日	2002	1	10
						制表人：	小张
						制表时间：	2024-2-21 15:54

图 2.4.11 输出结果（NOW 函数）

任务评价

现对任务实际掌握情况进行评价，具体评价指标和评价标准如表 2.4.2 所示。

表 2.4.2　"日期函数"评价表

评价维度	评价指标	评价标准	评价		
			自评	互评	师评
知识技能（25 分）	了解函数的定义（5 分）	正确描述函数的定义，得 5 分；描述不完整，得 2 分；无法描述，不得分			
	了解函数的语法结构（10 分）	正确描述函数的语法结构，得 10 分；在描述中出现不完整解释，得 5 分；不能描述，不得分			
	完成任务拓展训练（10 分）	正确使用函数及其语法结构，得 10 分；在描述中出现不完整解释，得 5 分；不能描述，不得分			
职业道德素养（25 分）	"坚持学习，守正创新"的职业道德规范（10 分）	学习过程认真仔细，笔记全面，训练积极，得 10 分；认真听讲，基本参与训练，得 5 分			
	"严谨细致、一丝不苟、精益求精"的工作作风（10 分）	严谨细致，得 5 分；操作熟练，得 5 分			
	沟通交流能力（5 分）	在团队合作中主动沟通交流，得 5 分			
课堂参与度（10 分）	积极参与课堂互动（10 分）	主动参与互动，得 5 分；承担小组展示活动，得 5 分，参与小组展示，得 2 分			
小计					
平均分（满分 60 分）					

说明： 任务评价采取课堂评价（60%）与期末考核评价（40%）相结合的方式。课堂评价由自我评价（自评）、小组评价（互评）和教师评价（师评）组成，分别从知识技能、职业道德素养、课堂参与度三个方面进行评价。

任务拓展训练

请根据表 2.4.3 所示的员工信息表统计出每位在职员工参加工作的年份、月份及具体日期。根据表 2.4.3 所示的员工信息表（参加工作时间训练）完成训练，具体要求如下。

1．运用日期函数提取每位员工参加工作的年份；

2．运用日期函数提取每位员工参加工作的月份和日期。

表 2.4.3　员工信息表（参加工作时间训练）

姓名	性别	工作部门	参加工作时间	参加工作年份	参加工作月份	参加工作日期
王一	男	销售部	1995 年 1 月 8 日			
李二	男	销售部	2001 年 7 月 15 日			
张三	女	行政部	2013 年 7 月 2 日			
赵四	女	行政部	1999 年 1 月 5 日			
秦五	男	财务部	2008 年 6 月 20 日			
杨六	女	财务部	2015 年 7 月 2 日			
徐七	男	生产部	2010 年 7 月 7 日			
陈八	男	生产部	2003 年 1 月 10 日			

扫码查看训练
任务和操作演示

任务五

文本函数

任务场景

作为公司后勤办公人员，你需要统计分析公司数据。为此，你需要使用相应的函数进行计算，以提升工作效率。

任务目标

1. 了解文本函数的使用；
2. 能在进行数据分析时灵活运用所学函数，简化操作、提高效率。

任务内容

请根据任务目标，选择相应的函数进行计算、分析。

完成任务需要用到的员工基本信息表（身份证号）、仓库库存表（单位：分米）如表 2.5.1～表 2.5.2 所示。

表 2.5.1　员工基本信息表

员工基本信息表						
编号	姓名	性别	工作部门	参加工作时间	身份证号	身份证号位数
1	王毅	男	销售部	1997 年 1 月 8 日	800103196303116123	
2	李二	男	销售部	2010 年 7 月 15 日	800104198707170098	
3	张三	女	行政部	2019 年 7 月 2 日	800105198309128827	
4	赵四	女	行政部	1996 年 1 月 5 日	800107196104241132	
5	秦五	男	财务部	2004 年 6 月 20 日	800107198508250032	
6	杨六	女	财务部	2018 年 7 月 2 日	800107199010259911	
7	徐七	男	生产部	2009 年 7 月 7 日	800105198708192345	
8	陈八	男	生产部	2002 年 1 月 10 日	800103197212120012	
9	谢九	男	生产部	2004 年 1 月 11 日	800103197211103018	
10	朱十	男	生产部	2002 年 1 月 12 日	800105196808309921	

注：表中身份证号为虚构的，不一定符合校验规则，读者参考即可。

表 2.5.2　仓库库存表

仓库库存表				
品名	规格	长	宽	高
3 段配方奶粉	5×7×3			
牛奶	1×1×2			
辣条礼盒装	1×1×2			
咖啡礼盒装	2×3×2			
蛋糕	1×1×3			
零食大礼包	2×3×4			
无糖酸奶	2×4×2			
巧克力礼盒装	1×2×2			

任务实施

知识链接

文本函数可以在公式中处理文本字符串。例如，可以改变文字的大小写或确定文本字符串的长度，可以替换某些字符或去除某些字符等。经常需要使用文本函数，以快速地对数据进行分析和处理。进行数据分析时，常用的文本函数有 LEN、用户 MID、用户 RIGHT。

1. LEN 函数。

LEN 函数：返回文本字符串中的字符数。

LEN 函数的语法结构：LEN(text)。

其中，text 为必需参数，表示要查找长度的文本，空格将作为字符进行计数。

2. LEFT 函数。

可以使用 MID、LEFT、RIGHT 等函数从长字符串内提取一部分字符。

LEFT 函数：提取出从文本字符串左侧算起指定数量的字符。可简单理解为从文本字符串第一个字符开始返回指定个数的字符，方向从左到右。

LEFT 函数的语法结构：LEFT(string, length)。

其中，string 必填，指返回字符串表达式。若字符串为空值，则返回空值。length 必填，指示返回的字符数。若为 0，表示返回零长度字符串，即返回空值；若大于或等于字符串中的字符数，则返回整个字符串。

3. MID 函数。

MID 函数：可以提取出文本字符串中指定数量的字符，也就是从字符串的中间位置提取指定字符串。

MID 函数的语法结构：MID(string,start,[length])。

其中，string 必填，指返回字符串表达式，若字符串为空值，则返回空值。start 必填，指示字符串中字符的开始位置，若 start 大于字符串中的字符数，则 MID 函数返回零长度字符串。length 选填，指示返回的字符数，若省略或超过文本中的字符数，则返回整个字符串。

4. RIGHT 函数。

RIGHT 函数：从指定单元格数据的右端提取指定个数的字符，方向从右到左，与 LEFT 函数提取字符的方向相反。

RIGHT 函数的语法结构：RIGHT(string,length)。

其中，string 必填，指字符串表达式从中返回最右侧的字符。若字符串为空值，则返回空值。length 必填，指示返回的字符数。若为 0，表示返回零长度字符串，即返回空值；若大于或等于字符串中的字符数，则返回整个字符串。

一、使用 LEN 函数统计员工身份证号位数。

步骤 1 打开素材"员工基本信息表"。选中 G2 单元格，输入"=LEN(F2)"，如图 2.5.1 所示。按 Enter 键确认，得出结果。正确的身份证号为 18 位，与统计结果相同，表示身份证号位数正确。

步骤 2 选中 G2 单元格，将填充柄拖曳到 G11 单元格，所有员工身份证号的位数都可被统计出来，如图 2.5.2 所示。

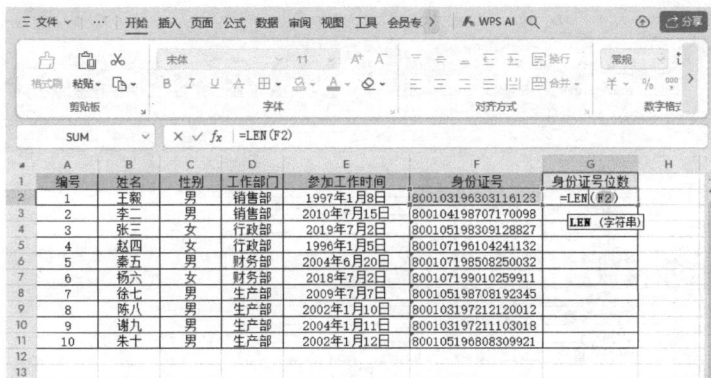

图 2.5.1　输入公式（LEN 函数）

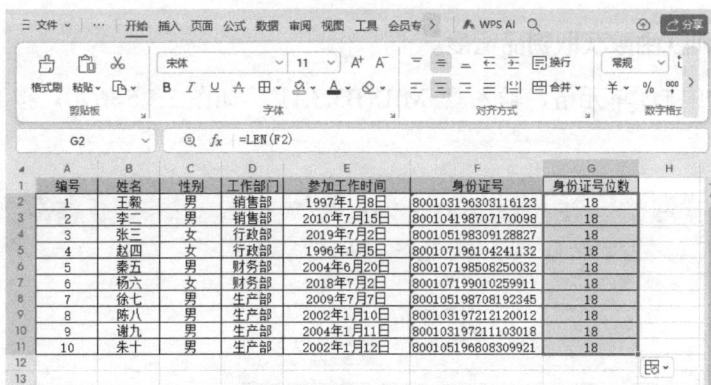

图 2.5.2　输出结果（填充）

二、使用 LEFT 函数获取货物长度。

步骤 1　打开素材"仓库库存表"，选中 C3 单元格，输入"=LEFT(B3,1)"，如图 2.5.3 所示。按 Enter 键确认，得出结果。

图 2.5.3　输入公式（LEFT 函数）

步骤 2　选中 C3 单元格，将填充柄拖曳到 C10 单元格，就会统计出所有物品的长度，如图 2.5.4 所示。

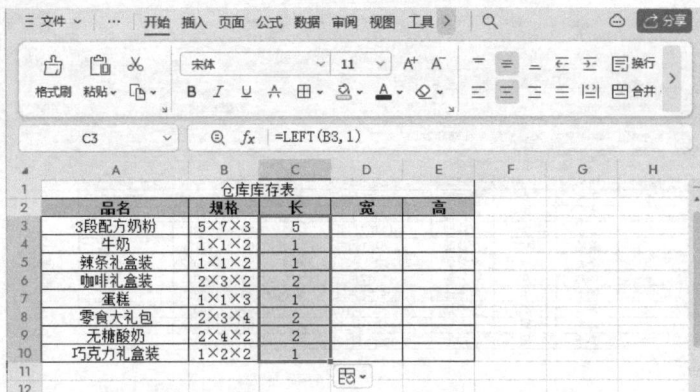

图 2.5.4　输出结果（填充）

三、使用 MID 函数获取物品宽度。

步骤 1　选中 D3 单元格，输入"=MID(B3,3,1)"，如图 2.5.5 所示。按 Enter 键确认，得出结果。

图 2.5.5　输入公式（MID 函数）

步骤 2　选中 D3 单元格，将填充柄拖曳到 D10 单元格，所有物品的宽度将会自动显现在表格中，如图 2.5.6 所示。

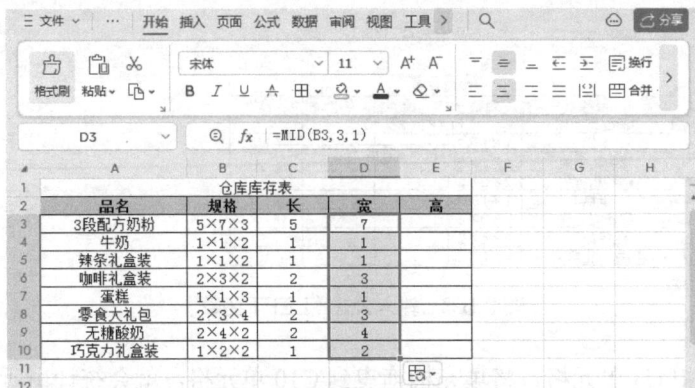

图 2.5.6　输出结果（填充）

四、使用 RIGHT 函数获取物品的高度。

步骤 1 选中 E3 单元格，输入"=RIGHT (B3,1)"，如图 2.5.7 所示。按 Enter 键确认得出结果。

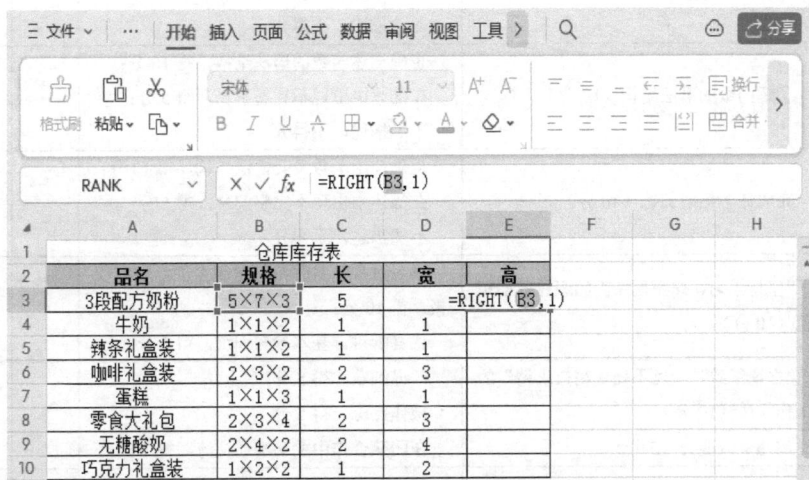

图 2.5.7 输入公式（RIGHT 函数）

步骤 2 选中 E3 单元格，将填充柄拖曳到 E10 单元格，所有物品的宽度将会自动显现在表格中，如图 2.5.8 所示。

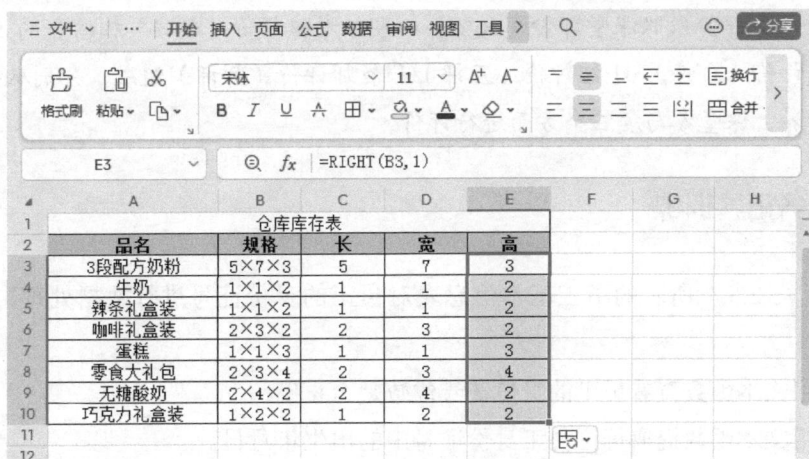

图 2.5.8 输出结果（填充）

任务评价

现对任务实际掌握情况进行评价，具体评价指标和评价标准如表 2.5.3 所示。

表 2.5.3　"文本函数"评价表

评价维度	评价指标	评价标准	评价		
			自评	互评	师评
知识技能（25分）	了解函数的定义（5分）	正确描述函数的定义，得5分； 描述不完整，得2分； 无法描述，不得分			
	了解函数的语法结构（10分）	正确描述函数的语法结构，得10分； 在描述中出现不完整解释，得5分； 不能描述，不得分			
	完成任务拓展训练（10分）	正确使用函数及其语法结构，得10分； 在描述中出现不完整解释，得5分； 不能描述，不得分			
职业道德素养（25分）	"坚持学习，守正创新"的职业道德规范（10分）	学习过程认真仔细，笔记全面，训练积极，得10分； 认真听讲，基本参与训练，得5分			
	"严谨细致、一丝不苟、精益求精"的工作作风（10分）	严谨细致，得5分； 操作熟练，得5分			
	沟通交流能力（5分）	在团队合作中主动沟通交流，得5分			
课堂参与度（10分）	积极参与课堂互动（10分）	主动参与互动，得5分； 承担小组展示活动，得5分； 参与小组展示，得2分			
小计					
平均分（满分60分）					

说明： 任务评价采取课堂评价（60%）与期末考核评价（40%）相结合的方式。课堂评价由自我评价（自评）、小组评价（互评）和教师评价（师评）组成，分别从知识技能、职业道德素养、课堂参与度三个方面进行评价。

任务拓展训练

请根据表 2.5.4 所示的员工基本信息表对员工的身份证号进行数据处理，具体要求如下。

1. 运用文本函数查看员工的身份证号位数是否正确；

2. 运用文本函数提取每位员工身份证号中的出生年月日。

表 2.5.4　员工基本信息表

编号	姓名	性别	工作部门	参加工作时间	身份证号	身份证号位数	出生年月日
1	王毅	男	销售部	1997年1月8日	800103196303116123		
2	李二	男	销售部	2010年7月15日	800104198707170098		
3	张三	女	行政部	2019年7月2日	800105198309128827		
4	赵四	女	行政部	1996年1月5日	800107196104241132		
5	秦五	男	财务部	2004年6月20日	800107198508250032		
6	杨六	女	财务部	2018年7月2日	800107199010259911		

续表

编号	姓名	性别	工作部门	参加工作时间	身份证号	身份证号位数	出书年月日
7	徐七	男	生产部	2009年7月7日	800105198708192345		
8	陈八	男	生产部	2002年1月10日	800103197212120012		
9	谢九	男	生产部	2004年1月11日	800103197211103018		
10	朱十	男	生产部	2002年1月12日	800105196808309921		

扫码查看训练
任务和操作演示

任务六

查找函数

任务场景

作为公司销售人员，你需要统计分析销售数据。为此，你需要使用相应的函数进行计算，以提升工作效率。

任务目标

1. 了解查找函数的使用；
2. 能在进行数据分析时灵活运用所学函数，简化操作、提高效率。

任务内容

请根据任务目标，选择相应的函数进行计算、分析。

完成任务需要用到的电器1月销售表（数量单位：台；金额单位：元）、产品名称查找表、零食1月销售表（数量单位：件；金额单位：元）如表2.6.1~表2.6.3所示。

表2.6.1 电器1月销售表

工单号	发票号	客户代码	销售人员	产品名称	数量	金额
C01-017	H0012881	C00001	王毅	电视机	200	600000
C01-209	H0012882	C00002	李二	冰箱	300	150000
C01-208	H0012883	C00003	张三	烤箱	300	80000

续表

工单号	发票号	客户代码	销售人员	产品名称	数量	金额
C01-207	H0012884	C00004	赵四	热水器	500	120000
C01-210	H0012885	C00005	秦五	净水器	400	147980
C01-211	H0012886	C00006	杨六	燃气灶	200	109750
B01-111	H0012887	C00007	徐七	电视机	300	80000
B01-112	H0012888	C00008	陈八	冰箱	300	120000
B01-003	H0012889	C00009	田九	烤箱	500	147980
B01-004	H0012890	C00010	杜十	热水器	400	109750
B01-105	H0012891	C00011	叶十一	净水器	400	146666

表 2.6.2　产品名称查找表

工单号	工单号
C01-207	
C01-210	
C01-211	
B01-111	

表 2.6.3　零食 1 月销售表

产品编号	产品名称	单价	产品产地	销售数量
SW101	话梅	14	江苏	9877
SW102	陈皮干	12	广西	6548
SW103	牛肉干	48	重庆	8890
SW104	猪肉脯	23	重庆	5789
SW105	辣条	9	江苏	4685
SW106	山楂棒	17	江苏	6530
SW107	海苔	15	湖北	5735
SW108	饼干	9	内蒙古	4800
SW109	蛋糕	69	内蒙古	8955
SW110	红枣	58	辽宁	9015

任务实施

知识链接

　　查找函数用来对原始数据中的某个字符串进行定位，以确定其位置。查找函数进行定位时，总是从指定位置开始，返回找到的第一个匹配字符串的位置，而不管其后是否还有相匹配的字符串。这类函数的主要功能是检索，根据实际需要，在工作表中或多个工作簿中获取需要的信息或数据。常用的查找函数有 VLOOKUP 函数、INDEX 函数、MATCH 函数等。

1. VLOOKUP 函数。

VLOOKUP 函数：纵向（按列）查找和引用函数，返回结果为该列查询序列对应值，主要用于数据查找和匹配。VLOOKUP 中的"V"表示垂直查找。

VLOOKUP 函数的语法结构：VLOOKUP(lookup_value,table_array,col_index_num, [range_lookup])。

其中，lookup_value 表示要查找的值，table_array 表示目标区域，col_index_num 表示查找目标值所在的列数。

2. INDEX 函数。

INDEX 函数：返回指定内容。该函数分为数组形式的 INDEX 函数和引用形式的 INDEX 函数两种。数组形式的 INDEX 函数根据给定的行号和列号返回指定行列交叉处的单元格的值，引用形式的 INDEX 函数返回指定行列交叉处的单元格的引用。

数组形式的 INDEX 函数的语法结构：INDEX(array, row_num, column_num)。

引用形式的 INDEX 函数的语法结构：INDEX(reference, row_num, column_num, area_num)。

3. MATCH 函数。

MATCH 函数：返回指定方式下与指定数值匹配的数组中元素的相应位置。

MATCH 函数的语法结构：MATCH(lookup_value, lookup_array, match_type)。

其中，lookup_value 为需要在 lookup_array 中查找的值，可以为数值（数字、文本或逻辑值）或对数字、文本或逻辑值的单元格引用。

lookup_array 为可能包含所要查找的数值的连续单元格区域，应为数组或数组引用。

match_type 为数字 1、0 或−1。

若 match_type 为 1，则 MATCH 函数查找小于或等于 lookup_value 的最大数值。lookup_array 必须按升序排列：……、−2、−1、0、1、2、……、A—Z、FALSE、TRUE。

若 match_type 为 0，则 MATCH 函数查找等于 lookup_value 的第一个数值。lookup_array 可以按任何顺序排列。

若 match_type 为−1，MATCH 函数查找大于或等于 lookup_value 的最小数值。lookup_array 必须按降序排列：TRUE、FALSE、Z—A、……、2、1、0、−1、−2、……

一、使用 VLOOKUP 函数查找产品名称。

步骤 1　打开素材"电器 1 月销售表"，选中 B16 单元格，输入"=VLOOKUP (A16,$A$1: $G$12,5,FALSE)"，如图 2.6.1 所示。按 Enter 键确认，得出结果。

步骤 2　选中 B16 单元格，将填充柄拖曳到 B19 单元格，工单号对应的产品名称都自动显现在表格中，如图 2.6.2 所示。

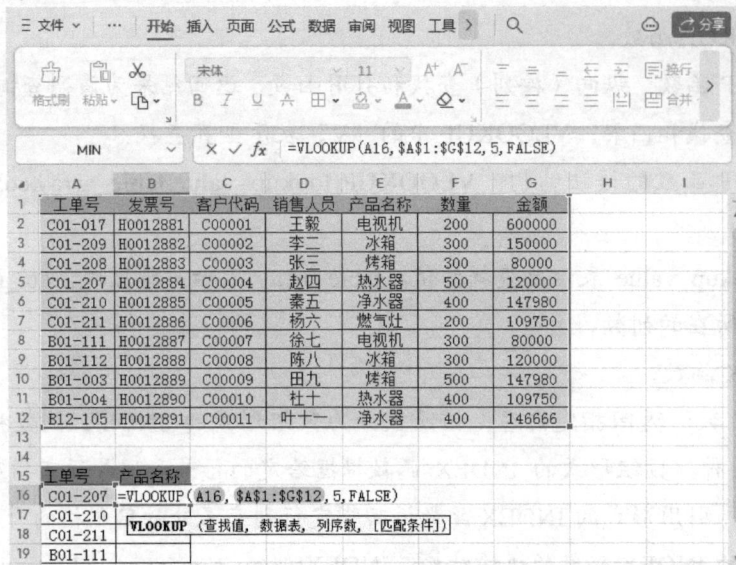

图 2.6.1　输入公式（VLOOKUP 函数）

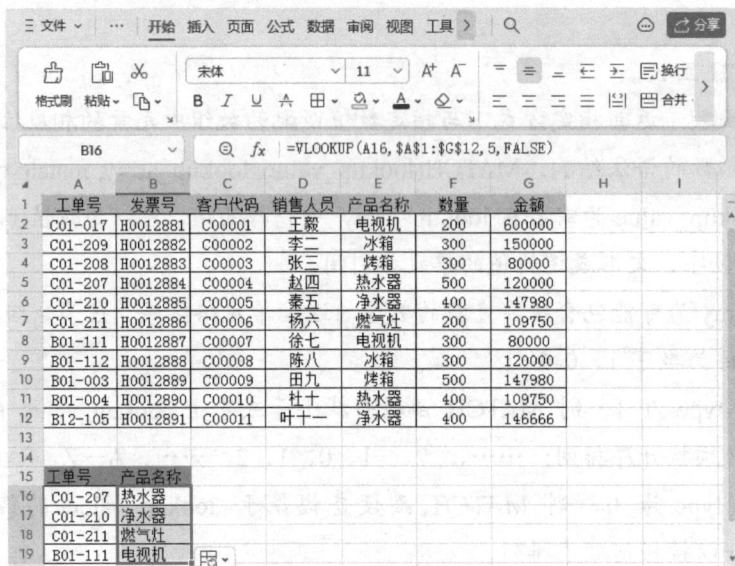

图 2.6.2　输出结果（填充）

二、使用 INDEX 函数查找指定区域内的指定内容。

任务一：返回 A2:B11 区域中第 6 行第 2 列的数据内容。

步骤　打开素材"零食 1 月销售表"，将 G3:M3 单元格合并，输入"在 A2:B11 区域中第 6 行第 2 列的是什么？"，再将 G4:M4 单元格合并，输入"=INDEX (A2:B11,6,2)"，如图 2.6.3 所示。按 Enter 键确认，得出结果，图 2.6.4 所示。

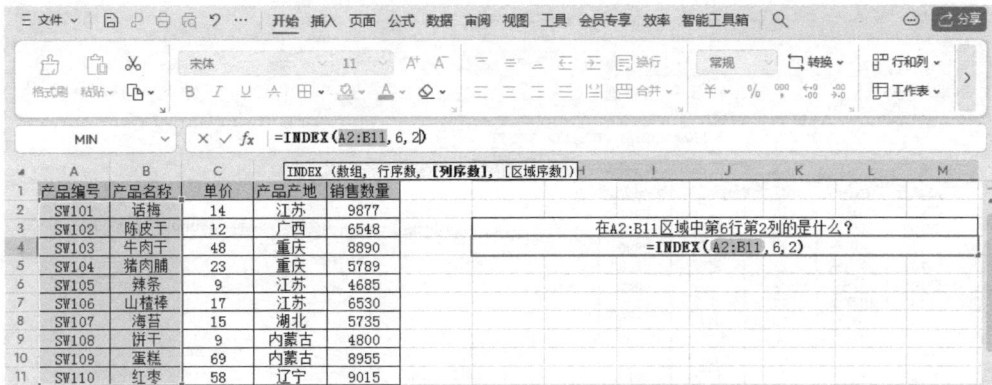

图 2.6.3　输入公式（INDEX 函数）

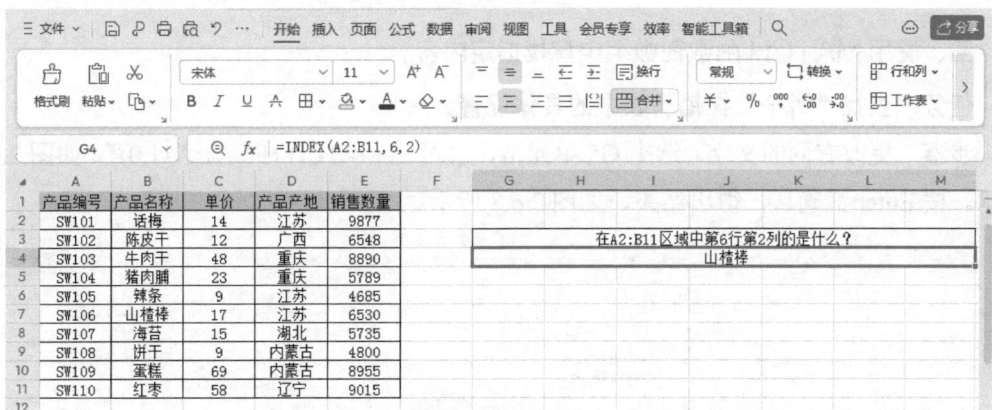

图 2.6.4　输出结果（INDEX 函数）

任务二：A2:B11 为区域 1，D2:E11 为区域 2，返回区域 2 中第 6 行第 2 列的数值。

步骤 1　将 G3 单元格中的文字改为 "A2:B11 为区域 1，D2:E11 为区域 2，返回区域 2 中第 6 行第 2 列的数值"。选中 G4 单元格，输入 "=INDEX ((A2:B11,D2:E11),6,2,2)"，如图 2.6.5 所示。按 Enter 键确认，得出结果，如图 2.6.6 所示。

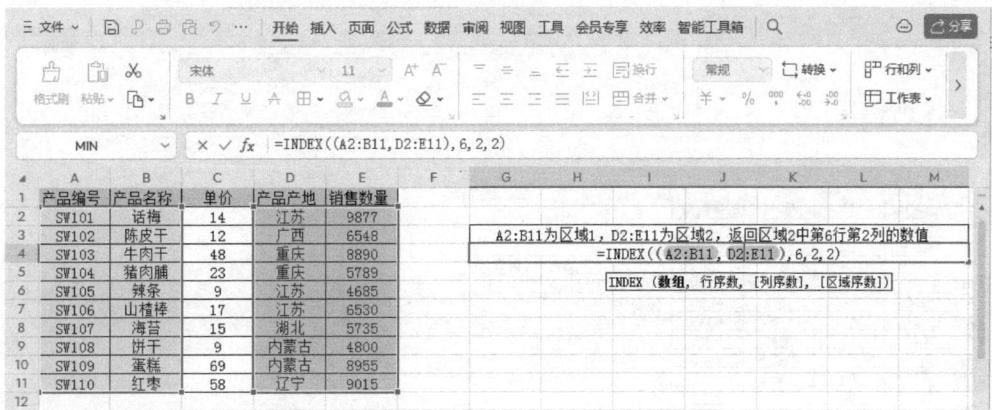

图 2.6.5　输入公式（INDEX 函数）

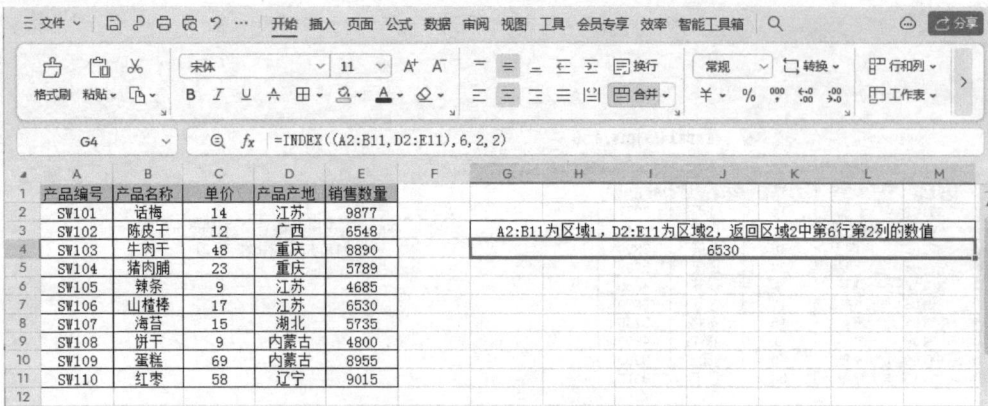

图 2.6.6　输出结果（INDEX 函数）

三、使用 MATCH 函数在数组中查找指定内容。

任务： 查找"饼干"在销售表中的具体位置。

步骤　更改右侧的文字。选中 G5 单元格，输入"=MATCH (F5,A1:A11,0)"，如图 2.6.7 所示。按 Enter 键确认，得出结果，如图 2.6.8 所示。

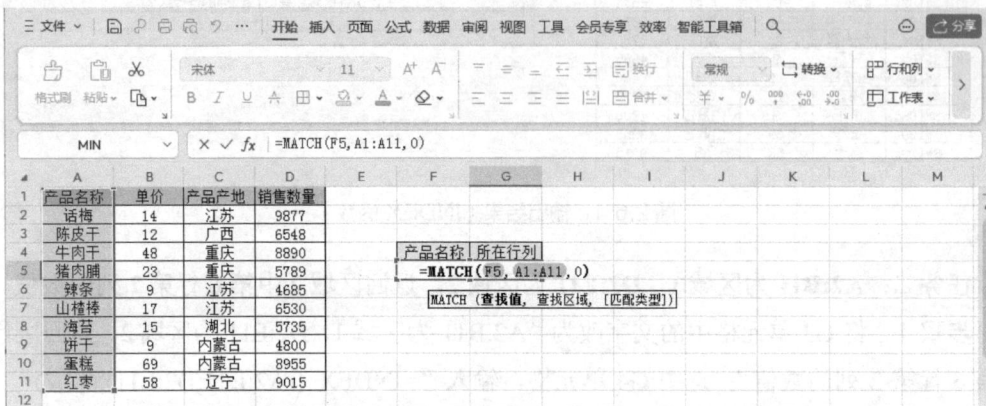

图 2.6.7　输入公式（MATCH 函数）

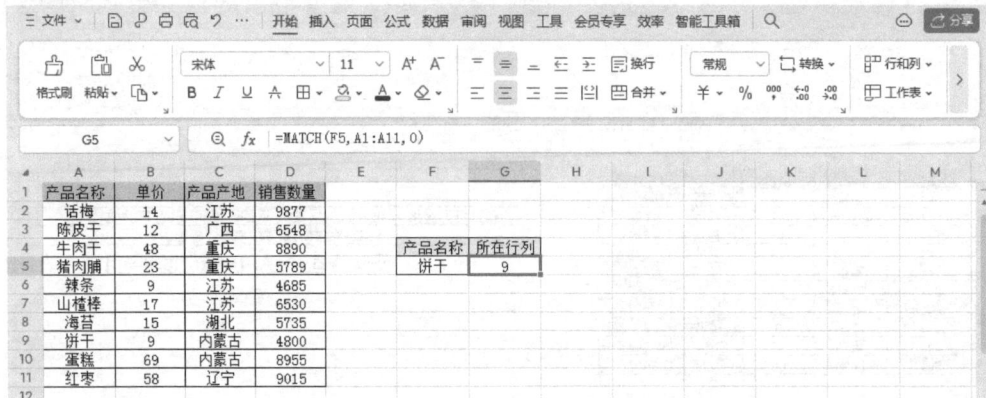

图 2.6.8　输出结果（MATCH 函数）

任务评价

现对任务实际掌握情况进行评价，具体评价指标和评价标准如表 2.6.4 所示。

表 2.6.4　"查找函数"评价表

评价维度	评价指标	评价标准	评价		
			自评	互评	师评
知识技能 （25分）	了解函数的定义（5分）	正确描述函数的定义，得5分； 描述不完整，得2分； 无法描述，不得分			
	了解函数的语法结构（10分）	正确描述函数的语法结构，得10分； 在描述中出现不完整解释，得5分； 不能描述，不得分			
	完成任务拓展训练（10分）	正确使用函数及其语法结构，得10分； 在描述中出现不完整解释，得5分； 不能描述，不得分			
职业道德 素养 （25分）	"坚持学习，守正创新"的职业道德规范（10分）	学习过程认真仔细，笔记全面，训练积极，得10分； 认真听讲，基本参与训练，得5分			
	"严谨细致、一丝不苟、精益求精"的工作作风（10分）	严谨细致，得5分； 操作熟练，得5分			
	沟通交流能力（5分）	在团队合作中主动沟通交流，得5分			
课堂 参与度 （10分）	积极参与课堂互动（10分）	主动参与互动，得5分； 承担小组展示活动，得5分， 参与小组展示，得2分			
小计					
平均分（满分60分）					

说明：任务评价采取课堂评价（60%）与期末考核评价（40%）相结合的方式。课堂评价由自我评价（自评）、小组评价（互评）和教师评价（师评）组成，分别从知识技能、职业道德素养、课堂参与度三个方面进行评价。

任务拓展训练

某公司老板需要查看某些销售信息，需要销售经理及时拿出相关数据。根据表 2.6.5 和表 2.6.6 所示的电器 2 月销售表（数量单位：台；金额单位：元）、零食 2 月销售表（数量单位：件；金额单位：元）完成训练，具体要求如下。

1. 运用查找函数找出编号 C01-211 和编号 B01-004 所对应的产品名称；
2. 运用查找函数找出"牛肉干"在销售表中的具体位置。

表 2.6.5　电器 2 月销售表

工单号	发票号	客户代码	销售人员	产品名称	数量	金额
C01-017	H0012881	C00001	王毅	计算机	200	600000
C01-209	H0012882	C00002	李二	冰柜	300	150000
C01-208	H0012883	C00003	张三	烤箱	300	80000
C01-207	H0012884	C00004	赵四	洗碗机	500	120000
C01-210	H0012885	C00005	秦五	热水壶	400	147980
C01-211	H0012886	C00006	杨六	面包机	200	109750
B01-111	H0012887	C00007	徐七	投影仪	300	80000
B01-112	H0012888	C00008	陈八	冰箱	300	120000
B01-003	H0012889	C00009	田九	烤箱	500	147980
B01-004	H0012890	C00010	杜十	热水器	400	109750
B01-105	H0012891	C00011	叶十一	空调	400	146666

表 2.6.6　零食 2 月销售表

产品名称	单价	产品产地	销售数量
话梅	14	江苏	9877
陈皮干	12	广西	6548
牛肉干	48	重庆	8890
猪肉脯	23	重庆	5789
辣条	9	江苏	4685
山楂棒	17	江苏	6530
海苔	15	湖北	5735
饼干	9	内蒙古	4800
蛋糕	69	内蒙古	8955
红枣	58	辽宁	9015

扫码查看训练
任务和操作演示

项目三

数据透视表

项目介绍

　　数据透视表是办公软件中一款强大的数据分析工具，在工作中的应用很广泛，主要用于快速汇总和分析大量数据。它是一种交互式表格，通过简单的拖放操作和设置，可以实现对数据的聚合、筛选和排序。所谓"透视"，即从数据背后找到联系。

　　本项目主要介绍数据透视表的创建和应用。数据透视表主要包括以下内容。

　　数据源：原始数据区域通常是一个二维表格，包含需要分析和汇总的数据。

　　行标签：位于数据透视表顶部，用于分类和筛选数据。行标签字段通常表示原始数据表中的列标题。

　　列标签：位于数据透视表左侧，用于对数据进行分类和汇总。列标签字段通常表示原始数据表中的行标题。

　　数值区域：位于数据透视表主体部分，用于显示根据用户选择的行标签和列标签进行汇总的数据。

　　筛选器：用于筛选和过滤数据透视表中的数据。筛选器可以应用于行、列或数值区域，以便根据特定条件显示或隐藏数据。

　　数据透视表的设计涉及多个方面，包括分类汇总、总计、报表布局。

　　分类汇总是数据透视表的一个重要功能，用于按照特定的字段对数据进行分组和汇总。可以选择一个或多个字段进行分类汇总，如求和、平均、计数等，还可以选择将汇总结果放置在组的顶部或底部。

　　总计通常显示在数据透视表的行或列的底部，提供整个数据集的总和。在"设计"选项卡中，可以设置显示总计行或总计列对行和列禁用总计，或者在特定位置显示总计。

　　报表布局决定了数据透视表的外观和结构。在进行报表布局时，可以调整透视表的显示方式，包括"压缩形式"、"大纲形式"和"表格形式"。通过设置是否重复项目标签可以控制标签的显示方式。

　　学习本项目后，你将掌握建立数据透视表的技能，并根据实际需求设计适合的数据透视表。你将能够快速、准确地分析和处理大量数据，提高工作效率。在创建和分析数据透视表的过程中，通过对数据关系的梳理，可以培养严密的逻辑思维能力。此外，将复杂数据以简洁、直观的方式呈现，有助于提升你的沟通交流能力。

任务一

建立数据透视表

任务场景

作为一家奶茶经营公司的市场分析员，你要对新增的两个店铺在第三季度的销售数据进行调查和分析。此次分析主要包括不同门店和不同产品的营业额数据，针对销售业绩较差的产品，分析原因并提出改进措施，以便为销售部门制定有针对性的促销方案提供可靠依据，提升市场竞争力。

任务目标

1. 了解数据透视表的基本结构；
2. 掌握数据透视表的基础操作方法；
3. 树立数据安全和隐私保护意识。

任务内容

根据任务场景，使用数据透视表整理第三季度的销售数据，找出业绩较差的产品，分析原因并提出改进措施。

完成任务需要用到的第三季度销售数据统计表（金额单位：元）如表3.1.1所示。

表3.1.1　第三季度销售数据统计表

店铺	月份	产品	营业额	净利润
店铺一	7月	飘香奶茶	37680.00	19840.00
店铺一	7月	草莓奶昔	48670.00	24335.00
店铺一	7月	金桔柠檬	49630.00	24815.00
店铺一	8月	飘香奶茶	34640.00	12320.00
店铺一	8月	草莓奶昔	47630.00	23815.00
店铺一	8月	金桔柠檬	49630.00	24815.00
店铺一	9月	飘香奶茶	38630.00	14315.00
店铺一	9月	草莓奶昔	47990.00	23995.00
店铺一	9月	金桔柠檬	55550.00	29775.00
店铺二	7月	飘香奶茶	38880.00	19440.00
店铺二	7月	草莓奶昔	39640.00	19820.00
店铺二	7月	金桔柠檬	47630.00	26815.00
店铺二	8月	飘香奶茶	39530.00	19765.00

续表

店铺	月份	产品	营业额	净利润
店铺二	8 月	草莓奶昔	39000.00	19500.00
店铺二	8 月	金桔柠檬	39640.00	19820.00
店铺二	9 月	飘香奶茶	29870.00	9935.00
店铺二	9 月	草莓奶昔	39540.00	19770.00
店铺二	9 月	金桔柠檬	45860.00	25930.00

任务实施

步骤 1 打开素材"第三季度销售数据统计表"。选中表格中的数据区域，确保表头没有合并，没有空白单元格。

步骤 2 切换到"插入"选项卡，单击"数据透视表"按钮，如图 3.1.2 所示。

图 3.1.2 插入数据透视表

步骤 3 在弹出的"创建数据透视表"对话框中，选择放置数据透视表的位置，可以选择新工作表或现有工作表，如图 3.1.3 所示。选择现有工作表时，单击现有表格中的任意单元格处，再单击"确定"按钮，将创建一个空白的数据透视表。

步骤 4 数据透视表分为字段列表和数据透视表区域，从列表中将需要的字段拖曳到以下数据透视法区域，如图 3.1.4 所示。

1. 将"营业额"拖曳到"值"区域。

2. 将"产品"拖曳到"列"区域。

3. 将"店铺"拖曳到"行"区域。

4. 将"月份"拖曳到"筛选器"区域。

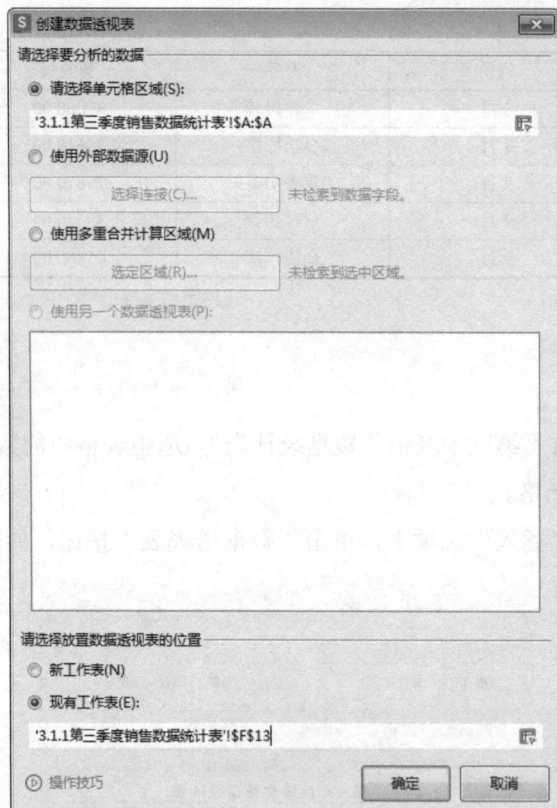

图 3.1.3　"创建数据透视表"对话框

图 3.1.4　"数据透视表"布局

步骤5 字段设置。可以根据实际需求对字段进行设置和修改，以满足不同场景的分析需求。以值字段为例，操作步骤如下。

1．选中值字段：在"数据透视表"窗格中，在"求和项：营业额"上单击鼠标左键，在弹出的快捷菜单中选择"值字段设置"命令。

2．值字段设置界面：在弹出的"值字段设置"对话框的"自定义名称"文本框中，输入更符合实际需求的名称，以便区分和理解；在"值字段汇总方式"列表框中选择求和、计数、平均值等汇总方式，以满足不同分析需求；在"值显示方式"下拉列表框中，根据需求选择显示方式，使数据更加直观易懂，如图3.1.5所示。完成设置后，单击"确定"按钮，保存设置并返回数据透视表。

图3.1.5 "值字段设置"对话框

步骤6 切片器使用。数据透视表中的切片器是一种强大的数据分析工具，可以帮助用户根据特定条件进行数据筛选和分析。单击"插入切片器"按钮，在弹出的"插入切片器"对话框中选择切片器维度，如"月份"，单击"确定"按钮，如图3.1.6所示。切片器即生成，且默认情况下是全选状态。单击相应的选项，即可将符合条件的数据筛选出来，如图3.1.7所示。若需要调整切片的外观和布局，可以在菜单栏中的"选项"按钮，在弹出的菜单中进行设置。可以在同一个数据透视表中插入多个切片器，以满足复杂的筛选和分析需求；单击鼠标右键，可以在弹出的快捷菜单中选择删除切片器的命令。

步骤7 数据结果分析。通过数据透视表可以清楚地看到，在第三季度，两家门店较畅销的产品是金桔柠檬和草莓奶昔，而飘香奶茶的销量相对较低。针对这一情况，建议对飘香奶茶这款产品进行深入分析，以便对其进行改良或调整促销策略，以提高其销售业绩。分析样式如下。

图 3.1.6　"插入切片器"对话框

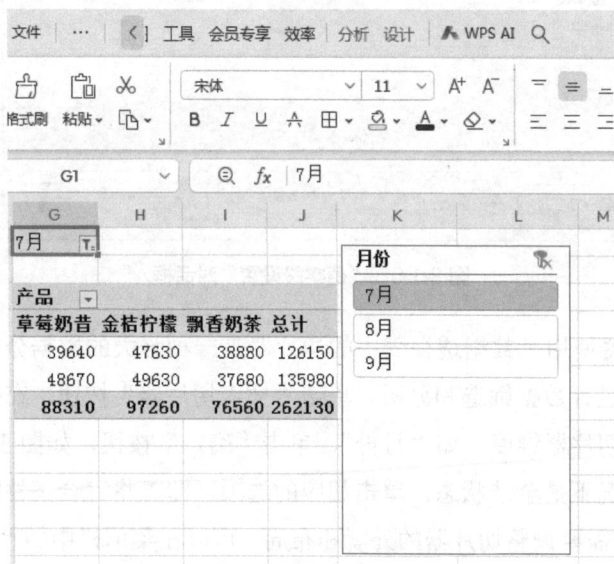

图 3.1.7　用切片器筛选数据

1. 分析飘香奶茶的产品特点和口感，找出与其他产品的差异。
2. 了解目标消费者的需求和喜好，探寻销量较低的原因。
3. 对比金桔柠檬和草莓奶昔的成功之处，借鉴其产品优势和市场策略。

4．对飘香奶茶进行产品改良，如调整口感、包装设计等。

5．制定有针对性的促销策略，如优惠活动、赠品等，提高消费者的购买意愿。

通过以上措施，有望提高飘香奶茶的销量，提升整体销售业绩。同时，应不断关注市场动态和消费者需求，为其他产品的优化和调整提供参考。

小贴士

在运用数据透视表分析数据时，需要注意数据的隐私和安全问题，如个人数据、财务数据等。如有需要，可采取措施保护数据的隐私和安全。例如，可以将数据透视表放置在一个受保护的工作簿中，并设置密码来防止未经授权的访问。

任务评价

现对任务实际掌握情况进行评价，具体评价指标和评价标准如表 3.1.2 所示。

表 3.1.2　"创建数据透视表"评价表

评价维度	评价指标	评价标准	评　价		
			自评	互评	师评
知识技能 （25 分）	了解数据透视表的结构（5 分）	正确描述数据透视表的结构，得 5 分； 描述不完整，得 2 分； 无法描述，不得分			
	建立数据透视表（10 分）	正确建立项目任务中的数据透视表，得 10 分，其中行标签 2 分，列标签 2 分，值标签 4 分，筛选器 2 分			
	完成任务拓展训练（10 分）	正确建立任务拓展训练中的数据透视表，得 10 分，其中行标签 2 分，列标签 2 分，值标签 4 分，筛选器 2 分			
职业道德素养 （25 分）	"坚持学习，守正创新"的职业道德规范（10 分）	学习过程认真仔细，笔记全面，训练积极，得 10 分； 认真听讲，基本参与训练，得 5 分			
	"严谨细致、一丝不苟、精益求精"的工作作风（10 分）	严谨细致，得 5 分； 操作熟练，得 5 分			
	沟通交流能力（5 分）	在团队合作中主动沟通交流，得 5 分			
课堂参与度 （10 分）	积极参与课堂互动（10 分）	主动参与互动，得 5 分； 承担小组展示活动，得 5 分； 参与小组展示，得 2 分			
小计					
平均分（满分 60 分）					

说明：任务评价采取课堂评价（60%）与期末考核评价（40%）相结合的方式。课堂评价由自我评价（自评）、小组评价（互评）和教师评价（师评）组成，分别从知识技能、职业道德素养、课堂参与度三个方面进行评价。

 任务拓展训练

根据表 3.1.3 所示的销售数据表（金额单位：元）制作数据透视表，统计各区域线上、线下销售额并进行分析，具体要求如下。

1. 行标签：区域；
2. 列标签：渠道；
3. 值：金额；
4. 筛选器：产品类型。

表 3.1.3　销售数据表

区域	门店	渠道	员工编号	产品类型	金额
A 区	一店	线上	001	计算机配件	7000
A 区	一店	线上	002	计算机配件	5800
A 区	二店	线上	003	笔记本电脑	20000
A 区	二店	线上	004	计算机配件	45000
A 区	三店	线上	005	计算机配件	3400
A 区	三店	线上	006	台式计算机	47000
B 区	一店	线上	007	计算机配件	3800
B 区	一店	线上	008	计算机配件	2800
B 区	二店	线下	009	台式计算机	25000
B 区	三店	线上	010	计算机配件	5000

扫码查看训练
任务和操作演示

任务二

设计数据透视表

 任务场景

作为一家财富咨询公司的人力资源师，你目前正在筹备今年的校园招聘活动。此次招聘主要针对金融专业和移动互联网专业的应届毕业生。为了确保设计出合理的薪酬激励机制，你收集了相邻城市不同学历和岗位的平均工资数据。接下来，你将对这些数据进行分析和处理，结合公司现有薪酬体系，为公司今年的校园招聘提供有力支持。

任务目标

1. 掌握数据透视表的设计方法；
2. 能够根据工作需求设计数据透视表；
3. 养成处理、分析数据和解决实际问题的能力和严谨细致的工作作风。

任务内容

根据表 3.2.1 所示的平均薪酬统计表（单位：万元/年）中的数据，整理出相邻城市不同学历和岗位的平均工资数据，结合公司现有薪酬体系，制定适用于应届毕业生且具有竞争力的岗位薪酬标准。

表 3.2.1　平均薪酬统计表

城市	公司 ID	职位所属一级类目	教育要求	招聘专业	平均薪酬	工作年限要求
X 城市	8581	技术	硕士	移动互联网	14	应届毕业生
G 城市	23177	技术	本科	金融	12.5	应届毕业生
X 城市	2002	技术	本科	移动互联网	14.5	应届毕业生
X 城市	121208	技术	本科	移动互联网	10	应届毕业生
X 城市	1938	技术	本科	移动互联网	9.5	应届毕业生
X 城市	36009	技术	本科	移动互联网	6.5	应届毕业生
X 城市	63922	市场与销售	本科	移动互联网	10	应届毕业生
G 城市	23177	技术	本科	金融	12.5	应届毕业生
X 城市	2002	运营	本科	移动互联网	11	应届毕业生
G 城市	149677	金融	本科	金融	2.5	应届毕业生
X 城市	93141	技术	本科	移动互联网	18	应届毕业生
G 城市	143807	金融	硕士	金融	14.5	应届毕业生
G 城市	113080	技术	本科	金融	15	应届毕业生
G 城市	23177	技术	本科	金融	12.5	应届毕业生
G 城市	2002	运营	大专	移动互联网	9.5	应届毕业生
G 城市	44982	金融	大专	金融	8	应届毕业生
G 城市	46861	技术	大专	移动互联网	13.5	应届毕业生

任务实施

步骤 1　建立数据透视表。打开素材"平均薪酬统计表"，选择数据区域，在新的工作表中创建数据透视表，将"教育要求""城市"设定为行标签，将"招聘专业"设定为列标签，将"平均薪酬"设定为值，如图 3.2.1 所示。

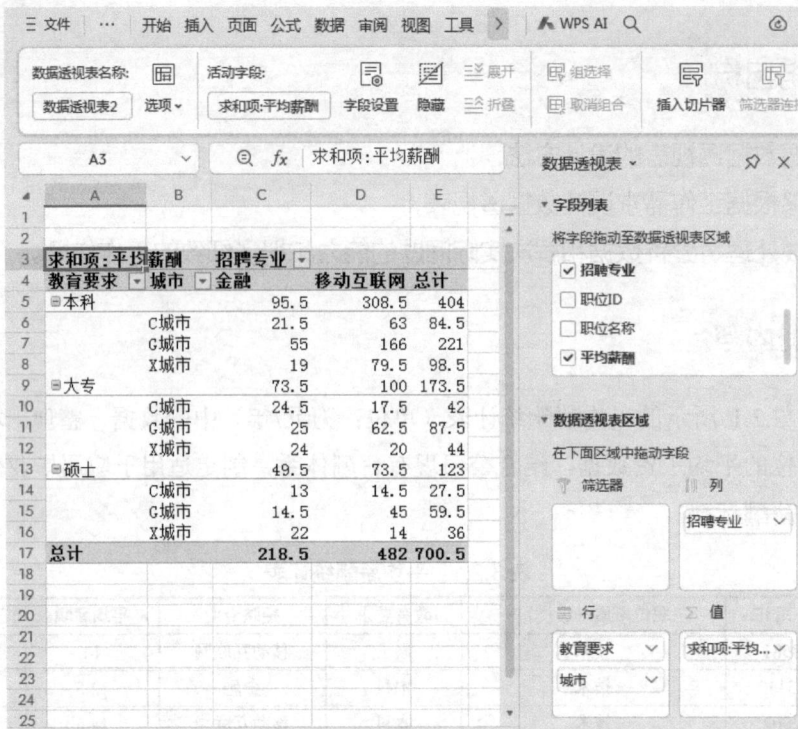

图 3.2.1　建立数据透视表

小贴士

当面对大量数据时，可以在选择区域时使用以下小妙招：以 A1 为起点，按 Ctrl+Shift+→组合键，以选中整列；再按 Ctrl+Shift+↓ 组合键，以选中整行。这样，就可以快速地选中大量数据了。

步骤 2　设置值字段。首先，将默认的值字段汇总方式更改为平均值，如图 3.2.2 所示；其次，将数字格式设置为数值；最后，将计算的结果设置为保留两位小数，单击"确定"按钮。

步骤 3　布局数据透视表。切换到"设计"选项卡，单击"分类汇总"下拉按钮，在打开的下拉列表中选择"在组的底部显示所有分类汇总"选项。单击"总计"下拉按钮，在打开的下拉列表中选择"对行和列禁用"选项。单击"报表布局"下拉按钮，在打开的下拉列表中分别选择"以表格形式显示"和"重复所有项目标签"选项。选中数值区域，单击菜单栏"排序"选项，以降序的方式排列。

经过这些调整，数据透视表将以表格形式展示，且行列总计将被禁用，以满足任务要求的展示形式，如图 3.2.3 所示。

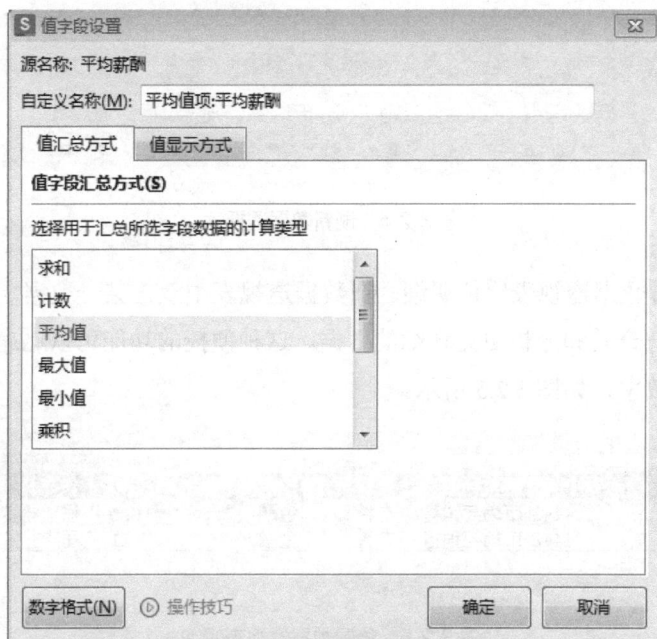

图 3.2.2　设置字段值

图 3.2.3　布局数据透视表

步骤 4　刷新数据透视表。当数据源发生变动时，刷新数据透视表可以更新汇总结果。首先保存数据，然后切换到"分析"选项卡，单击"刷新"按钮更新数据透视表，如图 3.2.4 所示。

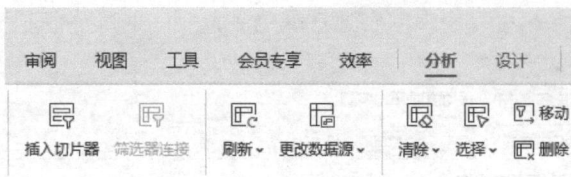

图 3.2.4　刷新数据透视表

步骤 5　查看数据透视表定位明细。在数据透视表中双击某一数据，将打开对应的明细表，可以轻松地查看和分析更为详细的数据。这种便捷的功能可以迅速定位关键信息，进一步提高工作效率，如图 3.2.5 所示。

图 3.2.5　查看数据透视表明细

步骤 6　创建数据透视图。将数据透视表与图表相结合，可以更加直观地展示和分析数据。例如，可以使用柱状图、饼状图等图表类型来呈现数据透视表中的数据。单击"分析"选项卡中的"数据透视图"按钮，在弹出的"图表"对话框中单击合适的图表类型，即可实现数据可视化，如图 3.2.6 所示。

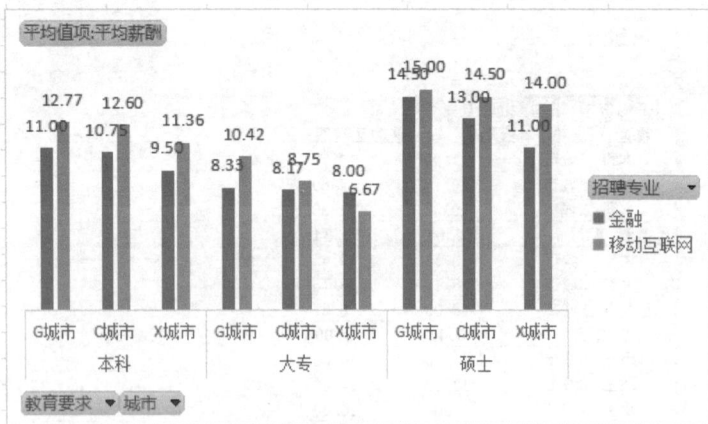

图 3.2.6　创建数据透视图

步骤 7　进行数据分析。结果显示：大专学历金融专业平均薪酬为 8.17 万元/年，移动互联网专业平均薪酬为 9.09 万元/年；本科学历金融专业平均薪酬为 10.61 万元/年，移动互联网专业平均薪酬为 12.34 万元/年；硕士学位金融专业平均薪酬为 12.38 万元/年，移动互联网专业平均薪酬为 14.70 万元/年。基于以上数据可以制定如下招聘薪酬标准。

1. 大专学历金融专业：8.58 万元/年（提高 5%）。

2. 大专学历移动互联网专业：9.54 万元/年（提高 5%）。

3. 本科学历金融专业：11.67 万元/年（提高 10%）。

4. 本科学历移动互联网专业：13.57 万元/年（提高 10%）。

5. 硕士学位金融专业：13.00 万元/年（提高 5%）。

6. 硕士学位移动互联网专业：15.44 万元/年（提高 5%）。

在此基础上，根据公司实际情况和市场需求，适时调整招聘薪酬标准，以提升招聘效果和竞争力。

任务评价

现对任务实际掌握情况进行评价，具体评价指标和评价标准如表 3.2.7 所示。

表 3.2.7　"设计数据透视表"评价表

评价维度	评价指标	评价标准	评价		
			自评	互评	师评
知识技能（25 分）	设计数据透视表（10 分）	会设置字段值，得 2 分；会进行分类汇总，得 2 分；会设置总计，得 2 分；会布局，得 2 分；会排序，得 2 分			
	制作数据透视图（5 分）	会制作数据透视图，得 5 分			
	完成任务拓展训练（10 分）	正确设计任务拓展训练中的数据透视表，其中字段值设置 2 分、分类汇总 2 分、布局 2 分、数据透视图 4 分			
职业道德素养（25 分）	"坚持学习，守正创新"的职业道德规范（10 分）	学习过程认真仔细，笔记全面，训练积极，得 10 分；认真听讲，基本参与训练，得 5 分			
	"严谨细致、一丝不苟、精益求精"的工作作风（10 分）	严谨细致，得 5 分；操作熟练，得 5 分			
	沟通交流能力（5 分）	在团队合作中主动沟通交流，得 5 分			
课堂参与度（10 分）	积极参与课堂互动（10 分）	主动参与互动，得 5 分；承担小组展示活动，得 5 分；参与小组展示，得 2 分			
小计					
平均分（满分 60 分）					

说明：任务评价采取课堂评价（60%）与期末考核评价（40%）相结合的方式。课堂评价由自我评价（自评）、小组评价（互评）和教师评价（师评）组成，分别从知识技能、职业道德素养、课堂参与度三个方面进行评价。

任务拓展训练

基于上半年各省市销售额数据（金额单位：元）（见表 3.2.3）设计数据透视表，制作数据透视图，直观地展示各省市、各月份的销售情况，为商场的经营决策提供依据。具体要求如下。

一、数据透视表设计：

1. 行标签：月份、物品；

2. 列标签：地区；

3. 值：营业额；

4. 分类汇总：根据地区、月份、物品在底部进行分类汇总；

5. 报表布局：以表格形式显示，重复所有项目标签。

二、数据透视图制作：

1. 使用柱状图或折线图展示各地区、各月份的销售额走势；

2. 可以添加标题、图例、坐标轴等元素，以便更好地展示数据。

表 3.2.8

地区	月份	物品	营业额	净利润
A 省	一月	办公用品	69,896.00	39,899.00
A 省	一月	生活用品	69,780.00	39,469.00
A 省	一月	户外用品	69,664.00	39,039.00
A 省	二月	办公用品	69,548.00	38,609.00
A 省	二月	生活用品	69,432.00	38,179.00
A 省	二月	户外用品	69,316.00	37,749.00
A 省	三月	办公用品	69,200.00	37,319.00
A 省	三月	生活用品	69,084.00	36,889.00
A 省	三月	户外用品	68,968.00	36,459.00
A 省	四月	办公用品	68,852.00	36,399.00

营业统计表

扫码查看训练
任务和操作演示

项目四

工资核算业务

项目介绍

　　工资业务是企业人力资源管理中的重要组成部分，其中工资核算业务是关键，它是企业对员工工资进行计算、核对、审核和结算的过程。工资核算通常包括收集数据、确定工资标准、计算工资、扣除费用、结算工资等步骤，企业应确保工资核算业务的规范化、准确性和及时性，以维护员工的合法权益，提高企业的人力资源管理水平。

　　本项目主要介绍工资核算业务。其中重点是个人所得税的计算，步骤如下。

　　步骤 1，确定收入额。

　　步骤 2，计算起征点和专项扣除。从税前收入中减去 5000 元，以及基本养老保险、基本医疗保险、失业保险和住房公积金等专项扣除。

　　步骤 3，计算专项附加扣除。目前，专项附加扣除有 7 种：子女教育、继续教育、大病医疗、住房贷款利息、住房租金、赡养老人、3 岁以下婴幼儿照护。需要注意的是，住房贷款利息和住房租金不能同时填报，只能二选一。

　　步骤 4，计算其他合法扣除。根据税法规定，依法确定其他扣除。

　　步骤 5，计算应纳税所得额。计算公式如下：本期收入-累计专项扣除-累计专项附加扣除-累计减除费用。

　　步骤 6，计算应纳所得税额。计算方法是，用应纳税所得额乘以适用税率减去速算扣除数。此外，需要注意的是，如果纳税人在一年内预缴过个人所得税，那么需要将已预缴的税额从应缴税额中扣除，这样得出的才是最终需要缴纳的税额。

　　为了快速准确地计算和处理工资数据，还会用到 VLOOKUP、IFERROR、IF 函数等。

　　绝对值引用：在进行大批量数据计算，特别是在使用填充功能时，绝对值引用能够保持单元格引用的稳定性，确保在拖动填充公式时不会改变参考的单元格。

　　学习本项目后，你将掌握根据员工的考勤记录、工作绩效、奖惩情况等计算其应得工资的方法。你将能够熟练准确地计算出员工的社保、公积金和个人所得税，提高工作效率。

任务一

个人所得税计算

任务场景

你作为一家公司的人力资源师，现在需要计算公司 2023 年 1 月的个人所得税。在此之前，你已经处理好了工资收入、专项扣除、专项附加扣除等相关数据。请根据这些数据，计算出本期应纳税所得额与应缴纳的个人所得税。

任务目标

1. 了解个人所得税的相关规定;
2. 掌握个人所得税的计算公式;
3. 树立依法纳税、自觉纳税的意识。

任务内容

依据任务目标和要求，首先需要计算出工资个税结算表（见表 4.1.1）中的应纳税所得额。接着根据个税税率表（金额单位：元）（见 4.1.2），计算出名员职工应缴纳的个人所得税。

表 4.1.1　工资个税计算表

工号	部门	所得期间起	所得期间止	本期收入	累计专项扣除	累计专项附加扣除	累计减除费用	应纳税所得额	预计本期应缴个人所得税
001	略	2023-1-1	2023-1-31	8,350.00	1,252.50	2,000.00	5,000.00		
002	略	2023-1-1	2023-1-31	5,050.00	757.50	0.00	5,000.00		
003	略	2023-1-1	2023-1-31	6,650.00	997.50	0.00	5,000.00		
004	略	2023-1-1	2023-1-31	6,150.00	922.50	1,000.00	5,000.00		
005	略	2023-1-1	2023-1-31	4,550.00	682.50	0.00	5,000.00		
006	略	2023-1-1	2023-1-31	5,540.00	831.00	0.00	5,000.00		
007	略	2023-1-1	2023-1-31	7,540.00	1,131.00	1,000.00	5,000.00		
008	略	2023-1-1	2023-1-31	5,250.00	787.50	0.00	5,000.00		
009	略	2023-1-1	2023-1-31	6,550.00	982.50	500.00	5,000.00		
010	略	2023-1-1	2023-1-31	7,450.00	1,117.50	1,000.00	5,000.00		

表 4.1.2　个税税率表

级数	全年应纳税所得额	税率	扣除数
0	小于 0 元的	0%	0.01
1	不超过 36000 元的	3%	0.01
2	超过 36000 元至 144000 元的部分	10%	2,520.00
3	超过 144000 元至 300000 元的部分	20%	16,920.00
4	超过 300000 元至 420000 元的部分	25%	31,920.00
5	超过 420000 元至 660000 元的部分	30%	52,920.00
6	超过 660000 元至 960000 元的部分	35%	85,920.00
7	超过 960000 元的部分	45%	181,920.00

任务实施

步骤 1　计算应纳税所得额。打开素材"工资个税计算表"。为了使计算结果保留两位小数，可以使用 ROUND 函数。选中 I3 单元格，输入"=ROUND(E3-F3-G3- H3,2)"，按 Enter 键，得出结果。选中 I3 单元格，将填充柄拖曳到 I12 单元格，计算出其他员工的应纳税所得额，如图 4.1.1 所示。

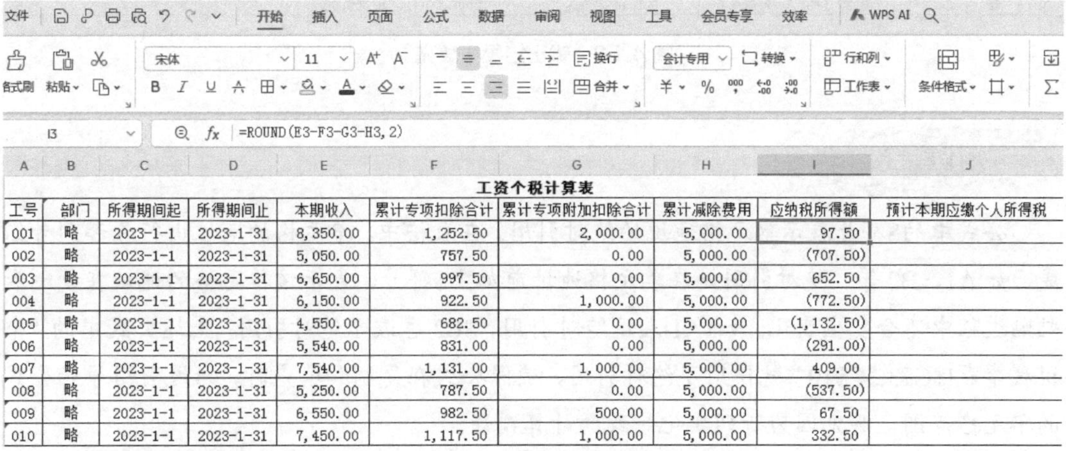

图 4.1.1　输出结果（填充）

知识链接

2023 年 8 月 31 日，国务院发布《关于提高个人所得税有关专项附加扣除标准的通知》（国发〔2023〕13 号），提高了子女教育、3 岁以下婴幼儿照护、赡养老人个人所得税专项附加扣除标准。其中，子女教育专项附加扣除标准，从每月 1000 元提高到 2000 元；3 岁以下婴幼儿照护专项附加扣除标准，从每个子女每月 1000 元提高至 2000 元；赡养老人专项附加扣除标准，从每月 2000 元提高至每月 3000 元。

值得注意的是，纳税人在申报专项附加扣除时需要遵守诚实守信原则，如实提供个人信息和扣除事项，不得虚构、隐瞒或歪曲事实。诚实守信申报专项附加扣除有利于保障税收公平公正，维护国家财政利益和社会秩序。

步骤 2 使用 Max 函数计算个税。选中 J3 单元格，输入"{=ROUND(MAX(I3*'个税税率表.xlsx'!$C$3:$C$10-'个税税率表.xlsx'!$D$3:$D$10),2)}"，按 Enter 键，得出结果。将填充柄拖曳到 J12 单元格，计算出其他员工的本期应缴个人所得税，如图 4.1.2 所示。

fx =ROUND(MAX(I3*'个税税率表'!$C$3:$C$10-'个税税率表'!$D$3:$D$10),2)

工资个税计算表

工号	部门	所得期间起	所得期间止	本期收入	累计专项扣除合计	累计专项附加扣除合计	累计减除费用	应纳税所得额	预计本期应缴个人所得税
001	略	2023-1-1	2023-1-31	8,350.00	1,252.50	2,000.00	5,000.00	97.50	2.93
002	略	2023-1-1	2023-1-31	5,050.00	757.50	0.00	5,000.00	(707.50)	0
003	略	2023-1-1	2023-1-31	6,650.00	997.50	0.00	5,000.00	652.50	19.58
004	略	2023-1-1	2023-1-31	6,150.00	922.50	1,000.00	5,000.00	(772.50)	0
005	略	2023-1-1	2023-1-31	4,550.00	682.50	0.00	5,000.00	(1,132.50)	0
006	略	2023-1-1	2023-1-31	5,540.00	831.00	0.00	5,000.00	(291.00)	0
007	略	2023-1-1	2023-1-31	7,540.00	1,131.00	1,000.00	5,000.00	409.00	12.27
008	略	2023-1-1	2023-1-31	5,250.00	787.50	0.00	5,000.00	(537.50)	0
009	略	2023-1-1	2023-1-31	6,550.00	982.50	500.00	5,000.00	67.50	2.03
010	略	2023-1-1	2023-1-31	7,450.00	1,117.50	1,000.00	5,000.00	332.50	9.98

图 4.1.2 输出结果（填充）

知识链接

公式中的$符号表示单元格地址的绝对引用。在表格中，单元格的地址由行号和列号组成，如 A1、B2 等。绝对引用是在单元格地址前加上$符号，表示该单元格的地址在复制和粘贴过程中不会发生变化。如$A1 表示绝对引用，$B2 也表示绝对引用。上述公式中的"个税税率表!$C$3:$C$10"就使用了绝对引用，确保公式在复制和填充时，始终引用原始公式的单元格范围，避免因为行列变化导致的计算错误。

绝对引用的操作方法如下：按一次 F4 键可以实现对行和列的绝对引用；按两次 F4 键可以实现对行的绝对引用；按三次 F4 键可以实现对列的绝对引用；按四次 F4 键可以取消绝对引用。在公式计算和数据填充过程中，绝对引用是一个非常实用的功能。

步骤 3 数组运算。输入公式后按 Ctrl+Shift+Enter 组合键，即可自动生成{}，实现数组运算。数组运算就是让应纳税所得额依次与数组里面的税率和扣除数进行计算，然后得出一系列组合计算结果。配合 MAX 函数使用时，就可以取出数组运算结果里面的最大值，也就是应缴纳的个人所得税，如图 4.1.2 所示。

步骤 4 名称管理器。在表格中，名称管理器可以用来定义和引用特定的单元格或单元格区域，然后使用这些名称来代替复杂的单元格引用，使公式更易读、易于理解，所以通过名称管理器可以简化上述公式。操作步骤如下。

1．选中个税税率表中的C3:C10单元格区域，在名称框中将该区域命名为“税率”。如图4.1.3所示。

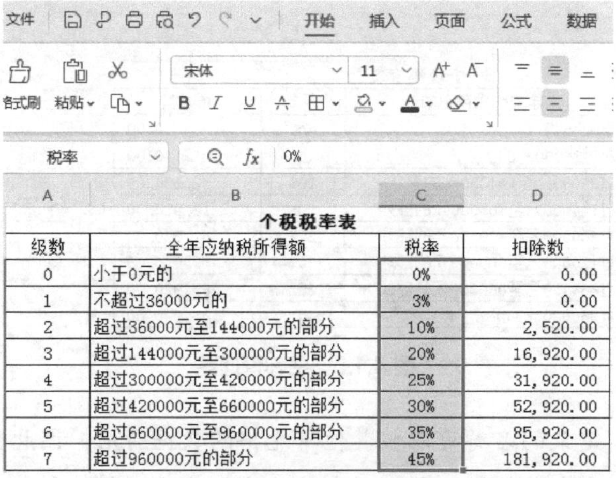

个税税率表			
级数	全年应纳税所得额	税率	扣除数
0	小于0元的	0%	0.00
1	不超过36000元的	3%	0.00
2	超过36000元至144000元的部分	10%	2,520.00
3	超过144000元至300000元的部分	20%	16,920.00
4	超过300000元至420000元的部分	25%	31,920.00
5	超过420000元至660000元的部分	30%	52,920.00
6	超过660000元至960000元的部分	35%	85,920.00
7	超过960000元的部分	45%	181,920.00

图4.1.3　名称设置（税率）

2．选中D3:D10单元格区域，命名为“扣除数”，如图4.1.4所示。

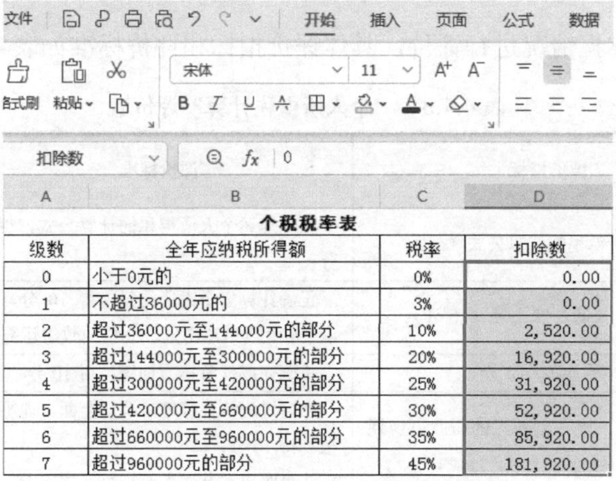

个税税率表			
级数	全年应纳税所得额	税率	扣除数
0	小于0元的	0%	0.00
1	不超过36000元的	3%	0.00
2	超过36000元至144000元的部分	10%	2,520.00
3	超过144000元至300000元的部分	20%	16,920.00
4	超过300000元至420000元的部分	25%	31,920.00
5	超过420000元至660000元的部分	30%	52,920.00
6	超过660000元至960000元的部分	35%	85,920.00
7	超过960000元的部分	45%	181,920.00

图4.1.4　名称设置（扣除数）

3．将J4单元格中的公式简化为“{=ROUND(MAX(I3*'个税税率表.xlsx'!税率-'个税税率表.xlsx'!扣除数),2)}”。

知识链接

也可以通过“公式”选项卡中的“名称管理器”（见图4.1.5）进行定义名称的操作。

在"名称管理器"中，可以新建或修改已有的名称，还可以查看所有已定义的名称。

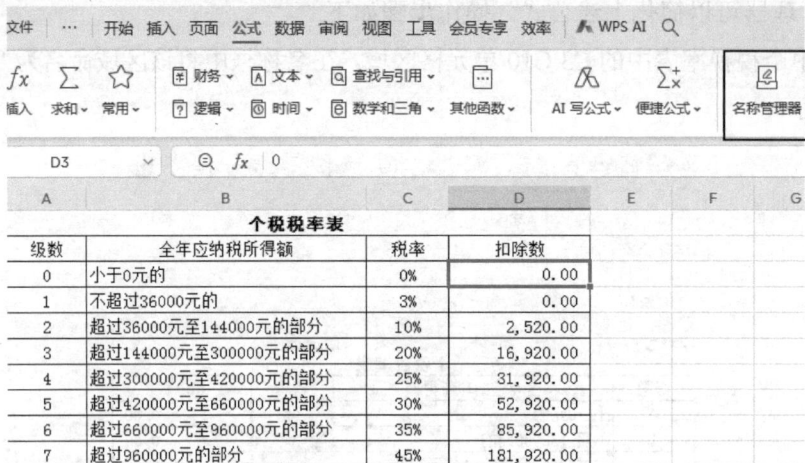

图 4.1.5　名称管理器

需要注意的是，定义的名称可以被其他单元格的数据引用，因此如果在某个单元格中更改了定义的名称所代表的数据，那么所有引用该名称的公式都会自动更新为新数据。

任务评价

现对任务实际掌握情况进行评价，具体评价指标和评价标准如表 4.1.3 所示。

表 4.1.3　"个人所得税计算"评价表

评价维度	评价指标	评价标准	评价		
			自评	互评	师评
知识技能（25 分）	了解个人所得税的计算公式（5 分）	正确描述个人所得税的计算公式，得 5 分			
	使用 MAX 函数计算个税（10 分）	正确计算出个人所得税，得 10 分，要求会使用 MAX 函数，会使用数组运算			
	完成任务拓展训练（10 分）	正确完成任务拓展训练，得 10 分			
职业道德素养（25 分）	"坚持学习，守正创新"的职业道德规范（10 分）	学习过程认真仔细，笔记全面，训练积极，得 10 分；认真听讲，基本参与训练，得 5 分			
	"严谨细致、一丝不苟、精益求精"的工作作风（10 分）	严谨细致，得 5 分；操作熟练，得 5 分			
	沟通交流能力（5 分）	在团队合作中主动沟通交流，得 5 分			
课堂参与度（10 分）	积极参与课堂互动（10 分）	主动参与互动，得 5 分；承担小组展示活动，得 5 分，参与小组展示，得 2 分			
小计					
平均分（满分 60 分）					

说明：任务评价采取课堂评价（60%）与期末考核评价（40%）相结合的方式。课堂评价由自我评价（自评）、小组评价（互评）和教师评价（师评）组成，分别从知识技能、职业道德素养、课堂参与度三个方面进行评价。

任务拓展训练

根据如表 4.1.4 所示的工资个税计算练习表计算职工个人所得税。

表 4.1.4　工资个税计算练习表

工号	所得期间起	所得期间止	本期收入	累计专项扣除合计	累计专项附加扣除合计	累计减除费用	应纳税所得额	预计本期应缴个人所得税
001	2023-1-1	2023-1-31	5,650.00.	847.50	500.00	5,000.00		
002	2023-1-1	2023-1-31	6,150.00	922.50	1,000.00	5,000.00		
003	2023-1-1	2023-1-31	5,850.00	877.50	500.00	5,000.00		
004	2023-1-1	2023-1-31	7,250.00	1,087.50	1,000.00	5,000.00		
005	2023-1-1	2023-1-31	8,850.00	1,327.50	0.00	5,000.00		
006	2023-1-1	2023-1-31	5,800.00	870.00	1,000.00	5,000.00		
007	2023-1-1	2023-1-31	7,350.00	1,102.50	2,000.00	5,000.00		
008	2023-1-1	2023-1-31	11,450.00	1,717.50	1,000.00	5,000.00		
009	2023-1-1	2023-1-31	7,300.00	1,095.00	1,000.00	5,000.00		
010	2023-1-1	2023-1-31	10,050.00	1,507.50	0.00	5,000.00		

扫码查看训练
任务和操作演示

任务二

职工工资结算

任务场景

作为公司的人力资源师，你本月需完成工资核算工作，主要涉及员工考勤、加班天数等事项的统计。在计算过程中，将确定每名员工的应付工资，同时核算个人应缴纳的社会保险费、住房公积金等代扣款项。最终，结合个人所得税，得出每名员工的实发工资数额，确保准确无误。

任务目标

1. 掌握任务相关计算方法；
2. 能够精确核算员工加班、考勤，准确计算员工的社会保险费和住房公积金；
3. 能够使用函数快速完成工资数据的计算，养成严谨细致的工作态度。

任务内容

根据任务目标和工资结算表的计算项目，使用函数计算出日工资、加班工资、事假扣款、病假扣款、全勤奖；然后根据以上计算结果，计算应付工资、社会保险费、住房和公积金和实发工资。

工资结算表（金额单位：元）、工资说明表、加班与考勤统计表如表 4.2.1～表 4.2.3 所示。

表 4.2.1　工资结算表

工号	部门	基本工资	岗位工资	工龄工资	交通补助	日工资	加班工资	全勤奖	事假扣款	病假扣款	应付工资	个人养老保险	个人医疗保险	个人失业保险	个人住房公积金	个人所得税	扣款合计	实发工资
001	略	25,000.00	5,000.00	350.00	800.00													
002	略	18,000.00	3,000.00	250.00	700.00													
003	略	15,000.00	3,000.00	200.00	700.00													
004	略	8,000.00	2,000.00	50.00	200.00													
005	略	5,000.00	2,000.00	100.00	200.00													
006	略	12,000.00	2,000.00	100.00	500.00													
007	略	6,100.00	1,000.00	150.00	200.00													
008	略	6,100.00	1,000.00	0.00	200.00													
009	略	5,100.00	1,000.00	50.00	200.00													
010	略	6,500.00	1,000.00	50.00	200.00													

表 4.2.2　工资说明表

事项	说明
月工作日数	23 天
全勤奖	400 元/月
日工资	（基本工资+岗位工资+工龄工资）/月工作日数
事假扣款	日工资*事假天数
病假扣款	日工资*病假天数*0.5
加班工资	日工资*加班天数
社会保险费和住房公积金计提基数	基本工资+岗位工资
养老	8.00%
医疗	2.00%
失业	0.10%
住房公积金	10.00%

表 4.2.3　加班与考勤统计表

工号	加班天数	事假天数	病假天数	旷工天数
003		1		
005	1			
006	2			
009			1	

任务实施

步骤 1　计算日工资。根据工资说明表的内容指示，日工资的计算公式为(基本工资+岗位工资+工龄工资)/月工资日数。打开素材"工资结算表"，在 G4 单元格中输入公式"=ROUND ((C4+D4+E4)/23,2)"，再进行向下填充，如图 4.2.1 所示。

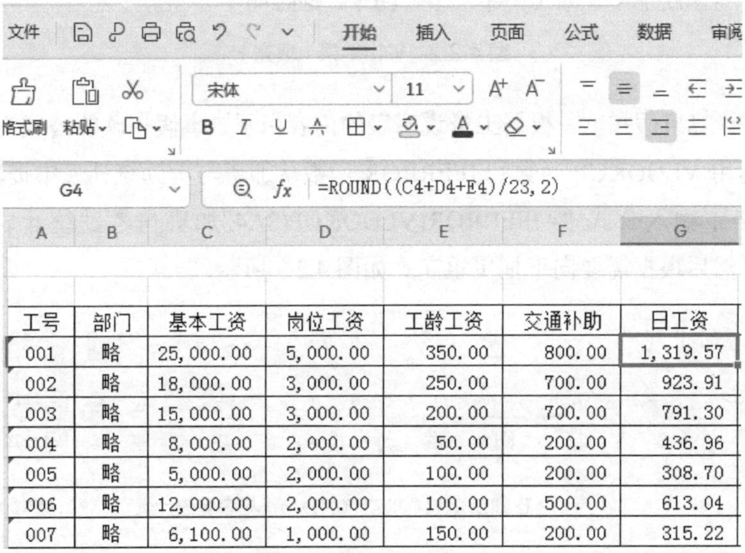

图 4.2.1　输出结果（填充）

步骤 2　计算加班工资。根据工资说明表的内容指示，加班费的计算方法是日工资乘以加班天数。为了便于计算，可利用 VLOOKUP 函数从加班与考勤统计表中提取加班天数。鉴于员工中存在不加班的情况，使用 VLOOKUP 函数时应与 IFERROR 函数结合，后者用于在未找到匹配项或匹配项错误时返回"0"。因此，在 H4 单元格中输入公式"=IFERROR (VLOOKUP($A4,'加班与考勤统计表'!$A$2:$E$9,2,0),0)*G4"，并按需向下拖曳填充，公式中的查找值为工号并进行列锁定，数据表区域为加班与考勤统计表并进行锁定，需要查找的是第二列，所以列序数为 2，匹配条件为 0，表示精确匹配，如果查找到错误值，我们就使用数字 0 替代，现在取出来的数据是加班天数，还需要再乘以日工资。如图 4.2.2 所示。

H4 fx =IFERROR(VLOOKUP($A4,'加班与考勤统计表'!$A$2:$E$10,2,0)*$G4,0)

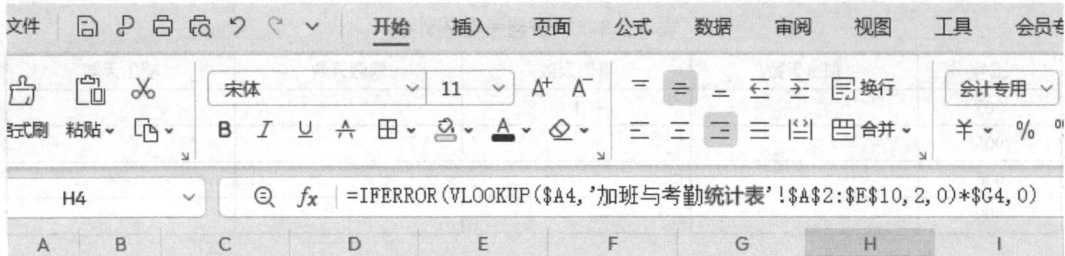

工号	部门	基本工资	岗位工资	工龄工资	交通补助	日工资	加班工资	全勤奖
001	略	25,000.00	5,000.00	350.00	800.00	1,319.57	–	400.00
002	略	18,000.00	3,000.00	250.00	700.00	923.91	–	400.00
003	略	15,000.00	3,000.00	200.00	700.00	791.30		–
004	略	8,000.00		50.00	200.00	436.96		400.00
005	略	5,000.00	2,000.00	100.00	200.00	308.70	308.70	400.00
006	略	12,000.00	2,000.00	100.00	500.00	613.04	1,226.08	400.00
007	略	6,100.00	1,000.00	150.00	200.00	315.22		400.00

图 4.2.2 输出结果（填充）

步骤 3 计算事假扣款。根据工资说明表的内容指示，事假扣款的公式为日工资*事假天数。通过运用 VLOOKUP 函数和 IFERROR 函数从加班与考勤统计表中提取事假天数，在 J4 单元格中输入公式 "=IFERROR(VLOOKUP($A4,'加班与考勤统计表'!$A$2:$E$9,3,0),0)*G4"，然后根据需要向下拖曳填充。如图 4.2.3 所示。

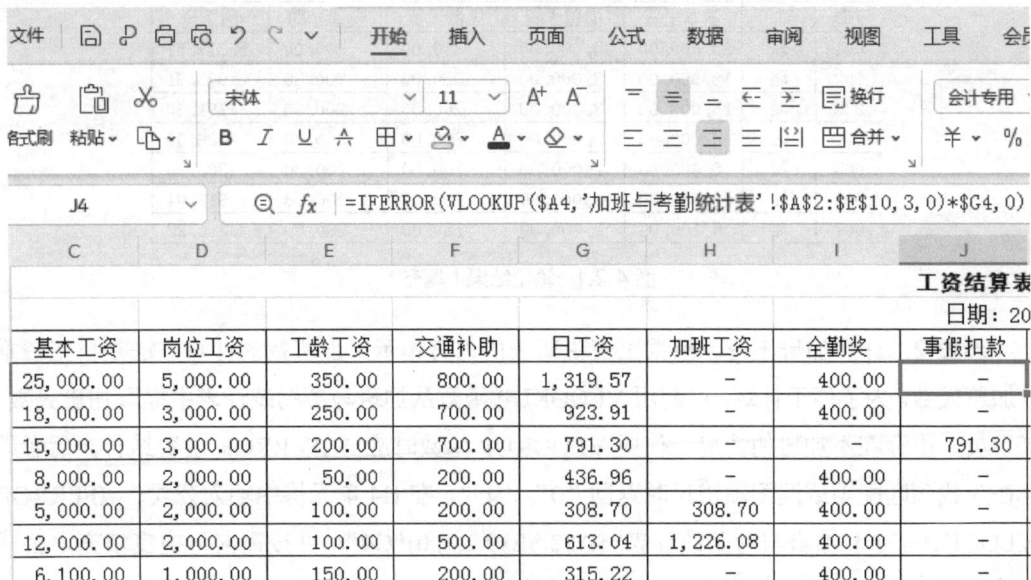

J4 fx =IFERROR(VLOOKUP($A4,'加班与考勤统计表'!$A$2:$E$10,3,0)*$G4,0)

基本工资	岗位工资	工龄工资	交通补助	日工资	加班工资	全勤奖	工资结算表 日期：20 事假扣款
25,000.00	5,000.00	350.00	800.00	1,319.57	–	400.00	–
18,000.00	3,000.00	250.00	700.00	923.91		400.00	
15,000.00	3,000.00	200.00	700.00	791.30		–	791.30
8,000.00	2,000.00	50.00	200.00	436.96		400.00	
5,000.00	2,000.00	100.00	200.00	308.70	308.70	400.00	
12,000.00	2,000.00	100.00	500.00	613.04	1,226.08	400.00	
6,100.00	1,000.00	150.00	200.00	315.22	–	400.00	

图 4.2.3 输出结果（填充）

步骤 4 计算病假扣款。根据工资说明表的内容指示，病假扣款的公式为日工资*病假天数*0.5。通过运用 VLOOKUP 函数和 IFERROR 函数从加班与考勤统计表中提取病假天数，在 K4 单元格中输入公式"=IFERROR(VLOOKUP($A4,'加班与考勤统计表'!$A$2:$E$9,4,0),0)* G4*0.5"，然后根据需要向下拖曳填充。如图 4.2.4 所示。

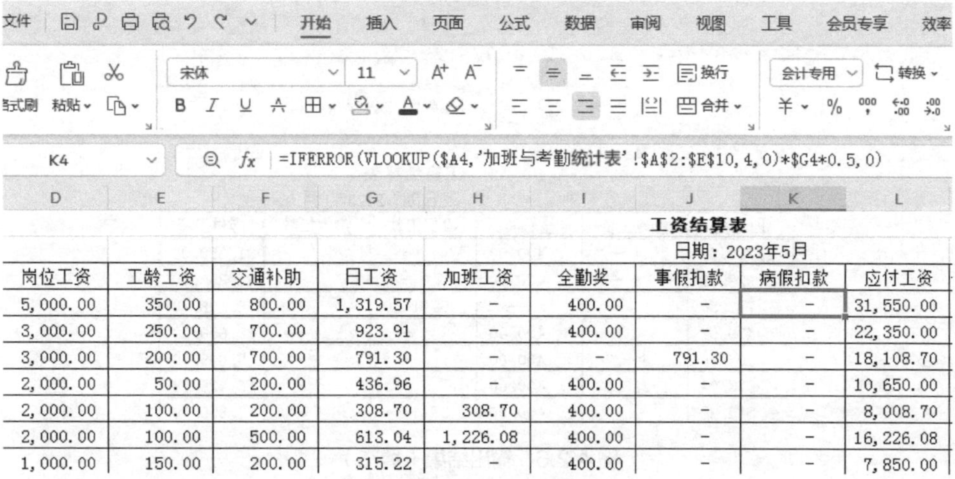

图 4.2.4 输出结果（填充）

步骤 5 计算全勤奖。根据工资说明表的内容指示，全勤奖的金额为每月 400 元。为了获得此奖项，员工需在整个月份内无请假记录。因此，我们可以通过事假扣款与病假扣款两栏的数据来辅助计算。在此过程中，需运用 IF 函数对条件进行精准判断：若事假与病假扣款之和为零，则全勤奖金额为 400 元；反之，若扣款之和大于零，则全勤奖金额为零。在 I4 单元格中输入以下公式"=IF((J4+K4)>0,0,400)"，并按需向下拖曳填充。如图 4.2.5 所示。

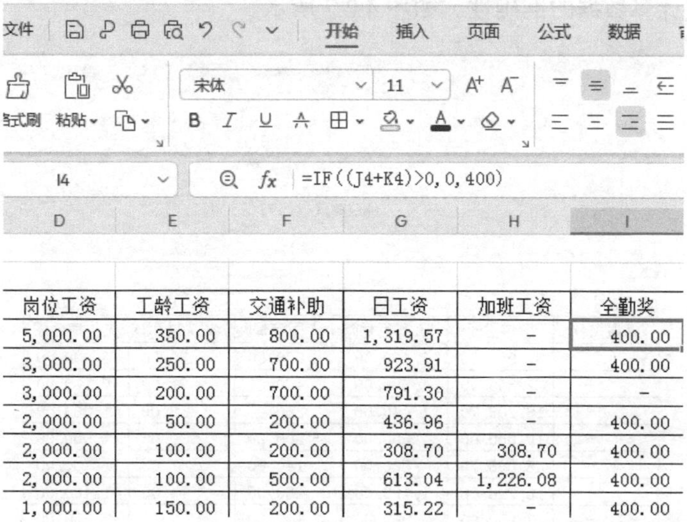

图 4.2.5 输出结果（填充）

步骤 6 计算应付工资。应付工资公式为基本工资+岗位工资+工龄工资+加班工资+全勤奖-事假扣款-病假扣款，在 L4 单元格中输入公式"=C23+D23+E23+F23+H23+I23-J23-

K24",然后需要向下拖曳填充。如图 4.2.6 所示。

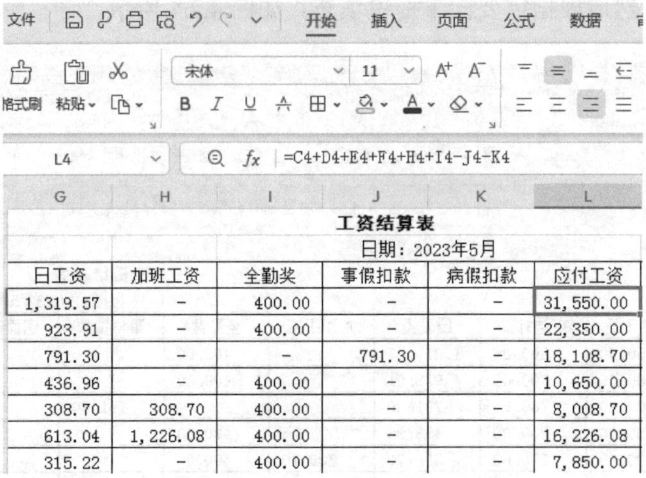

图 4.2.6　输出结果（填充）

工资结算表

日期：2023年5月

日工资	加班工资	全勤奖	事假扣款	病假扣款	应付工资
1,319.57	—	400.00	—	—	31,550.00
923.91	—	400.00	—	—	22,350.00
791.30	—	—	791.30	—	18,108.70
436.96	—	400.00	—	—	10,650.00
308.70	308.70	400.00	—	—	8,008.70
613.04	1,226.08	400.00	—	—	16,226.08
315.22	—	400.00	—	—	7,850.00

步骤 7　社保与公积金计算。根据工资说明表的内容指示，社保公积金计提基数为基本工资加上岗位工资。本项任务中养老保险、医疗保险、失业保险和住房公积金的基数分别为 8%、2%、0.1% 和 10%，计算公式为计提基数乘以相应的比例。为了简化计算，可以直接将说明表中的比例复制到结算表中，并在复制时使用转置功能，这样在后续计算时方便对公式进行连续填充。在 M4 单元格中输入公式"=ROUND(($C4+$D4)*M$2,2)"，从这个公式中可以看到，首先需要对基数设置列锁定，对比例设置行锁定，这样才能在向右和向下填充时保证计算数据的准确性。如图 4.2.7 所示。

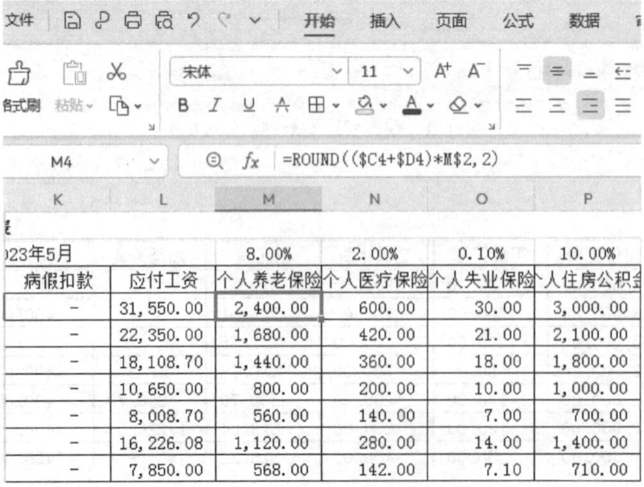

图 4.2.7　输出结果（填充）

病假扣款	应付工资	个人养老保险 8.00%	个人医疗保险 2.00%	个人失业保险 0.10%	个人住房公积金 10.00%
—	31,550.00	2,400.00	600.00	30.00	3,000.00
—	22,350.00	1,680.00	420.00	21.00	2,100.00
—	18,108.70	1,440.00	360.00	18.00	1,800.00
—	10,650.00	800.00	200.00	10.00	1,000.00
—	8,008.70	560.00	140.00	7.00	700.00
—	16,226.08	1,120.00	280.00	14.00	1,400.00
—	7,850.00	568.00	142.00	7.10	710.00

步骤 8　实发工资计算。实发工资的计算方法是应付工资减去扣款合计。而扣款合计的计算公式为养老保险、医疗保险、失业保险、住房公积金和个人所得税的总和。因此，

在 R4 单元格中输入公式"=M4+N4+O4+P4+Q4"来计算扣款合计，如图 4.2.8 所示。接着，在 S4 单元格中输入公式"=L4-R4"来计算实发工资。最后，只需对这两个单元格的公式进行向下填充，工资结算表便制作完成。

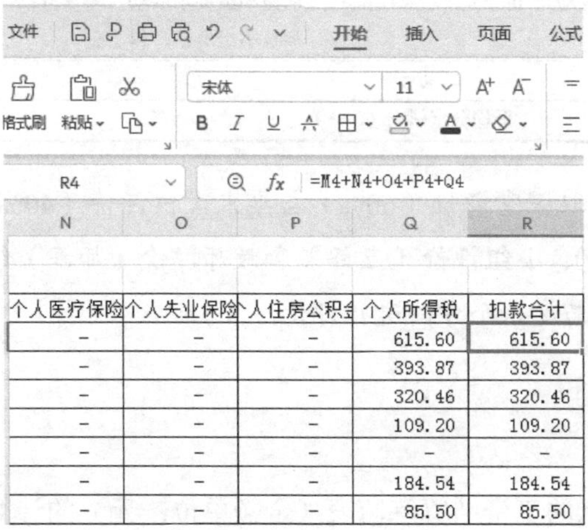

图 4.2.8　输出结果（填充）

小贴士

在工资计算过程中，为了简化计算，我们需使用填充功能。为了保证填充功能的顺利使用，还要对行列进行准确锁定。在计算过程中，不断总结方法和技巧，以提升计算速度。同时，为确保工资计算的准确性，在计算完成后进行检查，确保所有公式无误。

任务评价

现对任务实际掌握情况进行评价，具体评价指标和评价标准如表 4.2.4 所示。

表 4.2.4　"工资结算表"评价表

评价维度	评价指标	评价标准	评价		
			自评	互评	师评
知识技能（25 分）	掌握工资项目的计算公式（5 分）	正确描述工资各项目的计算公式，得 5 分			
	使用函数计算工资（10 分）	正确计算出工资结算表中的各项，得 10 分，要求会使用 VLOOKUP 函数、IFERROR 函数和 IF 函数			
	完成任务拓展训练（10 分）	正确完成任务拓展训练，得 10 分			
职业道德素养（25 分）	"坚持学习，守正创新"的职业道德规范。（10 分）	学习过程认真仔细，笔记全面，训练积极，得 10 分			
		认真听讲，基本参与训练，得 5 分			
	"严谨细致、一丝不苟、精益求精"的工作作风（10 分）	严谨细致，得 5 分；操作熟练，得 5 分			
	沟通交流能力（5 分）	在团队合作中主动沟通交流，得 5 分			

续表

评价维度	评价指标	评价标准	评 价		
			自评	互评	师评
课堂参与度（10分）	积极参与课堂互动（10分）	主动参与互动，得5分； 承担小组展示活动，得5分； 参与小组展示，得2分			
小计					
平均分（满分60分）					

说明：任务评价采取课堂评价（60%）与期末考核评价（40%）相结合的方式。课堂评价由自我评价（自评）、小组评价（互评）和教师评价（师评）组成，分别从知识技能、职业道德素养、课堂参与度三个方面进行评价。

任务拓展训练

根据如表4.2.5所示的工资结算练习表（金额单位：元）的计算。

表4.2.5　工资结算练习表

工号	基本工资	岗位工资	工龄工资	交通补助	日工资	加班工资	全勤奖	事假扣款	病假扣款	应付工资	个人养老保险	个人医疗保险	个人失业保险	个人住房公积金	个人所得税	扣款合计	实发工资
001	6,300.00	1,000.00	150.00	200.00											47.48		
002	5,400.00	1,000.00	100.00	200.00											24.41		
003	12,000.00	2,000.00	150.00	500.00											217.08		
004	6,600.00	1,000.00	150.00	200.00											54.67		
005	7,000.00	1,000.00	150.00	200.00											34.26		
006	5,900.00	1,000.00	100.00	200.00											36.39		
007	5,400.00	1,000.00	50.00	200.00											22.91		
008	6,000.00	1,000.00	100.00	200.00											-		
009	5,800.00	1,000.00	50.00	200.00											32.50		
010	5,400.00	1,000.00	50.00	200.00											22.91		
011	5,600.00	1,000.00	150.00	200.00											18.70		
012	5,600.00	1,000.00	50.00	200.00											-		
013	5,800.00	1,000.00	-	200.00											9.87		
014	6,500.00	1,000.00	100.00	200.00											50.78		
015	11,000.00	2,000.00	150.00	500.00											193.11		
016	5,400.00	1,000.00	100.00	200.00											24.41		
017	6,400.00	1,000.00	50.00	200.00											16.88		
018	5,200.00	1,000.00	150.00	200.00											21.11		
019	6,800.00	1,000.00	100.00	200.00											57.97		
020	12,000.00	2,000.00	150.00	500.00											272.45		

扫码查看训练
任务和操作演示

项目五

固定资产分析

项目介绍

　　固定资产是企业的重要财产，是指企业为了生产产品、经营管理而持有、使用期限超过一年，并且达到一定价值标准的固定资产，是企业进行生产经营活动的必需物质条件。固定资产管理则是对固定资产的采购拟订计划、进行购置、登记入账、领取使用，进行维修、最终报废等整个过程的管理。

　　本项目主要通过固定资产折旧分析固定资产的实际状态，以确保能完善对固定资产的管理。企业固定资产管理的好坏，直接影响企业经济效益。折旧费用的计算为正确计算产品成本等提供重要资料，能使固定资产发挥较大的价值。

任务一

固定资产折旧函数应用

任务场景

　　作为一名财务人员，你需要在月末（年末）基于固定资产管理系统清单，针对该公司的固定资产计提折旧，与后勤部门进行账目核对。

任务目标

1. 了解 SLN 函数的基本结构；
2. 掌握 SLN 函数的具体操作；
3. 了解 SYD 函数的基本结构；
4. 掌握 SYD 函数的具体操作；
5. 了解 DDB 函数的基本结构；
6. 掌握 DDB 函数的具体操作。

任务内容

请根据任务目标，按表 5.1.1 所示的各部门固定资产系统清单（金额单位：元）完成训练内容，并在练习过程中达到熟练程度。

表 5.1.1 各部门固定资产系统清单

使用部门	增加方式	预计使用年限	折旧方法	原值	净残值率	月折旧额
办公室	在建工程转入	20	平均年限法	750000	5%	
生产车间	直接购入	10	双倍余额递减法	240000	4%	
生产车间	直接购入	8	双倍余额递减法	200000	4%	
生产车间	直接购入	5	双倍余额递减法	350000	4%	
办公室	直接购入	5	平均年限法	100000	1%	
财务部	直接购入	5	年数总和法	50000	1%	
仓管部	直接购入	3	年数总和法	250000	2%	
销售部	直接购入	3	年数总和法	150000	1%	
采购部	直接购入	5	年数总和法	80000	1%	
生产车间	直接购入	2	双倍余额递减法	300000	4%	
办公室	直接购入	5	平均年限法	10000	1%	

任务实施

一、平均年限法——SLN 函数。

SLN 函数返回一个期间内的资产的线性折旧值。它基于的是固定资产的理想折旧方式：直线折旧法（平均年限法）。

SLN 函数的语法结构：SLN(cost,salvage,life)，其中，cost 指资产原值；salvage 指资产残值；life 指资产的使用寿命。

步骤 1 打开素材"各部门固定资产系统清单"。选中 G2 单元格，在编辑栏中输入"=SLN()"。将光标移至括号中间，会出现函数语法，如图 5.1.1 所示。

图 5.1.1 输入公式（SLN 函数）1

步骤 2 按照提示输入公式内容，如图 5.1.2 所示。按 Enter 键即可得出结果。

注意，如果计算时不能正常取值，则需要运用绝对引用的功能。

	使用部门	增加方式	预计使用年限	折旧方法	原值	净残值率	月折旧额
2	办公室	在建工程转入	20	平均年限法	750000	5.00%	=SLN(E2, E2*F2, C2*12)
3	生产车间	直接购入	10	双倍余额递减法	240000	4.00%	SLN(原值, 残值, 折旧期限)
4	生产车间	直接购入	8	双倍余额递减法	200000	4.00%	
5	生产车间	直接购入	5	双倍余额递减法	350000	4.00%	
6	办公室	直接购入	5	平均年限法	100000	1.00%	
7	财务部	直接购入	5	年数总和法	50000	1.00%	
8	仓管部	直接购入	3	年数总和法	250000	2.00%	
9	销售部	直接购入	3	年数总和法	150000	1.00%	
10	采购部	直接购入	5	年数总和法	80000	1.00%	
11	生产车间	直接购入	2	双倍余额递减法	300000	4.00%	
12	办公室	直接购入	5	平均年限法	10000	1.00%	

图 5.1.2 输入公式（SLN 函数）2

二、年数总和法——SYD 函数。

SYD 函数返回某项资产在一定期间用年数总和法计算的折旧值，较多用于设备年限折旧额的计算。

SYD 函数的语法结构：SYD(cost, salvage, life, per)，其中，cost 指资产原值；salvage 指资产残值；life 指资产的使用寿命；per 指期间，必须与 life 使用相同的单位。

步骤 1 选中 G7 单元格，输入"=SYD()"。将光标移至括号中间，会出现函数语法，如图 5.1.3 所示。

	使用部门	增加方式	预计使用年限	折旧方法	原值	净残值率	年折旧额
2	办公室	在建工程转入	20	平均年限法	750000	5.00%	
3	生产车间	直接购入	10	双倍余额递减法	240000	4.00%	
4	生产车间	直接购入	8	双倍余额递减法	200000	4.00%	
5	生产车间	直接购入	5	双倍余额递减法	350000	4.00%	
6	办公室	直接购入	5	平均年限法	100000	1.00%	
7	财务部	直接购入	5	年数总和法	50000	1.00%	=SYD()
8	仓管部	直接购入	3	年数总和法	250000	2.00%	SYD(原值, 残值, 折旧期限, 期间)
9	销售部	直接购入	3	年数总和法	150000	1.00%	
10	采购部	直接购入	5	年数总和法	80000	1.00%	
11	生产车间	直接购入	2	双倍余额递减法	300000	4.00%	
12	办公室	直接购入	5	平均年限法	10000	1.00%	

图 5.1.3 输入公式（SYD 函数）1

步骤 2 按照提示输入公式内容，如图 5.1.4 所示，按 Enter 键即可得出结果。

注意，如果不能正常取值，则需要运用绝对引用功能。

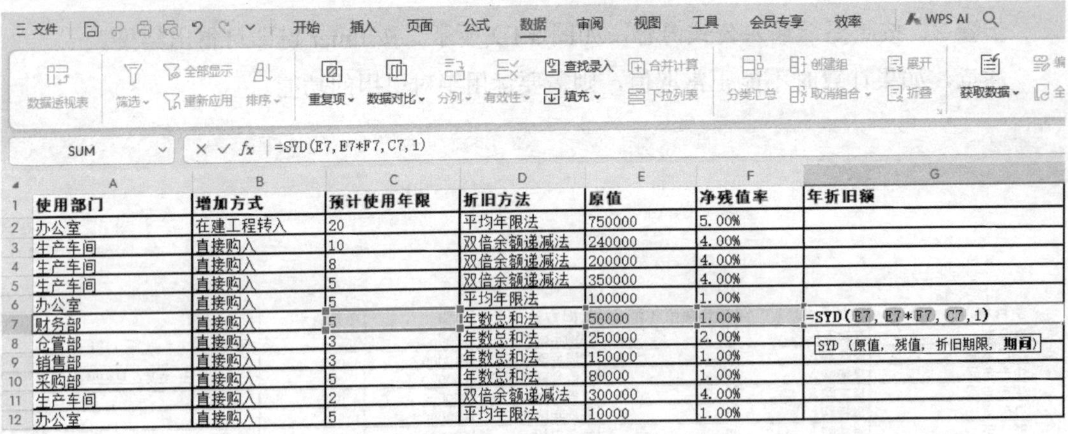

图 5.1.4　输入公式（SYD 函数）2

三、双倍余额递减法——DDB 函数。

DDB 函数返回某项资产在一定期间用双倍余额递减法计算的折旧值。

DDB 函数的语法结语：DDB(cost, salvage, life, period, [factor])，其中，cost 指资产原值；salvage 指资产残值；life 指资产的使用寿命；per 指期间，必须与 life 使用相同的单位；[factor] 可选，指余额递减速率，如果省略影响因素，则假定为 2（双倍余额递减法）。

步骤 1　选中 G3 单元格，输入"=DDB()"。将光标移至括号中间，会出现函数语法，如图 5.1.5 所示。

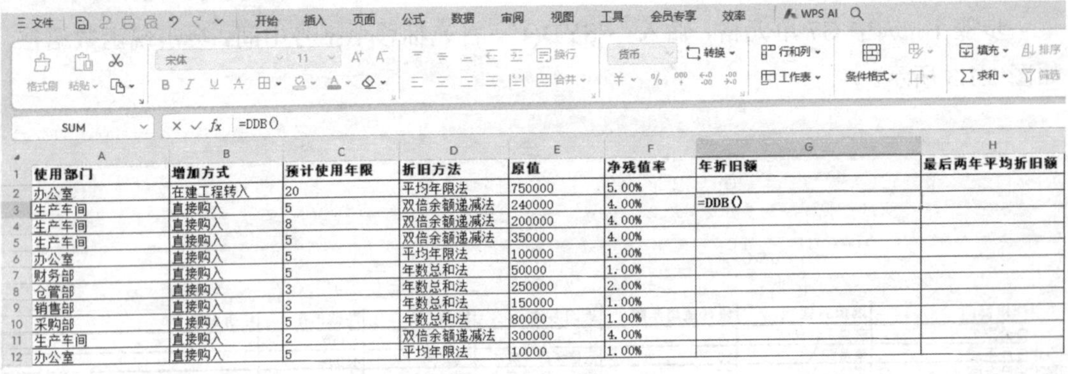

图 5.1.5　输入公式（DDB 函数）1

步骤 2　按照提示输入公式内容，如图 5.1.6 所示，按 Enter 键即可得出结果。

步骤 3　用同样的方法计算出第二年折旧额，如图 5.1.7 所示。

步骤 4　用同样的方法计算出第三年折旧额，如图 5.1.8 所示。

步骤 5　双倍余额递减法的特点是最后两年需要平均分摊。选中 H3 单元格，在编辑栏中输入"SLN()"。按照提示输入公式内容，如图 5.1.9 所示，按 Enter 键即可得出结果。

注意，如果不能正常取值，则需要运用绝对引用功能。

图 5.1.6　输入公式（DDB 函数）2

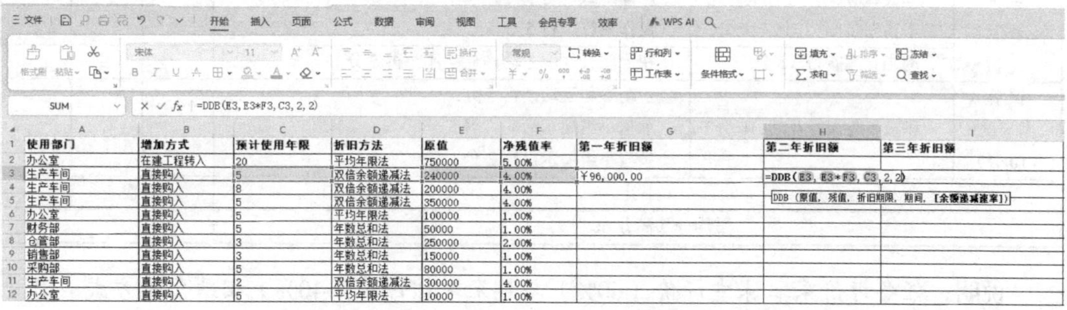

图 5.1.7　输入公式（DDB 函数）3

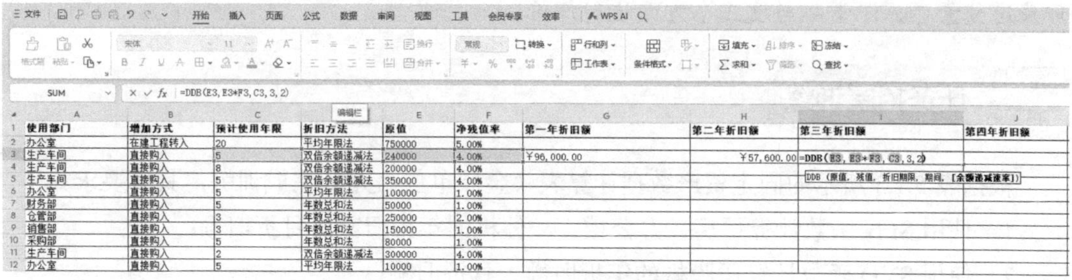

图 5.1.8　输入公式（DDB 函数）4

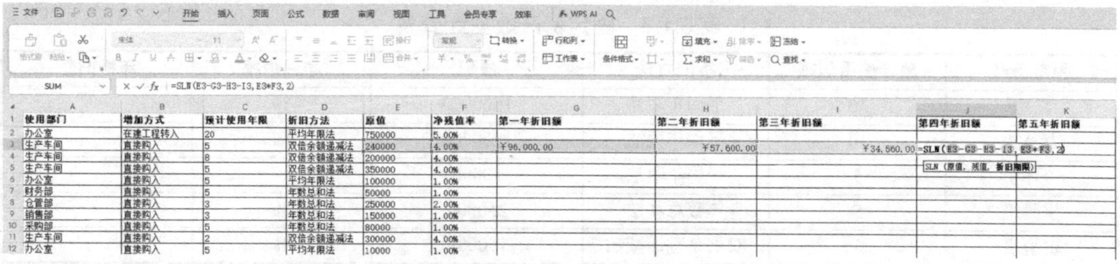

图 5.1.9　输入公式（SLN 函数）

任务评价

现对任务实际掌握情况进行评价，具体评价指标和评价标准如表 5.1.2 所示。

表 5.1.2　"固定资产折旧函数应用"评价表

评价维度	评价指标	评价标准	评价		
			自评	互评	师评
知识技能 （25分）	了解固定资产折旧函数的语法（5分）	正确描述固定资产折旧函数的语法，得5分； 描述不完整，得2分； 无法描述，不得分			
	熟练使用 SLN、SYD、DDB 函数（10分）	正确使用 SLN、SYD、BBD 函数计算固定资产折旧额得10分			
	完成任务拓展训练（10分）	正确使用 SLN、SYD、DDB 函数计算固定资产折旧额，得10分			
职业道德素养 （25分）	"坚持学习，守正创新"的职业道德规范（10分）	学习过程认真仔细，笔记全面，训练积极，得10分； 认真听讲，基本参与训练，得5分			
	"严谨细致、一丝不苟、精益求精"的工作作风（10分）	严谨细致，得5分； 操作熟练，得5分			
	沟通交流能力（5分）	在团队合作中主动沟通交流，得5分			
课堂参与度 （10分）	积极参与课堂互动（10分）	主动参与互动，得5分； 承担小组展示活动，得5分， 参与小组展示，得2分			
小计					
平均分（满分60分）					

说明：任务评价采取课堂评价（60%）与期末考核评价（40%）相结合的方式。课堂评价由自我评价（自评）、小组评价（互评）和教师评价（师评）组成，分别从知识技能、职业道德素养、课堂参与度三个方面进行评价。

任务拓展训练

根据表 5.1.3 所示的固定资产数据计算表（金额单位：元）完成训练，具体要求如下。

1．使用 SLN 函数计算厂房、办公楼、一体机的年折旧额、月折旧额；
2．使用 SYD 函数计算压膜机的年折旧额、月折旧额；
3．使用 DDB 函数计算定型机的年折旧额、月折旧额；

表 5.1.3　固定资产数据计算表

固定资产	预计使用年限	折旧方法	原值	净残值率	年折旧额
厂房	30	平均年限法	1500000	%	
办公楼	30	平均年限法	1000000	%	
一体机	5	平均年限法	50000	%	
压膜机	5	年数总和法	250000	%	
定型机	5	双倍余额递减法	150000	%	

扫码查看训练
任务和操作演示

任务二

固定资产折旧情况分析

任务场景

作为财务人员，你需要定期查询公司固定资产折旧情况，以便后勤部门执行针对相关固定资产及时报废和新设备采买操作。

任务目标

1. 使用 IF 函数判断是否需要计提折旧；
2. 通过数据分析企业固定资产情况。

任务内容

请根据任务目标完成训练内容，并在练习过程中达到熟练程度。如表 5.2.1 所示的固定资产折旧表。

表 5.2.1　固定资产折旧表

编号	名称	入账时间	折旧方法	原值	净残值	预计使用年限	累计使用月份（2024.01.31 止）	计提折旧额
G101001	办公楼	2019 年 12 月 16 日	平均年限法	370000	100000	30	49	
G102002	计算机 T201901	2019 年 5 月 10 日	平均年限法	320000	20000	5	56	
G103003	计算机 T202102	2021 年 1 月 13 日	平均年限法	640000	40000	3	36	
G201004	厂房	2020 年 5 月 14 日	平均年限法	740000	200000	30	44	
G201005	生产线	2021 年 12 月 6 日	平均年限法	6680000	80000	10	25	
G301004	货车 GL309	2021 年 2 月 9 日	平均年限法	210000	10000	3	35	

任务实施

步骤 1　打开素材"固定资产折旧表"，选中 I3 单元格，输入"IF(G3*12-H3<=0,0,SLN())"，IF 函数的目的是判断办公楼的累计使用年限是否小于等于预计使用年限，如果办公楼的累计使用年限等于预计使用年限，说明此项固定资产已提足折旧，当月不需计提，则"月折旧额"为 0，如果办公楼的累计使用年限小于预计使用年限，说明此项固定资产还需要计提折旧，因为该办公楼使用的是平均年限法，所以使用 SLN 函数计算月折旧额，方法参照

任务一中的 SLN 函数的使用，如图 5.2.1，5.2.2，5.2.3 所示。

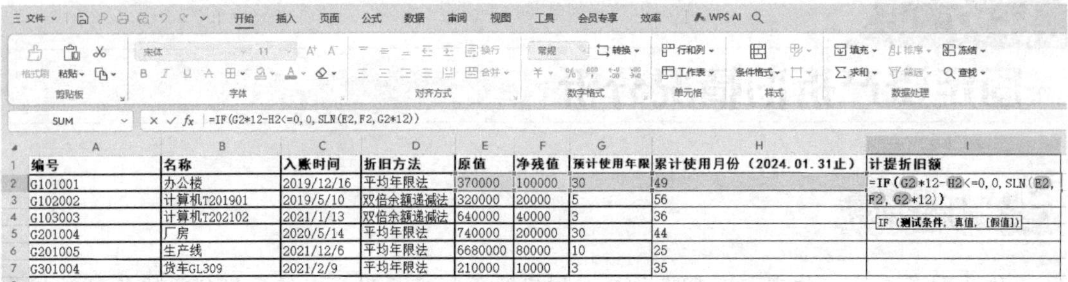

图5.2.1 输入公式（IF 函数）1

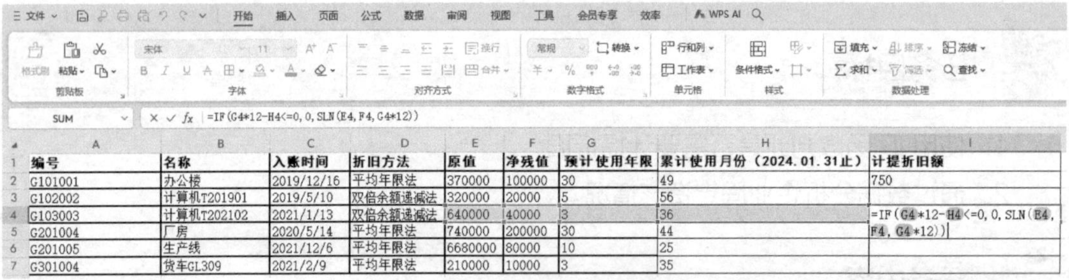

图5.2.2 输入公式（IF 函数）2

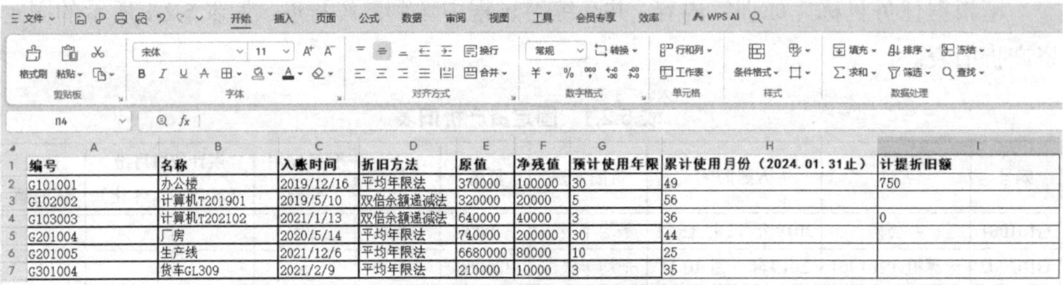

图5.2.3 输出结果（IF 函数）

经过对折旧数据的分析，可发现计算机 T202102 在本月已经完成了全部的折旧计提。因此，建议固定资产管理部门按照规定启动该资产的报废程序。同时，注意到计算机 T201901 和货车 GL309 的折旧计提也即将结束。资产管理部门需要对这些资产进行全面的评估，如果确认它们无法满足未来的使用需求，就需要提前规划新设备的采购预算和相关前期准备工作，以确保资产更新的无缝衔接。

任务评价

现对任务实际掌握情况进行评价，具体评价指标和评价标准如表 5.2.2 所示。

表 5.2.2　"固定资产折旧情况分析"评价表

评价维度	评价指标	评价标准	评　价		
			自评	互评	师评
知识技能 （25 分）	了解如何进行固定资产折旧情况分析（5 分）	正确描述固定资产折旧情况，得 5 分； 描述不完整，得 2 分； 无法描述，不得分			
	熟练使用 IF、SLN、SYD 函数、DDB 函数并进行分析（10 分）	正确使用 IF、SLN、SYD、DDB 函数计算固定资产折旧额并进行分析，得 10 分			
	完成任务拓展训练（10 分）	正确使用 IF、SLN、SYD、DDB 函数计算固定资产折旧额并进行分析，得 10 分			
职业道德素养 （25 分）	"坚持学习，守正创新"的职业道德规范（10 分）	学习过程认真仔细，笔记全面，训练积极，得 10 分； 认真听讲，基本参与训练，得 5 分			
	"严谨细致、一丝不苟、精益求精"的工作作风（10 分）	严谨细致，得 5 分； 操作熟练，得 5 分			
	沟通交流能力（5 分）	在团队合作中主动沟通交流，得 5 分			
课堂参与度 （10 分）	积极参与课堂互动（10 分）	主动参与互动，得 5 分； 承担小组展示活动，得 5 分； 参与小组展示，得 2 分			
小计					
平均分（满分 60 分）					

说明：任务评价采取课堂评价（60%）与期末考核评价（40%）相结合的方式。课堂评价由自我评价（自评）、小组评价（互评）和教师评价（师评）组成，分别从知识技能、职业道德素养、课堂参与度三个方面进行评价。

任务拓展训练

根据表 5.2.3 所示的固定资产数据分析表（金额单位：元）完成训练，具体要求如下。

1．使用 IF 函数及其他折旧函数计算相应的年折旧额、月折旧额；

2．通过所得数据对固定资产相关情况进行分析，并提出相应的建议。

表 5.2.3　固定资产数据分析表

编号	名称	入账时间	折旧方法	原值	净残值	使用年限	累计折旧
G101001	办公楼	2020 年 5 月 13 日	平均年限法	500000	0.05	15	43
G201001	办公家电	2020 年 5 月 14 日	平均年限法	50000	0.04	15	43
G301001	仓储设备	2021 年 12 月 6 日	年数总和法	150000	0.03	5	24
		2021 年 12 月 9 日	双倍余额递减法				24

扫码查看训练
任务和操作演示

项目六

采购与库存业务分析

项目介绍

　　采购、库存业务分析是企业供应链管理中的关键环节，对于企业提高竞争力和盈利能力具有重要意义。本项目将详细介绍采购数据管理、采购供应商管理，库存数据统计、材料领用成本分析等，帮助读者在从事实际采购、库存业务工作时，灵活应用表格函数，轻松解决采购、库存问题。

　　使用 SUM、SUMIF、COUNTIF 函数等对采购材料总额、数量、单价进行计算；使用 VLOOKUP 函数快速查找供应商信息，为采购决策提供依据。其目的是确保企业能够及时获得所需的物料，同时避免库存积压。

　　进行库存数据分析时，主要使用 SUMIF 函数对库存信息进行数据处理，以及使用 IFERROR 和 VOOKUP 函数组合查找材料耗用数据。

　　采购、库存业务分析能够帮助企业提高供应链效率、降低库存成本，但同时也面临着数据准确性、供应链复杂性等挑战。读者需要深入理解这些挑战，并灵活运用采购、库存业务分析方法解决实际问题。

任务一

采购业务分析

子任务 6.1.1　采购数据管理

任务场景

　　A 食品公司于 2023 年 9 月购进一批食品类原材料，采购人员已经将本月的采购单据交付会计人员。作为会计人员，你需要统计采购数据后，使用 SUMIF、SUM、COUNTIF 函数对采购金额、采购数量、采购单价的统计分析。

任务目标

1. 理解采购数据的具体构成；
2. 能够使用表格函数计算采购金额、采购数量、采购单价。

任务内容

A 食品公司 2023 年 9 月份的采购汇总表（部分）（数量单位：件；金额单位：元）如表 61.1 所示。

1. 请计算材料采购汇总表的金额合计；
2. 请统计从嘉祥食品有限公司购货的订单张数；
3. 请一次性填写面粉、酵母、葡萄干的采购数量；
4. 本月购进橄榄油的单价；
5. 黄油的供货单位是哪家？

注：所有数据保留两位小数。

表 6.1.1　A 食品公司材料采购汇总表（部分）

订单编号	材料名称	数量	金额（元）	单价	供货单位名称
1908101	黄油	55	2,255.00	41	唐鑫商贸有限公司
1908102	橄榄油	63	1,449.00	23	嘉祥食品有限公司
1908103	橄榄油	57	1,254.00	22	天明食品（集团）有限公司
1908104	蔓越莓	50	950	19	利达商贸有限公司
1908105	黄油	53	2,014.00	38	龙康食品有限公司
1908106	酵母	2	244	122	嘉园商贸有限公司
1908107	面粉	47	141	3	温氏食品集团
1908108	改良剂	12	600	50	伟豪商贸有限公司
1908109	黄桃	118	826	7	嘉祥食品有限公司
1908110	橄榄油	71	1,633.00	23	金源食品公司
1908111	蔓越莓	58	1,102.00	9	嘉祥食品有限公司
1908112	改良剂	9	432	48	真武堂食品有限公司
1908113	黄桃	96	672	7	龙康食品有限公司
1908114	蔓越莓	58	1,102.00	19	龙康食品有限公司
1908115	蓝莓	105	1,365.00	13	津港食品有限公司
1908116	蔓越莓	53	1,007.00	19	唐鑫商贸有限公司
1908117	玉米油	60	1,440.00	24	天明食品（集团）有限公司
1908118	奶油	58	928	16	龙康食品有限公司
1908119	橄榄油	69	1,587.00	23	温氏食品集团
1908120	蔓越莓	49	833	17	唐鑫商贸有限公司
1908121	蔓越莓	51	918	18	粮油贸易有限公司
1908122	紫薯	91	273	3	宝丽食品有限公司
1908123	蔓越莓	52	884	17	龙康食品有限公司
1908124	紫薯	98	294	3	唐鑫商贸有限公司
1908125	黄桃	113	791	7	嘉园商贸有限公司

任务实施

步骤 1 打开素材"A食品公司材料采购汇总表",并将以上 5 个任务要求编辑成表格形式,如图 6.1.2 所示。

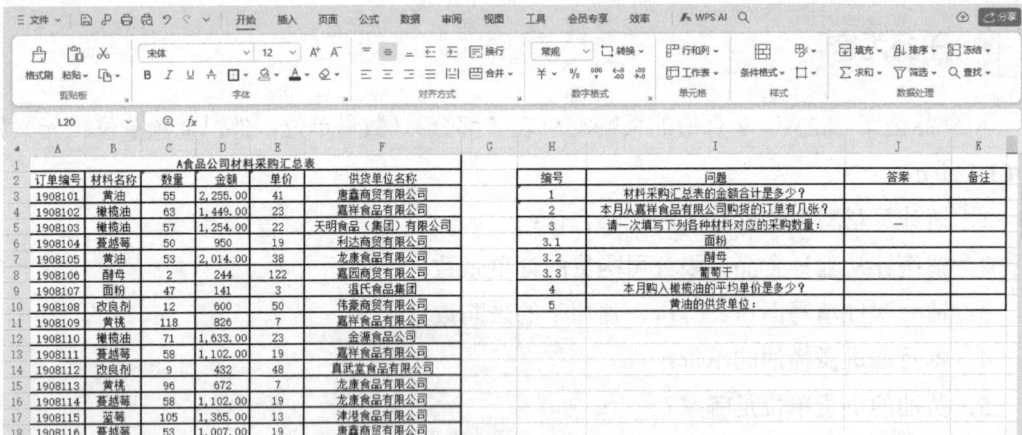

图 6.1.1 输入文本

步骤 2 选中 J3 单元格,在编辑栏中输入"=ROUND(SUM(D3:D82),2)",按 Enter 键,得到金额合计,如图 6.1.2 所示。

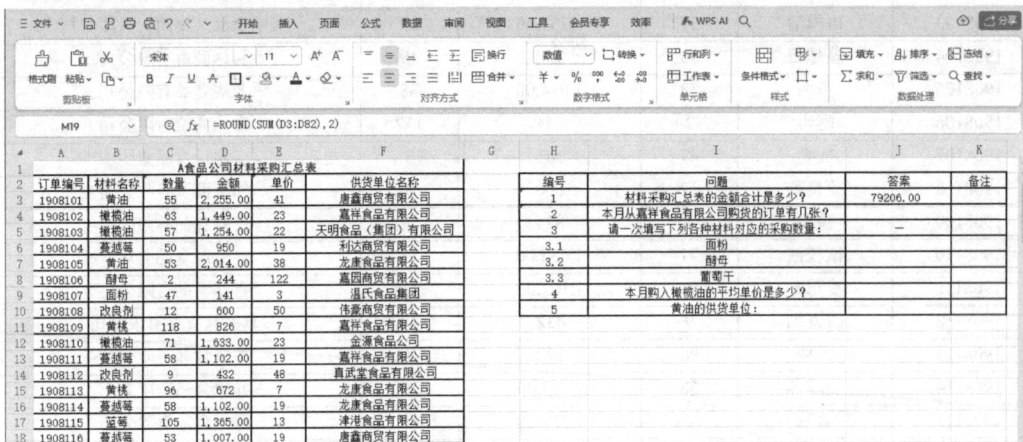

图 6.1.2 输出结果（SUM 函数）

步骤 3 选中 J4 单元格,在编辑栏中输入"=COUNTIF(F3:F82,F4)",按 Enter 键,统计出从广东嘉祥食品有限公司购货的订单张数,如图 6.1.3 所示。

步骤 4 选中 J6 单元格,输入"=ROUND(SUMIF(B3:B82,I6,C3:C82),2)",按 Enter 键,统计出面粉的采购数量。然后,复制该公式,分别在 J7、J8 单元格中,并粘贴将 SUMIF 函数的求和条件改为"酵母"和"葡萄干",得到其相应的采购数量,如图 6.1.4 所示。

图 6.1.3 输出结果（COUNTIF 函数）

图 6.1.4 输出结果（SUMIF 函数）1

步骤 5 选中 J9 单元格，输入"=ROUND(SUMIF(B3:B82,"橄榄油",D3:D84)/SUMIF(B3:B82,"橄榄油",C3:C82),2)"，按 Enter 键，如图 6.1.5 所示。

图 6.1.5 输出结果（SUMIF 函数）2

步骤 6 选中 J10 单元格，输入"=VLOOKUP(B3,B2:F82,5,0)"，按 Enter 键，如图 6.1.6 所示。

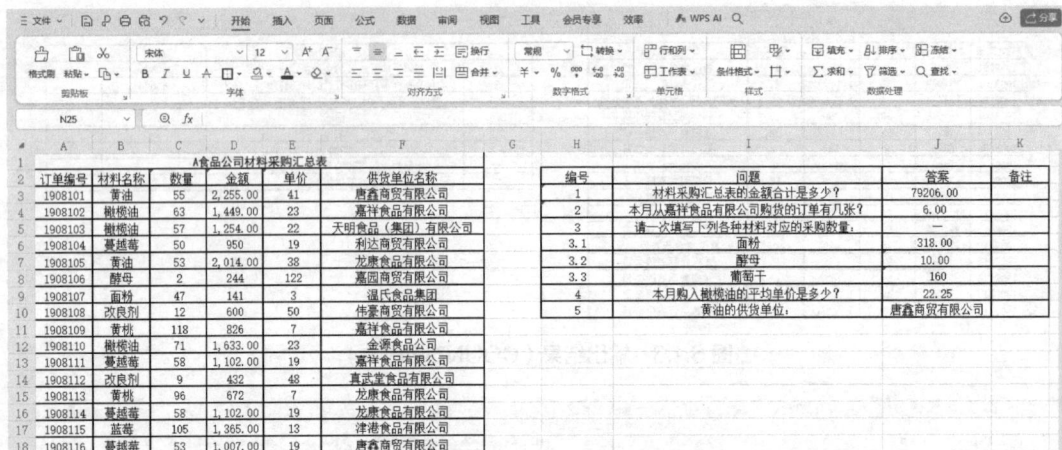

图 6.1.6 输出结果（VLOOKUP 函数）

任务评价

现就任务实际掌握情况进行评价，具体评价指标和评价标准如表 6.1.2 所示。

表 6.1.2 "采购数据管理"评价表

评价维度	评价指标	评价标准	评价		
			自评	互评	师评
知识技能（25分）	会输入采购材料信息（10分）	正确输入采购材料信息，得 10 分			
	能使用 SUM 函数，计算采购金额合计（3分）	能正确计算采购金额合计，得 3 分			
	能使用 SUMIF 函数，计算采购数量（6分）	能正确计算采购数量合计（每种货物 2 分，共 6 分）			
	能使用 COUNTIF 函数，按条件计算材料采购订单数量（6分）	能正确计算采购订单数量（每种货物 2 分，共 6 分）			
职业道德素养（25分）	"坚持学习，守正创新"的职业道德规范（10分）	学习过程认真仔细，笔记全面，训练积极，得 10 分；认真听讲，基本参与训练，得 5 分			
	"严谨细致、一丝不苟、精益求精"的工作作风（10分）	严谨细致，得 5 分；操作熟练，得 5 分			
	沟通交流能力（5分）	在团队合作中主动沟通交流，得 5 分			
课堂参与度（10分）	积极参与课堂互动（10分）	主动参与互动，得 5 分；承担小组展示活动，得 5 分，参与小组展示，得 2 分			
小计					
平均分（满分60分）					

说明：任务评价采取课堂评价（60%）与期末考核评价（40%）相结合的方式。课堂评价由自我评价（自评）、小组评价（互评）和教师评价（师评）组成，分别从知识技能、职业道德素养、课堂参与度三个方面进行评价。

任务拓展训练

请结合表 6.1.1 所示数据，完成表 6.1.3 中数据的计算。

要求：使用 SUM、SUMIF、COUNTIF 等函数计算。

表 6.1.3 采购数据管理表

编号	问题	答案	备注
1	材料采购汇总表的采购数量合计是多少？		
2	本月从津港食品有限公司购货的订单有几张？		
3	请依次填写下列各种材料对应的采购数量：	—	
3.1	面粉		
3.2	酵母		
3.3	葡萄干		
3.4	蔓越莓		
3.5	黄桃		
3.6	蓝莓		
3.7	紫薯		
3.8	黄油		
3.9	奶油		
4	本月购入黄油的平均单价是多少？		

扫码查看训练
任务和操作演示

子任务 6.1.2 采购供应商管理

任务场景

A 食品公司于 2023 年 9 月购进一批食品类原材料，采购人员已经对公司长期合作的供应商基本情况进行汇总。作为会计人员，你需要使用 VLOOKUP 函数进行数据导入，完成采购供应商数据统计与处理，为采购决策提供依据。

任务目标

1. 理解采购数据的输入;
2. 能够使用表格函数精确而快速地导入采购数量、单价、金额。

任务内容

2023 年 9 月 15 日,A 食品公司购进材料报价单汇总表(部分)(金额单位:元)如表 6.1.4 所示。

1. 请使用表格函数快速、精确地查找出 A001~A012 材料的采购单价、金额、供货单位名称、生产日期;

2. 请计算出上述每种材料的预计到货日期;

3. 能制作出材料采购意向汇总表。

注:所有数据保留两位小数。材料采购意向汇总表制作遵循整体采购不拆分订单原则、统计原则和单价最低原则。

表 6.1.4　A 食品公司购进材料报价单汇总表(部分)

材料编码	材料名称	单位	库存数量	单价	供货单位名称	到货天数	生产日期
A001	面粉	千克	450,000.00	3.00	津港食品有限公司	2.00	2023 年 8 月 30 日
A007	紫薯	千克	910,000.00	3.00	津港食品有限公司	2.00	2023 年 8 月 23 日
A001	面粉	千克	530,000.00	3.00	粮油贸易有限公司	3.00	2023 年 9 月 5 日
A001	面粉	千克	500,000.00	3.00	伟豪商贸有限公司	3.00	2023 年 8 月 27 日
A007	紫薯	千克	930,000.00	3.00	嘉祥食品有限公司	3.00	2023 年 8 月 25 日
A007	紫薯	千克	960,000.00	3.00	伟豪商贸有限公司	3.00	2023 年 8 月 25 日
A001	面粉	千克	520,000.00	3.00	安吉食品有限公司	4.00	2023 年 8 月 21 日
A001	面粉	千克	470,000.00	3.00	真武堂食品有限公司	5.00	2023 年 9 月 10 日
A007	紫薯	千克	990,000.00	3.00	天明食品(集团)有限公司	6.00	2023 年 8 月 16 日
A001	面粉	千克	550,000.00	3.00	凯奇食品有限公司	7.00	2023 年 9 月 5 日
A007	紫薯	千克	1,200,000.00	3.00	凯奇食品有限公司	7.00	2023 年 8 月 20 日
A001	面粉	千克	480,000.00	3.00	温氏食品集团	7.00	2023 年 8 月 16 日
A007	紫薯	千克	1,110,000.00	3.00	温氏食品集团	7.00	2023 年 8 月 16 日
A001	面粉	千克	530,000.00	3.00	金源食品公司	8.00	2023 年 8 月 17 日
A007	紫薯	千克	1,150,000.00	3.00	金源食品公司	8.00	2023 年 8 月 17 日
A007	紫薯	千克	960,000.00	3.00	利达商贸有限公司	9.00	2023 年 9 月 3 日
A001	面粉	千克	530,000.00	3.00	嘉园商贸有限公司	9.00	2023 年 8 月 25 日
A001	面粉	千克	470,000.00	3.00	龙康食品有限公司	10.00	2023 年 8 月 27 日
A005	黄桃	千克	1,080,000.00	7.00	真武堂食品有限公司	5.00	2023 年 9 月 4 日
A005	黄桃	千克	920,000.00	7.00	唐鑫商贸有限公司	5.00	2023 年 8 月 16 日
A005	黄桃	千克	940,000.00	7.00	天明食品(集团)有限公司	6.00	2023 年 8 月 16 日

任务实施

步骤 1 打开素材"A 食品公司购进材料报价单汇总表",并将以上 3 个任务要求编辑成表格形式,如图 6.1.7 所示。

图 6.1.7 输入文本

步骤 2 选中 N6 单元格,输入"=ROUND(VLOOKUP(L6,$C$3:$G$75,4,0),2)",按 Enter 键,用 VLOOKUP 函数在 A 食品公司购进材料报价单汇总表中精确查找出面粉的单价,如图 6.1.8 所示。然后选中 G6 单位格,用采购数量乘以单价,计算出面粉总金额,如图 6.1.9 所示。

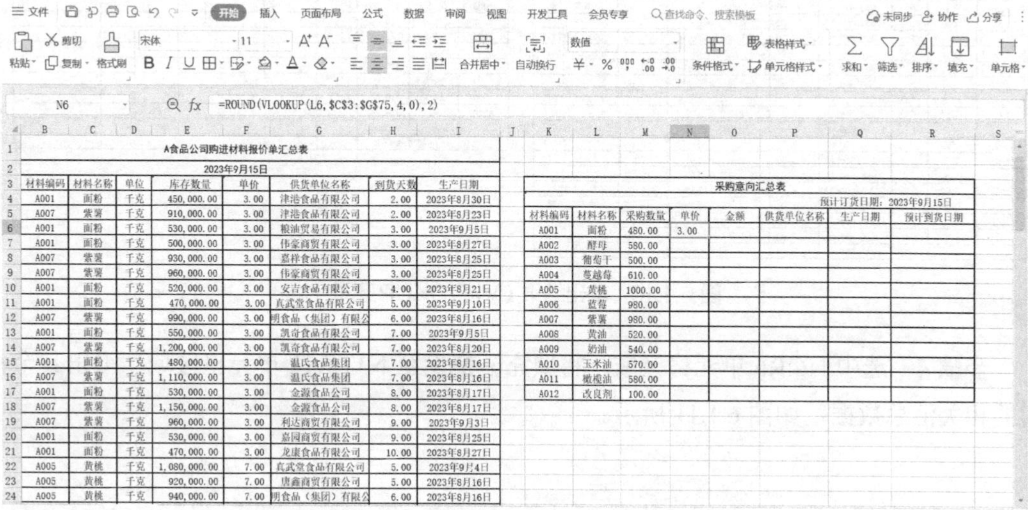

图 6.1.8 输出结果(VLOOKUP 函数)

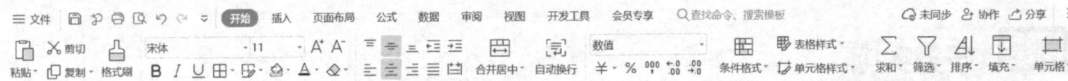

图 6.1.9　输出结果（面粉总金额）

步骤 3　面粉的供货单位名称和生产日期，也用 VLOOKUP 函数精确查找出来，分别显示在 P6 和 Q6 单元格中。选中 R6 单元格，输入"=VLOOKUP(K6,B3:I75,7,0)+Q6"，计算出预计到货日期，如图 6.1.10 所示。

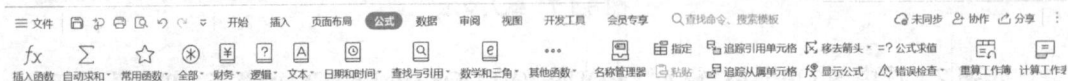

图 6.1.10　输出结果（VLOOKUP 函数）

步骤 4　选中 N6:R6 单元格区域，将填充柄拖曳至 N17:R17 单元格区域，得出其余材料的相关汇总数据，如图 6.1.11 所示。

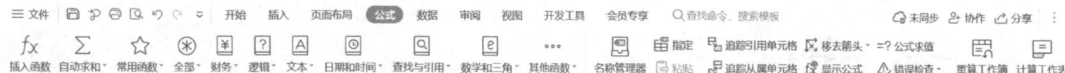

图 6.1.11　输出结果（填充）

任务评价

现就任务实际掌握情况进行评价，具体评价指标和评价标准如表 6.1.5 所示。

表 6.1.5　"采购供应商管理"评价表

评价维度	评价指标	评价标准	评价		
			自评	互评	师评
知识技能（25分）	会输入采购材料信息（10分）	正确输入采购材料信息，得10分			
	能使用 VLOOKUP 函数精确查找供应商信息（10分）	能准确查找出供应商信息（每种信息2分，共10分）			
	能计算预计到货日期（3分）	能正确计算预计到货日期，得3分			
	能正确填充单元格序列（2分）	能用填充柄正确统计采购信息，得2分			
职业道德素养（25分）	"坚持学习，守正创新"的职业道德规范（10分）	学习过程认真仔细，笔记全面，训练积极，得10分；认真听讲，基本参与训练，得5分			
	"严谨细致、一丝不苟、精益求精"的工作作风（10分）	严谨细致，得5分；操作熟练，得5分			
	沟通交流能力（5分）	在团队合作中主动沟通交流，得5分			
课堂参与度（10分）	积极参与课堂互动（10分）	主动参与互动，得5分；承担小组展示活动，得5分，参与小组展示，得2分			
小计					
平均分（满分60分）					

说明：任务评价采取课堂评价（60%）与期末考核评价（40%）相结合的方式。课堂评价由自我评价（自评）、小组评价（互评）和教师评价（师评）组成，分别从知识技能、职业道德素养、课堂参与度三个方面进行评价。

任务拓展训练

请根据表 6.1.6 所示数据，完成表 6.1.7 中数据的计算。

要求：使用 VLOOKUP 等函数。

表 6.1.6　数据表

材料编码	材料名称	单位	库存数量	单价	供货单位名称	到货天数	生产日期
A001	面粉	千克	450,000.00	2.50	津港食品有限公司	5.00	2023 年 8 月 30 日
A007	紫薯	千克	910,000.00	2.80	津港食品有限公司	4.00	2023 年 8 月 23 日
A001	面粉	千克	530,000.00	2.50	粮油贸易有限公司	4.00	2023 年 9 月 5 日
A001	面粉	千克	500,000.00	2.50	伟豪商贸有限公司	5.00	2023 年 8 月 27 日
A007	紫薯	千克	930,000.00	2.80	嘉祥食品有限公司	4.00	2023 年 8 月 25 日
A007	紫薯	千克	960,000.00	2.80	伟豪商贸有限公司	4.00	2023 年 8 月 25 日
A005	黄桃	千克	1,080,000.00	6.60	真武堂食品有限公司	7.00	2023 年 9 月 4 日
A005	黄桃	千克	920,000.00	7.00	唐鑫商贸有限公司	5.00	2023 年 8 月 16 日
A005	黄桃	千克	940,000.00	7.30	天明食品（集团）有限公司	6.00	2023 年 8 月 16 日

表 6.1.7　采购意向汇总表

材料编码	材料名称	采购数量	单价	金额	供货单位名称	生产日期	预计到货日期
A001	面粉	540.00					
A005	黄桃	950.00					
A007	紫薯	980.00					

扫码查看训练
任务和操作演示

任务二

库存业务分析

子任务 6.2.1　库存数据统计

任务场景

甲公司是一家综合型的生产制造企业，作为会计人员，你需要通过报表对本公司的库存水平进行分析与评价，判断该公司的库存管理是否合理有效。

任务目标

1. 理解企业库存管理中出入库统计的意义；
2. 能够使用表格工具统计材料出入库数量，并计算期末库存数量。

任务内容

甲公司 2023 年 9 月的材料进出日记账（数量单位：件）如表 6.2.1 所示。

1. 请使用表格函数快速统计出本月每种材料的入库数量及出库数量；
2. 请计算出每种材料的期末库存数量；
3. 能制作出材料进出库汇总表。

注：所有数据保留两位小数。

表 6.2.1 甲公司材料进出日记账

材料代码	日期	摘要	材料名称	入库	出库	备注
10001	9/4	购进材料	304 钢	1,000.00		
10001	9/8	车间领料	304 钢		1,500.00	
10001	9/14	购进材料	304 钢	1,200.00		
10001	9/16	车间领料	304 钢		2,280.00	
10001	9/17	购进材料	304 钢	1,100.00		
10001	9/18	购进材料	304 钢	900.00		
10001	9/28	购进材料	304 钢	1,200.00		
10002	9/6	购进材料	430 钢	500.00		
10002	9/8	车间领料	430 钢		960.00	
10003	9/14	购进材料	601 钢	2,200.00		
10003	9/15	购进材料	601 钢	2,200.00		
10003	9/17	购进材料	601 钢	2,800.00		
20001	9/5	购进材料	硅胶	900.00		
20001	9/8	车间领料	硅胶		800.00	
20001	9/13	购进材料	硅胶	3,000.00		
20001	9/14	购进材料	硅胶	5,000.00		
20001	9/14	车间领料	硅胶		860.00	

任务实施

步骤 1 打开素材"甲公司材料进出日记账"，并将以上 3 个任务要求编辑成表格形式，如图 6.2.1 所示。

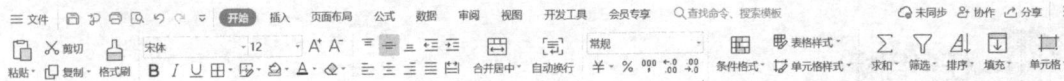

图 6.2.1　输入文本

步骤 2　选中 M3 单元格，输入"=ROUND(SUMIF($D$3:$D$52,J3,$E$3: $E$52),2)"，按 Enter 键，得到 304 钢本月入库数量。同理，选中 N3 单元格，输入"=ROUND(SUMIF($D$3: $D$52,J3,$F$3:$F$52),2)"，得到 304 钢本月出库总量，如图 6.2.2 所示。

图 6.2.2　输出结果（SUMIF 函数）

步骤 3　选中 O3 单元格，输入"=L3+M3-N3"，按 Enter 键，得到 304 钢 9 月期末库存数量，如图 6.2.3 所示。

步骤 4　选中 M3:O3 单元格区域，将填充柄拖曳至 M10:O10 单元格区域，得到其余材料的相关汇总数据，如图 6.2.4 所示。需要注意计算 304 钢出入库数据时，SUMIF 函数的区域和求必须为绝对引用。

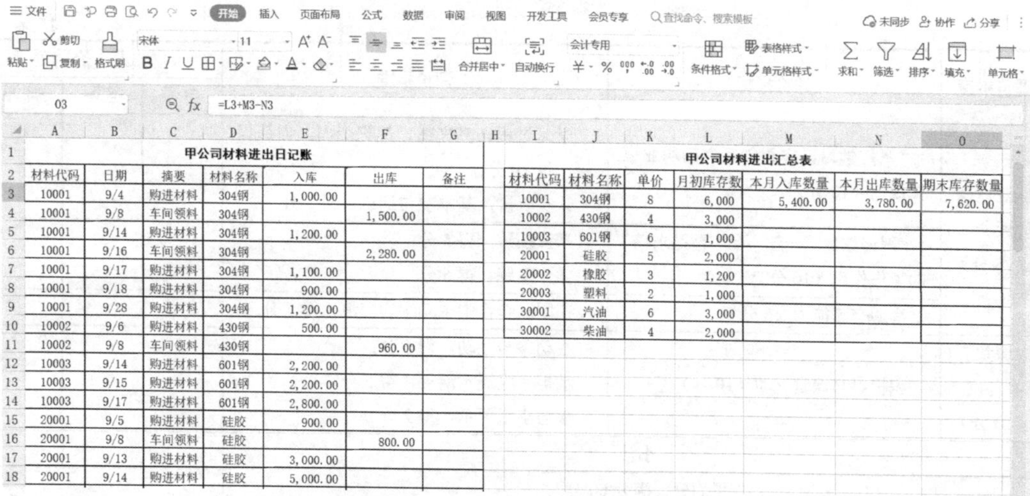

图 6.2.3　输出结果（期末库存数量）

图 6.2.4　输出结果（填充）

任务评价

现就任务实际掌握情况进行评价，具体评价指标和评价标准如表 6.2.2 所示。

表 6.2.2　"库存数据管理"评价表

评价维度	评价指标	评价标准	评　价		
			自评	互评	师评
知识技能 （25分）	会输入库存材料信息（8分）	正确输入材料出入库信息，得8分			
	能使用 SUMIF 函数精确计算出入库总量（7分）	能精确计算每种材料出入库数量（每一种材料信息1分，共1分）			
	能计算期末库存数量（8分）	能正确计算期末库存数量（每种材料 1分，共8分）			
	能正确填充单元格序列（2分）	能用填充柄正确统计采购信息，得2分			

评价维度	评价指标	评价标准	评价		
			自评	互评	师评
职业道德素养（25分）	"坚持学习，守正创新"的职业道德规范（10分）	学习过程认真仔细，笔记全面，训练积极，得10分； 认真听讲，基本参与训练，得5分			
	"严谨细致、一丝不苟、精益求精"的工作作风（10分）	严谨细致，得5分； 操作熟练，得5分			
	沟通交流能力（5分）	在团队合作中主动沟通交流，得5分			
课堂参与度（10分）	积极参与课堂互动（10分）	主动参与互动，得5分； 承担小组展示活动，得5分， 参与小组展示，得2分			
小计					
平均分（满分60分）					

说明： 任务评价采取课堂评价（60%）与期末考核评价（40%）相结合的方式。课堂评价由自我评价（自评）、小组评价（互评）和教师评价（师评）组成，分别从知识技能、职业道德素养、课堂参与度三个方面进行评价。

任务拓展训练

请根据表6.2.3所示数据（数量单位：支），计算乙公司每种货品的本日结余量。

表6.2.3　乙公司某日出入库统计表

编号	品名	本日入库数量			本日领用量			本日结余量
		采购数量	调拨数量	退仓数量	生产一部	生产二部	生产三部	
1	光晨阿一中性笔（黑）	450.00	100.00	12.00	380.00	50.00	40.00	
2	光晨盖帽式签字笔（黑）	400.00	93.00	10.00	290.00	51.00	51.00	
3	光晨必胜中性笔（黑）	270.00	82.00	7.00	180.00	52.00	22.00	
4	光晨优品系列盖帽式中性笔（黑）	600.00	110.00	21.00	550.00	53.00	63.00	
5	光晨超容量中性笔（黑）	740.00	154.00	19.00	690.00	54.00	94.00	
6	光晨商务风中性笔	380.00	95.00	12.00	310.00	55.00	70.00	
7	光晨创意者按动签字笔（黑）	556.00	200.00	16.00	486.00	56.00	66.00	
8	光晨中性笔（黑）	670.00	35.00	15.00	587.00	57.00	74.00	
9	光晨粗杆中性笔（黑）	370.00	59.00	33.00	330.00	59.00	49.00	
10	三灵签字笔（按动式）	560.00	90.00	20.00	490.00	60.00	70.00	

扫码查看训练
任务和操作演示

子任务 6.2.2　材料领用成本分析

任务场景

甲公司本年度已经经营结束，并编制出了资产负债表和利润表。作为会计人员，你需要通过报表对该公司的营运能力进行分析与评价，判断该公司运营能力的变化和与同业相比所处的运营能力水平。

任务目标

1. 理解企业营业成本；
2. 能够使用表格工具计算材料耗用单价。

任务内容

甲公司部分产品的营业成本统计表（数量单位：件；金额单位：元）如表 6.2.4 所示。

1. 请使用表格函数快速查找材料的领用数量及金额；
2. 请计算每种材料的耗用单价；
3. 能制作材料耗用单价分析表。

注：所有数据保留两位小数。

表 6.2.4　营业成本统计表

分公司名称	光盘		手册		培训资料		清单文摘	
	光盘数量	光盘金额	手册数量	手册金额	培训资料数量	培训资料金额	清单文摘数量	清单文摘金额
北京	50,000.00	48,500.00	0.00	0.00	0.00	0.00	0.00	0.00
长春	5,500.00	5,344.00	0.00	0.00	0.00	0.00	0.00	0.00
成都	12,000.00	11,380.00	0.00	0.00	0.00	0.00	0.00	0.00
大连	3,000.00	2,910.00	0.00	1,920.00	0.00	0.00	0.00	0.00
东莞	5,300.00	7,899.50	0.00	0.00	0.00	0.00	0.00	0.00
佛山	1,600.00	2,240.00	0.00	0.00	0.00	0.00	600.00	900.00
甘肃	5,200.00	5,048.00	0.00	0.00	0.00	0.00	0.00	0.00
广州	5,000.00	4,770.00	6,000.00	0.00	0.00	0.00	0.00	0.00
哈滨尔	11,648.00	10,483.00	0.00	0.00	0.00	0.00	0.00	0.00
湖北	0.00	0.00	1,000.00	0.00	2,000.00	1,740.00	0.00	0.00
湖南	800.00	880.00	0.00	0.00	2,000.00	1,200.00	0.00	0.00

任务实施

步骤1 打开素材"营业成本统计表",再将以上3个任务要求编辑成表格形式,如图6.2.5所示。

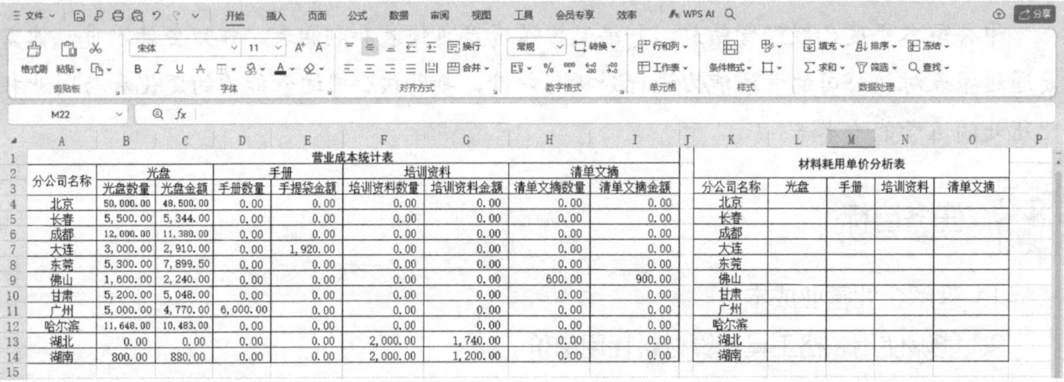

图6.2.5 输入文本

步骤2 选中M5单元格,在编辑栏中输入"=IFERROR(VLOOKUP(L5,$A$4:$I$14,3,0)/VLOOKUP(L5,$A$4:$I$14,2,0),0)",按 Enter 键,得到北京分公司光盘的单价,如图6.2.6所示。北京分公司的手册、培训资料、清单文摘单价的计算与光盘的计算方式一样,计算得出。

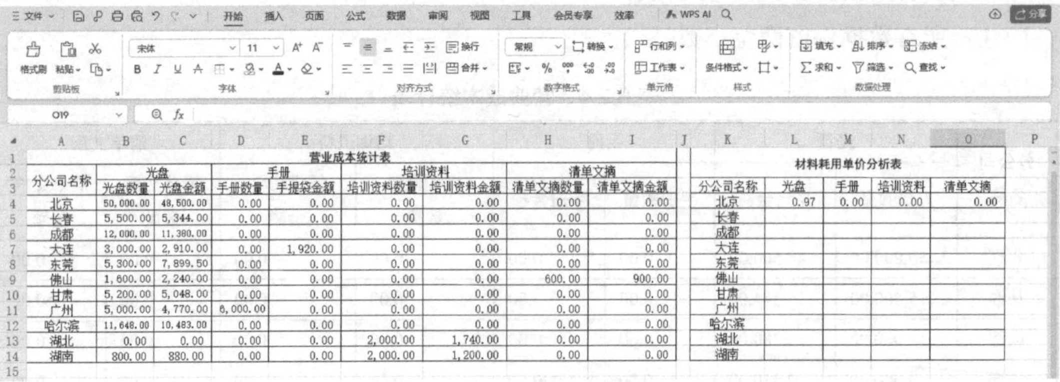

图6.2.6 输出结果(VLOOKUP函数)

步骤3 选中M4:P4单元格区域,将填充柄拖曳至M14:P14单元格区域,得到其余分公司光盘、手册、培训资料、清单文摘的单价,如图6.2.7所示。这里注意,要使用自动填充功能填充功能填充单元格序列,在步骤2的VLOOKUP函数中必须用绝对引用。

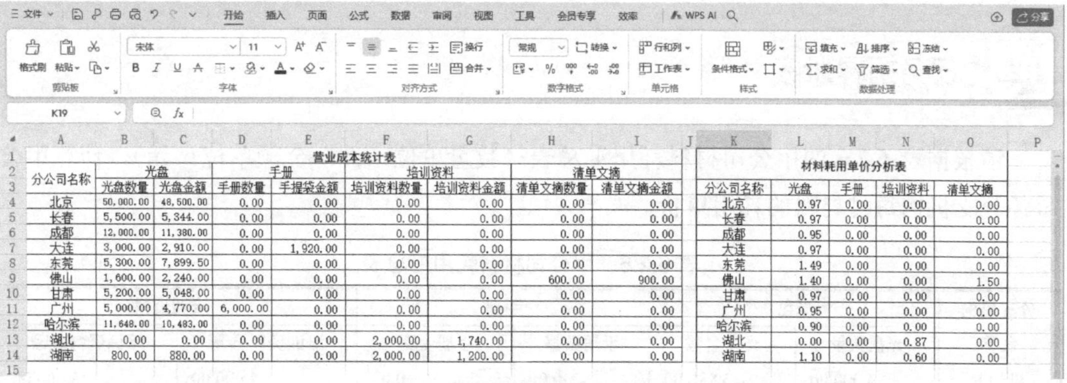

图 6.2.7 输出结果（填充）

任务评价

现就任务实际掌握情况进行评价，具体评价指标和评价标准如表表 6.2.5 所示。

表 6.2.5 "材料领用成本分析"评价表

评价维度	评价指标	评价标准	评 价		
			自评	互评	师评
知识技能 （25分）	正确输入分析表（8分）	正确输入分析表			
	能使用 IFERROR 和 VLOOKUP 函数精确查找不同分公司的材料信息（11分）	能精确查找出每种材料耗用的金额、数量（每种材料信息1分，共11分）			
	能计算材料单价（11分）	能正确计算材料单价（每种材料1分，共11分）			
	能正确填充单元格序列（4分）	能正确填充材料耗用单价			
职业道德素养 （25分）	"坚持学习，守正创新"的职业道德规范（10分）	学习过程认真仔细，笔记全面，训练积极，得10分； 认真听讲，基本参与训练，得5分			
	"严谨细致、一丝不苟、精益求精"的工作作风（10分）	严谨细致，得5分； 操作熟练，得5分			
	沟通交流能力（5分）	在团队合作中主动沟通交流，得5分			
课堂参与度（10分）	积极参与课堂互动（10分）	主动参与互动，得5分； 承担小组展示活动，得5分， 参与小组展示，得2分			
小计					
平均分（满分60分）					

说明： 任务评价采取课堂评价（60%）与期末考核评价（40%）相结合的方式。课堂评价由自我评价（自评）、小组评价（互评）和教师评价（师评）组成，分别从知识技能、职业道德素养、课堂参与度三个方面进行评价。

任务拓展训练

请根据表 6.2.6 的甲公司材料耗用汇总表（数量单位：件；金额单位：元），计算甲公司各分支机构每种材料的耗用单价。

表 6.2.6 甲公司材料耗用汇总表

分支机构名称	光盘		手册		培训资料	
	光盘数量	光盘金额	手册数量	手册金额	培训资料数量	培训资料金额
机构 B	4,000.00	3,880.00	0.00	0.00	4,000.00	5,600.00
机构 P	50,100.00	69,220.00	2,780.00	33,005.00	3,000.00	4,800.00
机构 AI	0.00	0.00	3,600.00	4,245.00	2,500.00	2,080.00
机构 D	48,000.00	48,000.00	0.00	0.00	5,000.00	3,000.00
机构 AE	6,300.00	6,860.00	0.00	0.00	1,600.00	2,080.00
机构 G	3,100.00	2,575.00	0.00	0.00	2,600.00	4,075.00
机构 Y	5,120.00	3,990.00	4,000.00	3,340.00	2,600.00	4,010.00
机构 AG	350.00	346.00	2,600.00	2,185.00	1,100.00	1,760.00
机构 AK	1,000.00	990.00	3,800.00	7,540.00	0.00	0.00
机构 AM	11,000.00	10,760.00	0.00	0.00	5,000.00	8,000.00

表 6.2.7 甲公司材料耗用单价汇总表

分支机构名称	光盘	手册	培训资料
机构 B			
机构 P			
机构 AI			
机构 D			
机构 AE			
机构 G			
机构 Y			
机构 AG			
机构 AK			
机构 AM			

扫码查看训练
任务和操作演示

项目七

销售业务分析

项目介绍

　　销售业务分析是企业管理中的重要环节之一，通过销售统计分析和应收款项分析，帮助企业了解产品销售情况、市场需求及经营风险，为企业制定科学的销售策略和决策提供可靠的数据依据。企业可以选择适合自己的数据分析方法，结合实际情况制定销售策略，以实现持续增长和长久发展。

　　本任务中使用到的函数主要包括:

　　ROUND 函数、SUMIF 函数、RANK 函数、INDEX 函数、IF 函数等。

　　本项目主要介绍使用函数进行销售统计和应收款项分析。学习本项目后，你将掌握如何利用函数得到需要的统计结果，从而根据数据进行判断和决策。在利用函数解决问题的过程中，需要充分了解函数的功能和作用，函数参数的设置标准和方法，才能提高效率，事半功倍。在统计、分析和管理的同时，要实事求是、一丝不苟作出客观有效的销售决策。

任务一

销售统计分析

任务场景

　　作为一家小家电经营公司的销售统计分析员，你负责对 11 月前半个月 3 个分店铺销的数据进行调查和分析。此次分析主要包括不同门店和不同产品的销售额数据，得出销售目标达成率，针对销售业绩较差的产品，分析原因并提出改进措施，以便为销售部门制定和改进销售策略提供可靠的数据依据，适应市场需求。

![icon] 任务目标

1. 掌握任务相关函数的使用方法；
2. 了解统计后的相关分析统筹工作；
3. 能够插入函数，准确计算月销售数据统计表中的数据；
4. 形成处理、分析数据，解决实际问题的能力，以及严谨细致的工作作风；
5. 增强会计内部控制意识。

![icon] 任务内容

对如表 7.1.1 所示的 11 月销售数据统计表（金额单位：元）进行计算整理，快速统计出各分店的销售额，并与销售目标进行比较，进而进行销售业绩排名。

表 7.1.1　11 月销售数据统计表

店名	11 月销售额	品名	单位	数量	单价	金额
二分店	2022-11-3	暖风机	个	26	400.00	10,400.00
三分店	2022-11-3	暖风机	个	10	400.00	4,000.00
二分店	2022-11-3	吹风机	个	36	300.00	10,800.00
一分店	2022-11-4	电炖锅	个	28	600.00	16,800.00
二分店	2022-11-5	吹风机	个	21	300.00	6,300.00
二分店	2022-11-5	吹风机	个	14	300.00	4,200.00
三分店	2022-11-6	电炖锅	个	24	600.00	14,400.00
一分店	2022-11-7	电炖锅	个	33	600.00	19,800.00
一分店	2022-11-7	电炖锅	个	23	600.00	13,800.00
一分店	2022-11-7	暖风机	个	17	400.00	6,800.00
二分店	2022-11-8	暖风机	个	23	400.00	9,200.00

表 7.1.2　11 月销售考核表

店名	11 月销售额	11 月销售目标	11 月销售目标达成率	销售业绩排名
一分店		128,000.00		
二分店		51,000.00		
三分店		58,000.00		

![icon] 任务实施

一、计算 11 月销售额。

步骤 1　打开素材"11 月销售考核表"，选中 B3 单元格，单击"插入函数"按钮，在打开的"插入函数"对话框中选择"选择函数"列表框中的 SUMIF 函数，单击"确定"按钮。

步骤 2　在弹出的"函数参数"对话框中设置"区域"，选择 11 月销售数据统计表中的整个 A 列数据,即"分店"列,此时"区域"文本框中显示"'11 月销售数据统计表'!A:A",如图 7.1.1 所示。

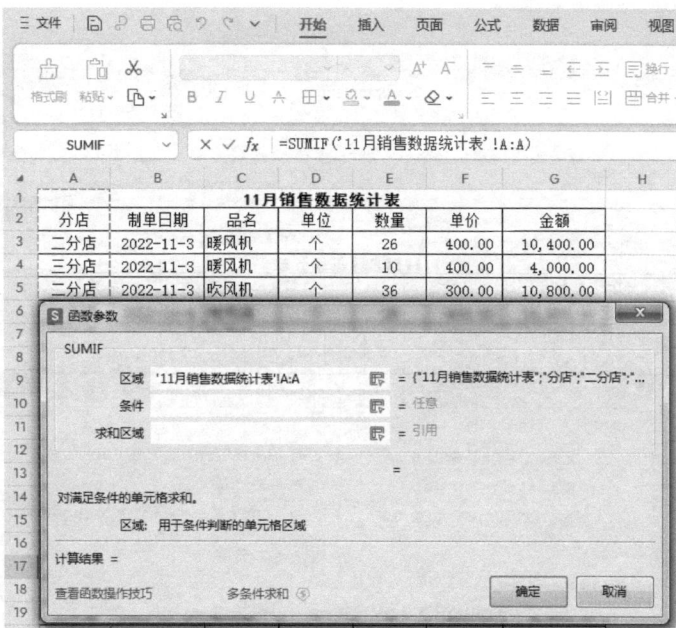

图 7.1.1　SUMIF 函数"区域"设置

步骤 3　将光标定位在"条件"文本框中,选择 11 月销售考核表中的 A3 单元格,即"一分店"单元格,如图 7.1.2 所示。

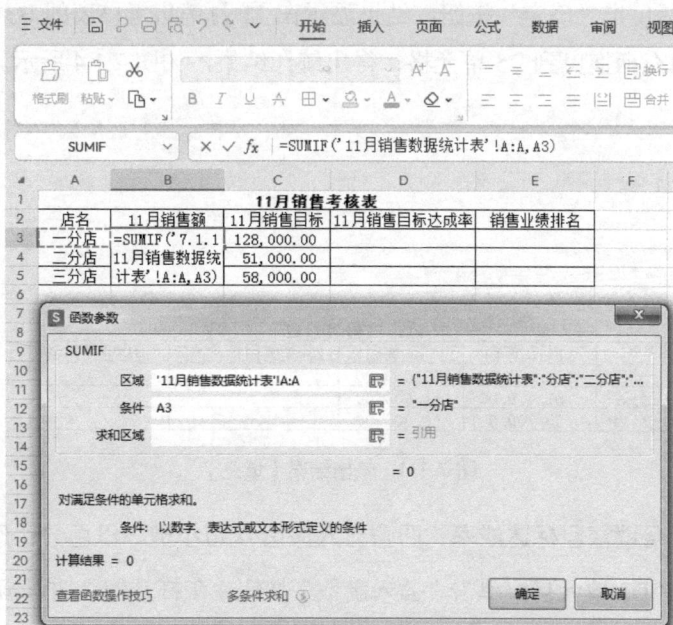

图 7.1.2　SUMIF 函数"条件"设置

步骤 4 将光标定位在"求和区域"文本框中，选择 11 月销售数据统计表中的整个 G 列数据，即"金额"列，此时"求和区域"文本框中显示"'11 月销售数据统计表'!G:G"，如图 7.1.3 所示。

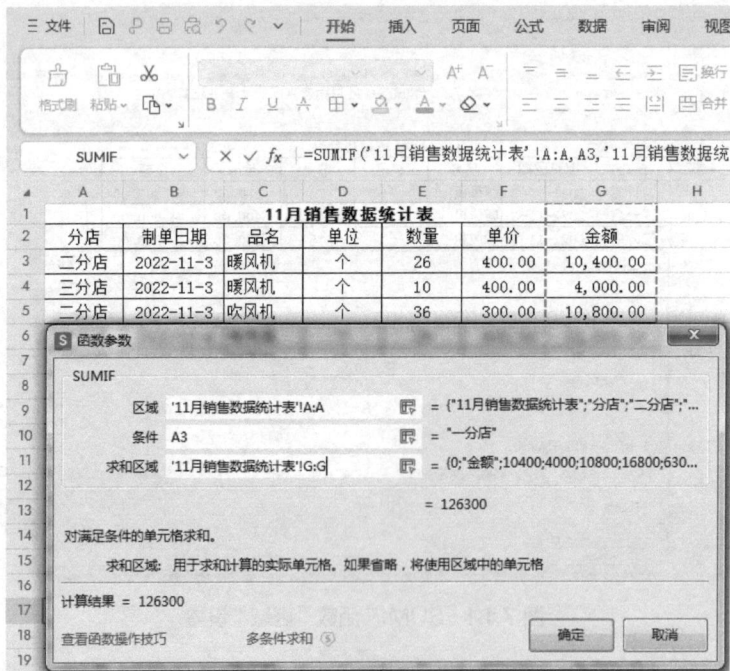

图 7.1.3 SUMIF 函数"求和区域"设置

步骤 5 鼠标单击"确定"按钮，结果显示在 11 月销售考核表的 B3 单元格中。选中 B3 单元格，将填充柄拖曳到 B5 单元格，得出统计结果，如图 7.1.4 所示。

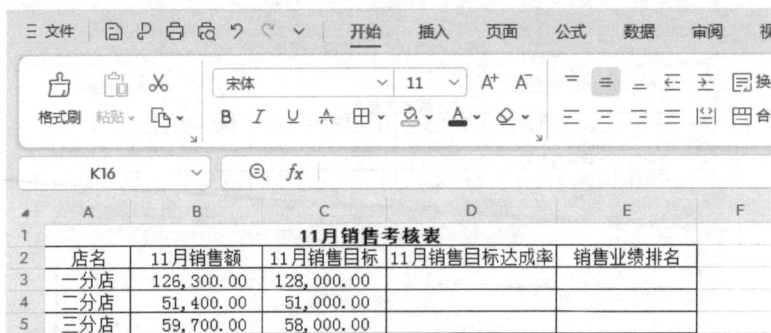

图 7.1.4 输出结果（填充）

二、计算 11 月销售目标达成率，四舍五入保留 4 位小数，以百分比形式填列。

步骤 1 选中 D3 单元格，单击"插入函数"按钮，在打开的"插入函数"对话框中选择"选择函数"列表框中的 ROUND 函数，单击"确定"按钮。

步骤 2 将光标定位在"函数参数"对话框的"数值"文本框中，选择 11 月销售考核表中的 B3 单元格，输入"/"，再选择 11 月销售考核表中的 C3 单元格，即 11 月销售额除以 11 月销售目标，如图 7.1.5 所示。

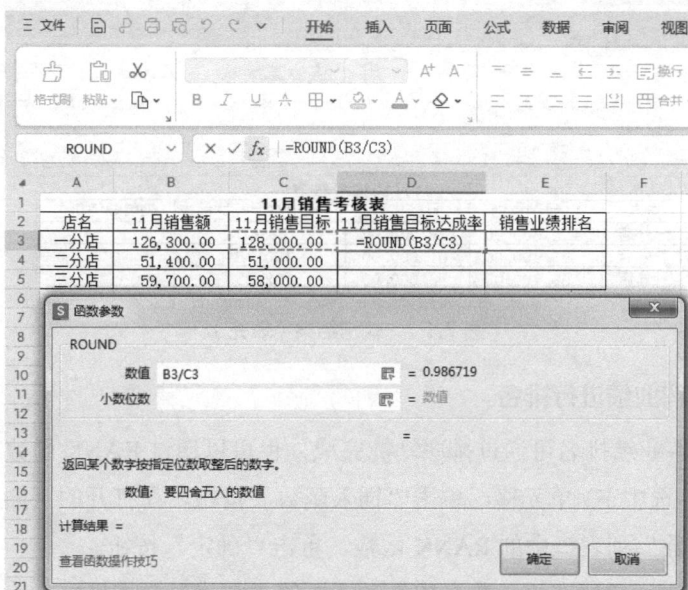

图 7.1.5 ROUND 函数"数值"设置

步骤 3 在"小数位数"文本框中输入 4，如图 7.1.6 所示。

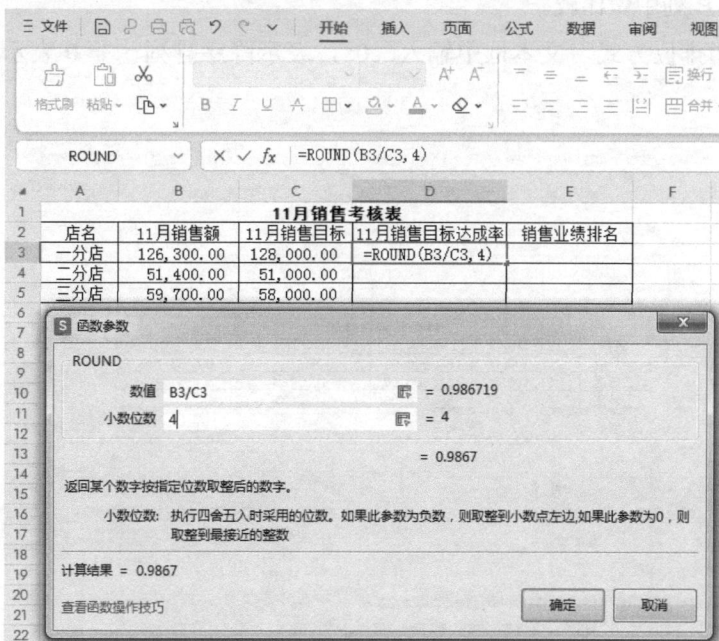

图 7.1.6 ROUND 函数"小数位数"设置

步骤 4 单击"确定"按钮，结果显示在 11 月销售考核表的 D3 单元格中。选中 D3

单元格，将填充柄拖曳到 D5 单元格，得出统计结果，如图 7.1.7 所示。

图 7.1.7　输出结果（填充）

三、基于销售业绩进行排名。

步骤 1　销售业绩排名可通过排序功能完成，也可以通过 RANK 函数计算，此处选择用 RANK 函数，选中 E3 单元格，单击"插入函数"按钮，在打开的"插入函数"对话框中选择"选择函数"列表框中的 RANK 函数，单击"确定"按钮。

步骤 2　将光标定位在"函数参数"对话框的"数值"文本框中，选择要排序的数，这里选择 11 月销售考核表中的 B3 单元格。

步骤 3　将光标定位在"引用"文本框中，选择 11 月销售考核表中的整个 B 列，表示 B3 中的数据在 B 列中做比较。

步骤 4　"排位方式"文本框中输入"0"，表示降序排列，非 0 表示升序排列，如图 7.1.8 所示。

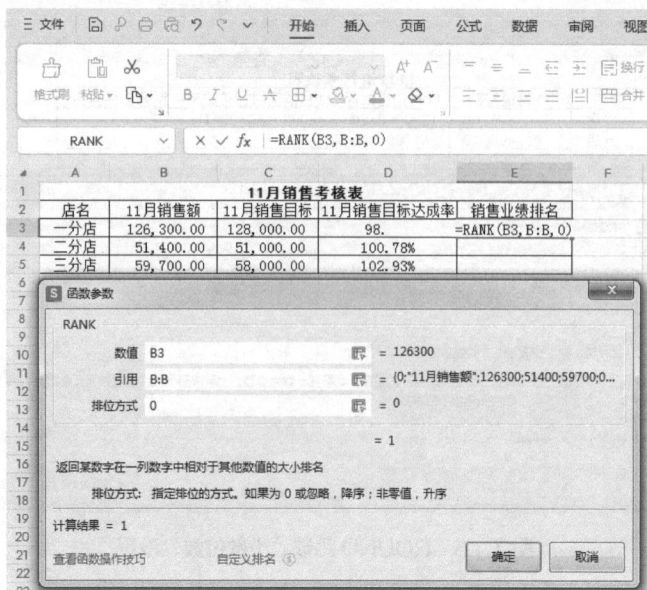

图 7.1.8　RANK 函数"参数"设置

步骤5 "确定"按钮，结果显示在 11 月销售考核表的 E3 单元格中。选中 E3 单元格，将填充柄拖曳到 E5 单元格，得出统计结果，如图 7.1.9 所示。

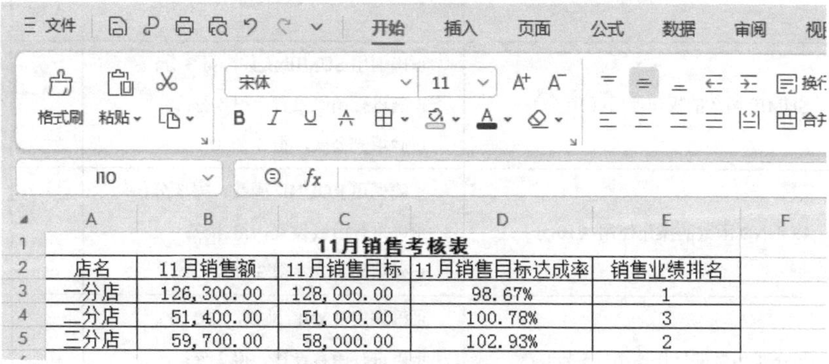

图 7.1.9 输出结果（填充）

四、数据结果分析。

11 月销售考核表的分析结果显示，11 月份前半个月，3 个分店中，销售业绩最好的是一分店，但未达标，销售业绩排第三的二分店却达标了。针对这些数据，可以制定奖励分配方案，找出未达标原因，改进销售措施和策略，改变激励制度，刺激消费，从而提高销量。

（1）分析各个分店的位置、人流量，制定或改进促销方案；

（2）了解冬季目标客户群体的需求，探寻销量较低的原因；

（3）对比各分店成功之处，借鉴其销售优势和市场策略；

（4）改进销售员的激励机制，制定更科学、人性化的奖励办法。

通过以上措施，有望提高各分店的销量，提升整体销售业绩。同时，相关部门应不断关注市场动态和消费者需求，为拓展市场和调整产品提供参考。

小贴士

销售考核表的结果还可以使用数据透视表结合 VLOOKUP 函数计算，方法多样，可灵活使用。可以利用不同的图表展示结果，让数据用图形的方式呈现，更直观易懂。例如，销售走势可用折线图分析；销售量占比可用饼图分析。

任务评价

现对任务实际掌握情况进行评价，具体评价指标和评价标准如表 7.1.3 所示。

表 7.1.3 "销售统计分析"评价表

评价维度	评价指标	评价标准	评价		
			自评	互评	师评
知识技能（25分）	SUMIF 函数的操作使用（10分）	正确调用 SUMIF 函数，得3分；正确进行函数设置，得4分；正确填充公式，得3分			
	ROUND 函数的操作使用（10分）	正确调用 ROUND 函数，得3分；正确进行函数设置，得4分；正确填充公式，得3分			
	RANK 函数的操作使用（5分）	正确调用 RANK 函数，得1分；正确进行函数设置，得2分；正确填充公式，得2分			
职业道德素养（25分）	"坚持学习，守正创新"的职业道德规范（10分）	学习过程认真仔细，笔记全面，训练积极，得10分；认真听讲，基本参与训练，得5分			
	"严谨细致、一丝不苟、精益求精"的工作作风（10分）	严谨细致，得5分；操作熟练，得5分			
	沟通交流能力（5分）	在团队合作中主动沟通交流得5分			
课堂参与度（10分）	积极参与课堂互动（10分）	主动参与互动，得5分；承担小组展示活动，得5分，参与小组展示，得2分			
小计					
平均分（满分60分）					

说明：任务评价采取课堂评价（60%）与期末考核评价（40%）相结合的方式。课堂评价由自我评价（自评）、小组评价（互评）和教师评价（师评）组成，分别从知识技能、职业道德素养、课堂参与度三个方面进行评价。

任务拓展训练

根据表 7.1.1 所示的 11 月销售数据表填充表 7.1.4 所示的 11 月销售统计表（金额单位：元）的数据，统计各类产品的销售额、达成率及销售业务排名并进行分析，具体要求如下。

1. 计算 11 月销售额；

2. 计算销售达成率，结果保留 4 位小数，以百分比形式填列；

3. 进行销售业绩排名；

4. 针对结果数据进行分析，改良销售策略。

表 7.1.4　11 月销售考核表

产品名称	11 月销售额	11 月销售目标	11 月销售目标达成率	销售业绩排名
暖风机		60,000.00		
吹风机		48,000.00		
电炖锅		124,000.00		

扫码查看训练
任务和操作演示

任务二

应收账款分析

任务场景

你是一家水果批发公司的财务人员。目前处于年终清算时间，为了减小企业的经营风险，给管理层提供有用的数据，你准备进行应收账款的账龄分析。此次账龄分析工作主要是针对之前的客户进行欠款金额、欠款天数的统计，从而进一步分析各个账龄区间的金额和比重，为尽快收回欠款和管理层进行决策提供数据支持。

任务目标

1. 掌握任务相关函数的使用方法；
2. 能够插入函数，准确计算企业应收账款；
3. 形成处理、分析数据和解决实际问题的能力；
4. 增强风险控制意识。

任务内容

对如表 7.2.1 所示的账龄分析明细表（金额单位：元；账龄单位：天）数据进行计算整理，快速统计出各公司截止到 2019 年 12 月 31 日的欠款金额及账龄，填写在如表 7.2.2 所示的应收账款账龄分析表（金额单位：元；比重单位：%）中汇总出应收账款金额及比重，进而进行分析和有效的风险控制。

表 7.2.1　账龄分析明细表（部分）

序号	客户名称	应收账款	欠款日期	已收款金额	欠款金额	账龄	账龄区间
1	草莓有限公司	106,000.00	2019 年 12 月 13 日	0.00			信用期内
2	西瓜有限公司	197,000.00	2019 年 12 月 25 日	63,000.00			信用期内
3	葡萄有限公司	17,000.00	2018 年 9 月 13 日	0.00			超期 1～2 年
4	桔子有限公司	30,000.00	2019 年 12 月 19 日	0.00			信用期内
5	梨子有限公司	89,000.00	2019 年 11 月 21 日	50,000.00			信用期内
6	苹果有限公司	68,000.00	2019 年 2 月 18 日	0.00			超期 1 年以内
7	石榴有限公司	30,000.00	2019 年 11 月 2 日	0.00			信用期内
8	哈密瓜有限公司	148,000.00	2019 年 11 月 8 日	0.00			信用期内
9	甘蔗有限公司	200,000.00	2018 年 11 月 12 日	0.00			超期 1 年以内
10	樱桃有限公司	110,000.00	2019 年 12 月 23 日	110,000.00			已结清
11	菠萝有限公司	181,000.00	2019 年 12 月 19 日	80,000.00			信用期内
12	山竹有限公司	139,000.00	2019 年 11 月 29 日	50,000.00			信用期内
13	牛油果有限公司	89,000.00	2019 年 10 月 12 日	50,000.00			超期 1 年以内
14	桂圆有限公司	53,000.00	2019 年 6 月 2 日	0.00			超期 1 年以内

表 7.2.2　应收账款账龄分析表

账龄区间	金额	比重
已结清	—	—
信用期内		
超期 1 年以内		
超期 1～2 年		
超期 2～3 年		
超期 3 年以上		
合计		

任务实施

一、计算欠款金额。

步骤 1　找开素材"账龄分析明细表"，选中 F4 单元格，在编辑栏中输入"="，单击 C4 单元格，输入"-"，再单击 E4 单元格，如图 7.2.1 所示，按 Enter 键，得出结果。

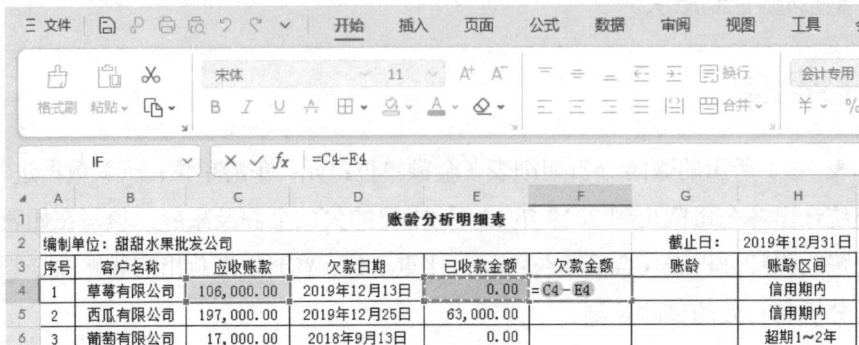

图 7.2.1　输入公式

小贴士

也可以直接在 F4 单元格中输入"=C4-E4"。

步骤2 其他公司的欠款结果通过填充取得。

二、计算账龄天数。

步骤1 选中 G4 单元格,单击"插入函数"按钮,在打开的"插入函数"对话框中选择"选择函数"列表框中的 IF 函数,单击"确定"按钮。

步骤2 在弹出的"函数参数"对话框中,将"测试条件"设置为"F4=0",即欠款金额为 0 元,表示没有欠款,如图 7.2.2 所示。

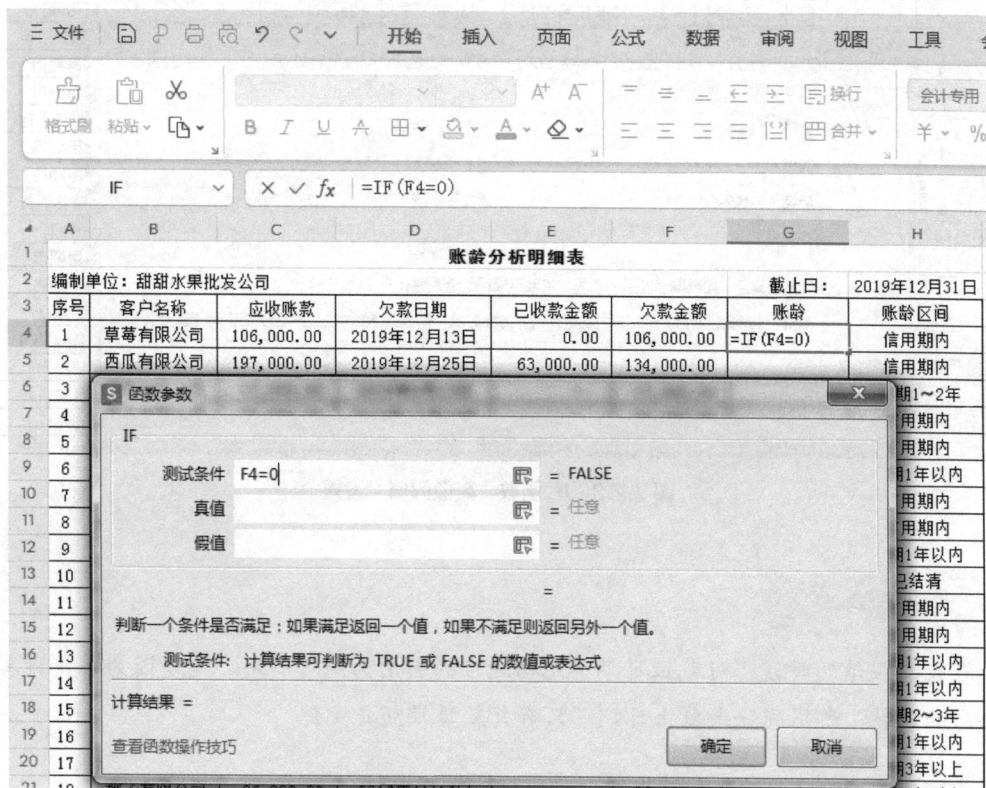

图 7.2.2 IF 函数"测试条件"设置

小贴士

IF 函数的"函数参数"对话框中,真值是当满足条件时返回的值,可以自己输入,如果没有输入则返回 TURE;假值是当不满足条件时返回的另外一个值,同样可以自己输入,如果没有输入则返回 FALSE。不管是真值还是假值,都是可以嵌套公式的。

步骤3 将真值设置为"0",表示账龄天数为0,欠款已经还清;假值表示有欠款,需要计算账龄天数,这里嵌套一个公式,用截止日期减去欠款日期,如图7.2.3所示。

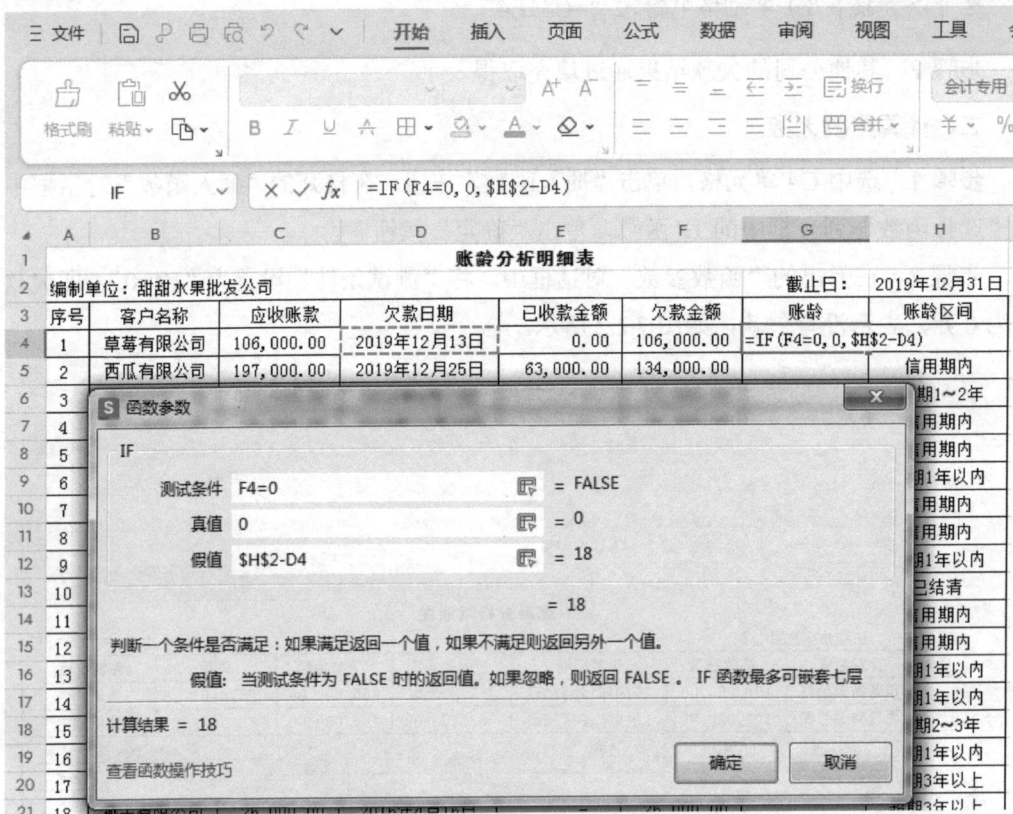

图7.2.3 IF函数"真值假值"设置

注 意

在设置假值的时候,对截止日期单元格地址的引用为绝对引用,这是因为不论计算哪个公司的天数,都用同一个截止日期,只有欠款日期随之变化

步骤4 其他公司的账龄结果通过填充取得。

三、计算应收账款账龄分析表中账龄区间的金额。

步骤1 选中L5单元格,单击"插入函数"按钮,在打开的"插入函数"对话框中选择"选择函数"列表框中的SUMIF函数,单击"确定"按钮。

步骤2 在弹出的"函数参数"对话框中进行参数设置,如图7.2.4所示。

步骤3 其他账龄区间的金额通过填充取得。

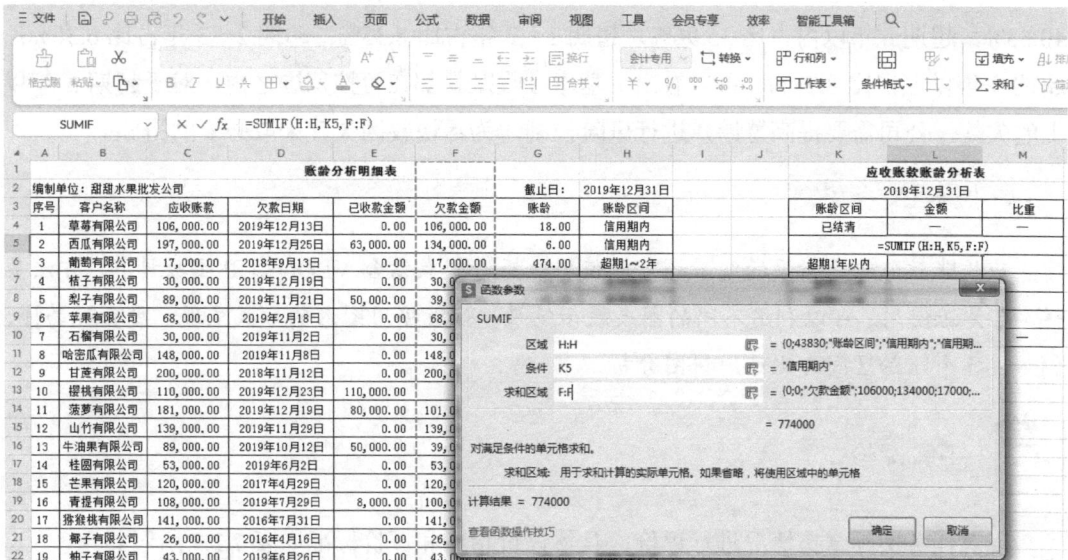

图 7.2.4 SUMIF 函数"参数"设置

四、计算应收账款账龄分析表中的用 SUM 函数计算 L10 单元格的合计数。

步骤 1 M5 单元格,单击"插入函数"按钮,在打开的"插入函数"对话框中选择"选择函数"列表框中的 ROUND 函数,单击"确定"按钮。

步骤 2 在弹出的"函数参数"对话框中进行参数设置,如图 7.2.5 所示。

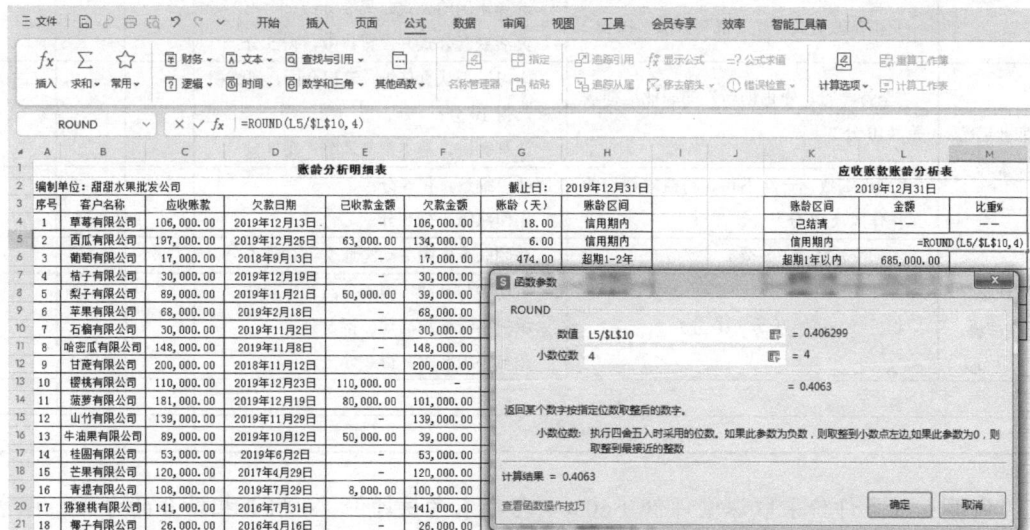

图 7.2.5 ROUND 函数"参数"设置

步骤 3 其他账龄区间的比重通过填充取得。

五、数据结果分析。

应收账款账龄分析表的结果显示:应收账款总金额为 1905000 元,其中信用期内占比

40.63%，超期一年以内占比 35.96%，超期 1～2 年占比 8.35%，超期 2～3 年占比 6.30%；超期 3 年以上占比 8.77%。可以看出，基本应收账款都在可控范围之内；对于超期 3 年以上的欠款，公司需要提高警惕，进行风险控制，为尽快收回欠款采取必要的措施。

小贴士

应收账款账龄分析表的结果还可以使用数据透视表结合 VLOOKUP 函数计算，方法多样，可灵活使用。可以利用不同的图表展示结果，让数据用图形的方式呈现，更直观易懂。例如，各个账龄区间占比可用饼图分析。

任务评价

现对任务实际掌握情况进行评价，具体评价指标和评价标准如表 7.2.3 所示。

表 7.2.3 "应收账款分析"评价表

评价维度	评价指标	评价标准	评 价		
			自评	互评	师评
知识技能 （25 分）	灵活选择并运用函数公式（10 分）	正确调用函数公式，得 3 分； 正确进行函数设置，得 4 分； 正确填充公式，得 3 分			
	单元格地址绝对引用（5 分）	正确运用绝对引用，得 5 分			
	正确掌握函数公式的嵌套方法（10 分）	选择正确的公式，得 5 分； 灵活嵌套公式并设置参数，得 5 分			
职业道德 素养 （25 分）	"坚持学习，守正创新"的职业道德规范（10 分）	学习过程认真仔细，笔记全面，训练积极，得 10 分； 认真听讲，基本参与训练，得 5 分			
	"严谨细致、一丝不苟、精益求精"的工作作风（10 分）	严谨细致，得 5 分； 操作熟练，得 5 分			
	沟通交流能力（5 分）	在团队合作中主动沟通交流，得 5 分			
课堂 参与度 （10 分）	积极参与课堂互动（10 分）	主动参与互动，得 5 分； 承担小组展示活动，得 5 分， 参与小组展示，得 2 分			
小计					
平均分（满分 60 分）					

说明：任务评价采取课堂评价（60%）与期末考核评价（40%）相结合的方式。课堂评价由自我评价（自评）、小组评价（互评）和教师评价（师评）组成，分别从知识技能、职业道德素养、课堂参与度三个方面进行评价。

任务拓展训练

根据表 7.2.4 所示账龄分析明细表（金额单位：元）填写空白部分。

1. 筛选各个账龄区间的欠款金额；

2. 计算各个账龄区间的欠款总额；

3. 根据表格数据制作饼图，并进行数据分析，制定款项收回措施。

表 7.2.4　账龄分析明细表

客户名称	应收账款	应收款日期	实收款日期	收款金额	欠款金额	超过时间（天）	信用期内	0～30	30～60	60～90	90 天以上
草莓有限公司	156,000.00	2019/12/22			156,000.00	-	156,000.00				
西瓜有限公司	167,000.00	2019/8/19			167,000.00	71.00	-				
葡萄有限公司	78,000.00	2019/7/1			78,000.00	119.00	-				
桔子有限公司	279,000.00	2019/8/6	2019/8/6	279,000.00	-	-	-				
梨子有限公司	152,000.00	2019/8/18	2019/8/18	152,000.00	-	-	-				
苹果有限公司	274,000.00	2019/12/14			274,000.00	-	274,000.00				
石榴有限公司	57,000.00	2019/7/25	2019/7/25	57,000.00	-	-	-				
哈密瓜有限公司	208,000.00	2019/5/24	2019/5/24	208,000.00	-	-	-				
甘蔗有限公司	181,000.00	2019/11/27			181,000.00	-	181,000				
樱桃有限公司	137,000.00	2019/10/11			137,000.00	19.00	-				

扫码查看训练
任务和操作演示

项目八

成本分析

项目介绍

　　成本分析是成本管理工作的一个重要环节。相关人员利用核算方法及其他有关资料，将构成其成本的料、工、费跟上期相比，运用一定的分析方法找出引起增减变化的因素和原因，并找出降低成本的有效方法，为制订成本计划、进行经营决策提供重要依据，从而增加企业利润，提升效率。

　　本任务中使用到的函数和公式主要包含以下几个。

　　1. ROUND 函数：将数值四舍五入到指定位数。

　　2. 分配率=成本或费用总额/定额消耗量总额或实际工时总额。

　　3. 本月完工产品总成本=单位成本*本月完工产品数量。

　　4. 月末在产品成本=费用合计-本月完工产品总成本。

　　5. 总成本=单位成本*全年预计生产量。

　　6. 期末存货成本=单位成本*全年预计期末存货。

　　7. 销货成本=单位成本*全年预计销售量。

　　本项目主要介绍如何使用公式进行成本分析。学习本项目后，你将掌握如何利用公式得到需要的过程数据和分析结果，从而根据数据作出准确的评价和调整。在利用公式解决问题的过程中，我们需要充分了解公式的功能和作用、公式的运用范围和正确的设置方法，只有这样才能提高效率，事半功倍。在计算、分析和管理的同时，我们要思维严谨，培养严肃认真的工作作风，作出客观的成本评价，制订有效的成本控制计划。

任务一

月末在产品与完工产品的成本分配

任务场景

　　到月底了，作为一家小型工业生产企业的成本分析员，你需要核算月末在产品与本月完工产品的成本分。那么，费时费工的成本核算能不能在短时间内完成呢？

任务目标

1. 掌握产品成本计算单的正确填制方法；
2. 能够运用公式准确计算分配率和产品成本；
3. 提升处理、分析数据和解决实际问题的能力，养成降本增效的工作意识。

任务内容

在表 8.1.1（金额单位：元）中快速计算每种产品的分配率，并通过分配率计算原材料实际成本、直接人工和制造费用分配额，进而计算甲乙两种产品的成本。

表 8.1.1　产品成本分析表

原材料费用分配表			
产品名称	原材料定额消耗量	分配率	实际成本
甲产品	4,000.00		
乙产品	2,500.00		
合计	6,500.00		32,500.00

直接人工、制造费用分配表					
产品名称	实际工时	直接人工		制造费用	
		分配率	分配额	分配率	分配额
甲产品	2,400.00				
乙产品	1,600.00				
合计	4,000.00		32,000.00		20,000.00

产品成本计算单					
产品名称	摘要	直接材料	直接人工	制造费用	合计
甲产品 本月全部完工 1500	月初在产品成本	2,500.00	1,800.00	1,440.00	
	本月生产费用				
	费用合计				
	单位成本				
	完工产品总成本				
	月末在产品成本				
乙产品 本月全部完工 1000	月初在产品成本	0.00	0.00	0.00	
	本月生产费用				
	费用合计				
	单位成本				
	完工产品总成本				
	月末在产品成本				

任务实施

一、计算产品的分配率等。

步骤 1 打开素材"产品成本分析表",选中 C3 单元格,在编辑栏中输入"=D5/B5",如图 8.1.2 所示,按 Enter 键,得出结果。

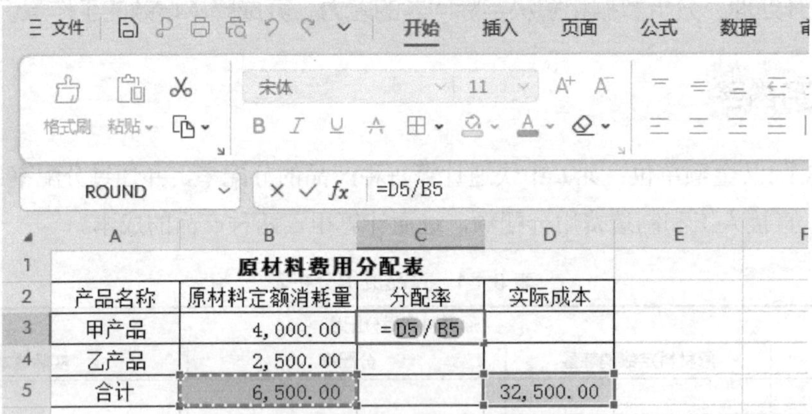

图 8.1.2　输入公式(分配率)

步骤 2 选中 D3 单元格,在编辑栏中输入"=B3*C3",如图 8.1.3 所示,按 Enter 键,得出结果。

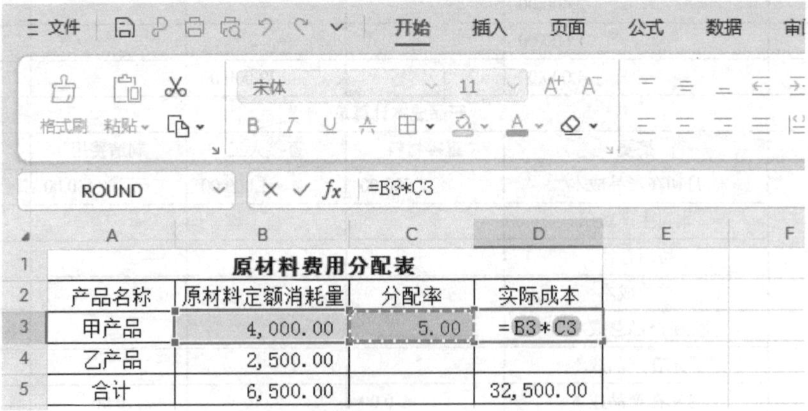

图 8.1.3　输入公式(实际成本)

步骤 3 乙产品的分配率和实际成本通过填充取得。

步骤 4 运用相同的方法得出直接人工、制造费用分配表中的分配率和分配额,如图 8.1.4 所示。

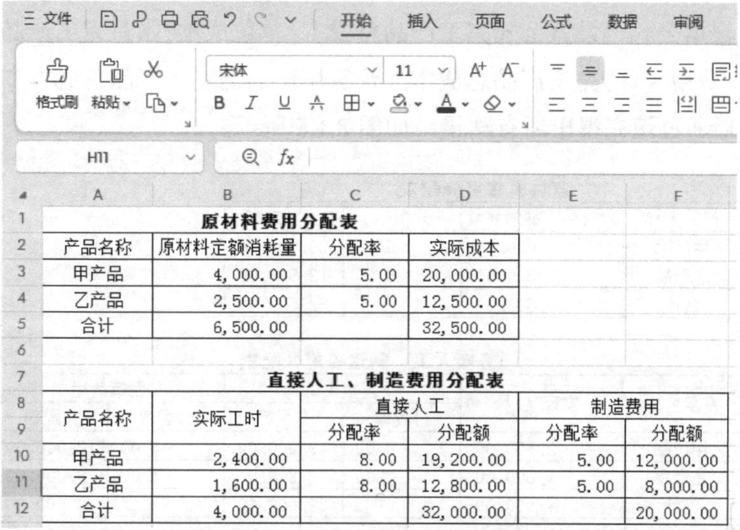

图 8.1.4 输出结果（填充）

二、计算甲、乙两种产品的成本。

步骤 1 根据原材料费用分配表和直接人工、制造费用分配表填写产品计算单中的本月生产费用；使用求和公式计算费用合计；单位成本费用用 ROUND 公式计算，结果保留两位小数，如图 8.1.5 所示。

图 8.1.5 输入公式（ROUND 函数）

步骤 2 根据公式"设置公式完工产品总成本=单位成本*本月完工产品数量"和"月末在产品成本=费用合计-完工产品总成本"计算甲产品的完工产品总成本和月末在产品成本。得出结果后通过填充得出所有结果，如图 8.1.6 所示。

原材料费用分配表

产品名称	原材料定额消耗量	分配率	实际成本
甲产品	4,000.00	5.00	20,000.00
乙产品	2,500.00	5.00	12,500.00
合计	6,500.00		32,500.00

直接人工、制造费用分配表

产品名称	实际工时	直接人工		制造费用	
		分配率	分配额	分配率	分配额
甲产品	2,400.00	8.00	19,200.00	5.00	12,000.00
乙产品	1,600.00	8.00	12,800.00	5.00	8,000.00
合计	4,000.00		32,000.00		20,000.00

产品成本计算单

产品名称	摘要	直接材料	直接人工	制造费用	合计
甲产品 本月全部完工 1500	月初在产品成本	2,500.00	1,800.00	1,440.00	5,740.00
	本月生产费用	20,000.00	19,200.00	12,000.00	51,200.00
	费用合计	22,500.00	21,000.00	13,440.00	56,940.00
	单位成本	15.00	14.00	8.96	37.96
	完工产品总成本	22,500.00	21,000.00	13,440.00	56,940.00
	月末在产品成本	–	–	–	–
乙产品 本月全部完工 1000	月初在产品成本	–	–	–	–
	本月生产费用	12,500.00	12,800.00	8,000.00	33,300.00
	费用合计	12,500.00	12,800.00	8,000.00	33,300.00
	单位成本	12.50	12.80	8.00	33.30
	完工产品总成本	12,500.00	12,800.00	8,000.00	33,300.00
	月末在产品成本	–	–	–	–

图 8.1.6 输出结果（填充）

三、数据结果分析。

可以看出两种产品的直接材料、直接人工、制造费用的消耗情况，以及月末完工产品和在产品的成本，可从不同角度进行分析。

（1）分析甲产品和乙产品各自的成本；

（2）控制费用中的直接材料、直接人工、制作费用；

（3）完工产品和在产品在各自的成本费用；

（4）控制成本，节约费用。

产品成本计算单为进一步的成本分析做好了准备工作。

任务评价

现对任务实际掌握情况进行评价，具体评价指标和评价标准如表 8.1.2 所示。

表 8.1.2 "月末在产品与完工产品的成本分配地"评价表

评价维度	评价指标	评价标准	评 价		
			自评	互评	师评
知识技能 （25 分）	原材料费用分配表计算（5 分）	正确计算原材料分配率，得 2 分； 正确计算实际成本，得 3 分			
	直接人工、制造费用分配表计算 （10 分）	正确计算直接人工分配率，得 2 分； 正确计算直接人工分配额，得 3 分； 正确计算制造费用分配率，得 2 分； 正确计算制造费用分配额，得 3 分			
	产品成本计算单计算（10 分）	正确计算两种产品本月生产费用，得 2 分； 正确计算两种产品费用合计，得 2 分； 正确计算两种产品单位成本，得 2 分； 正确计算两种产品完工产品总成本，得 2 分； 正确计算两种产品月末在产品成本，得 2 分			
职业道德素养 （25 分）	"坚持学习，守正创新"的职业道德规范（10 分）	学习过程认真仔细，笔记全面，训练积极，得 10 分； 认真听讲，基本参与训练，得 5 分			
	"严谨细致、一丝不苟、精益求精"的工作作风（10 分）	严谨细致，得 5 分； 操作熟练，得 5 分			
	沟通交流能力（5 分）	在团队合作中主动沟通交流，得 5 分			
课堂参与度 （10 分）	积极参与课堂互动（10 分）	主动参与互动，得 5 分； 承担小组展示活动，得 5 分， 参与小组展示，得 2 分			
小计					
平均分（满分 60 分）					

说明：任务评价采取课堂评价（60%）与期末考核评价（40%）相结合的方式。课堂评价由自我评价（自评）、小组评价（互评）和教师评价（师评）组成，分别从知识技能、职业道德素养、课堂参与度三个方面进行评价。

💻·任务拓展训练

你利用公式快速地计算出甲产品和乙产品的成本。完成任务需要用到的表格（金额单元：元）如表 8.1.3 所示，具体要求如下。

1. 根据表中给出的数据，完成各种分配率的计算，分配率四舍五入到四位小数；
2. 根据分配率计算并填充结果数据，结果四舍五入到两位小数；
3. 根据前面两个表格计算填充第三个表格，尾差归集到 B 产品；
4. 针对结果数据进行分析，提出节约产品成本策略。

表 8.1.3　产品成本计算练习表

原材料费用分配表			
产品名称	原材料定额消耗量	分配率	实际成本
甲产品	3,000.00		
乙产品	2,000.00		
合计	5,000.00		30,000.00

直接人工、制造费用分配表				
产品名称	实际工时	直接人工		制造费用	

产品名称	实际工时	分配率	分配额	分配率	分配额
甲产品	2,000.00				
乙产品	1,000.00				
合计	3,000.00		27,000.00		21,000.00

产品成本计算单					
产品名称	摘要	直接材料	直接人工	制造费用	合计
甲产品 本月全部完工 2000	月初在产品成本	3,000.00	2,000.00	1,5000.00	
	本月生产费用				
	费用合计				
	单位成本				
	完工产品总成本				
	月末在产品成本				
乙产品 本月全部完工 1500	月初在产品成本	0.00	0.00	0.00	
	本月生产费用				
	费用合计				
	单位成本				
	完工产品总成本				
	月末在产品成本				

扫码查看训练
任务和操作演示

任务二

产品成本分析

任务场景

作为一家小型工业生产企业的成本分析员，你之前对完工产品和在产品进行了成本分析，现在需要对产品成本进行预算分析。

任务目标

1. 掌握利用现有数据准确计算单位成本的方法；
2. 掌握利用中间结果和现有数据计算总成本的方法；
3. 能够运用公式准确计算单位成本和总成本；
4. 形成处理、分析数据和解决实际问题的能力，以及严谨细致的工作作风；
5. 增强会计内部控制意识。

任务内容

根据表 8.2.1 所示的多张表格中的数据快速计算出直接材料、直接人工、制造费用等数据完善如表 8.2.2 所示的产品成本预算。先计算单位成本，再计算出总成本。

表 8.2.1　销售、生产、直接材料、直接人工、制造费用预算表

销售预算					
季度	1	2	3	4	全年
预计销售量（件）	500.00	560.00	660.00	620.00	2,340.00
预计单位售价（元/件）	3,000.00	3,000.00	3,000.00	3,000.00	3,000.00
销售收入（元）	2,000,000.00	2,240,000.00	2,640,000.00	2,480,000.00	9,360,000.00
生产预算					
季度	1	2	3	4	全年
预计销售量	500.00	560.00	660.00	620.00	2,340.00
加：预计期末存货	56.00	66.00	62.00	58.00	58.00
合计（kg）	556.00	626.00	722.00	678.00	2,398.00
减：预计期初存货	50.00	56.00	66.00	62.00	50.00
预计生产量	506.00	570.00	656.00	616.00	2,348.00
直接材料预算					
季度	1	2	3	4	全年
预计生产量（件）	506.00	570.00	656.00	616.00	2,348.00
单位产品材料耗用量（kg）	15.00	15.00	15.00	15.00	15.00
生产需要量（kg）	7,590.00	8,550.00	9,840.00	9,240.00	35,220.00
加：预计期末存量（kg）	855.00	984.00	924.00	780.00	780.00
合计（kg）	8,445.00	9,534.00	10,764.00	10,020.00	36,000.00
减：预计期初存量（kg）	740.00	855.00	984.00	924.00	740.00
预计材料采购量（kg）	7,705.00	8,679.00	9,780.00	9,096.00	35,260.00
单价（元/kg）	120.00	120.00	120.00	120.00	120.00
预计采购金额（元）	924,600.00	1,041,480.00	1,173,600.00	1,091,520.00	4,231,200.00
直接人工预算					
季度	1	2	3	4	全年
预计生产量（件）	506.00	570.00	656.00	616.00	2,348.00
单位产品工时（小时）	10.00	10.00	10.00	10.00	10.00

直接人工预算					
季度	1	2	3	4	全年
人工总工时（小时）	5,060.00	5,700.00	6,560.00	6,160.00	23,480.00
每小时人工成本（元/小时）	90.00	90.00	90.00	90.00	90.00
人工总成本（元）	455,400.00	513,000.00	590,400.00	554,400.00	2,113,200.00

制造费用预算					

金额单位：元

季度	1	2	3	4	全年
变动制造费用					
间接材料	15,000.00	16,800.00	19,800.00	18,600.00	70,200.00
间接人工	21,000.00	23,520.00	27,720.00	26,040.00	98,280.00
修理费	5,000.00	5,600.00	6,600.00	6,200.00	23,400.00
水电费	2,500.00	2,800.00	3,300.00	3,100.00	11,700.00
其他	2,000.00	2,240.00	2,640.00	2,480.00	9,360.00
小计	45,500.00	50,960.00	60,060.00	56,420.00	212,940.00
固定制造费用					
修理费	6,200.00	6,570.00	6,420.00	6,570.00	25,760.00
折旧费	40,000.00	40,000.00	40,000.00	40,000.00	160,000.00
无形资产摊销	7,500.00	7,500.00	7,500.00	7,500.00	30,000.00
管理人员工资	26,800.00	26,800.00	26,800.00	26,800.00	107,200.00
保险费	3,500.00	3,500.00	3,500.00	3,500.00	14,000.00
其他	4,000.00	4,000.00	4,000.00	4,000.00	16,000.00
小计	88,000.00	88,370.00	88,220.00	88,370.00	352,860.00
合计	133,500.00	139,330.00	148,280.00	144,790.00	565,900.00

表 8.2.2　产品成本预算表

成本项目	每千克或 每小时成本	单位耗用量 （千克或小时）	单位成本 （元）	总成本 （元）	期末存货 （元）	销货成本 （元）
直接材料						
直接人工						
变动制造费用						
固定制造费用						
合计	—	—				

任务实施

一、计算产品成本预算表中的每千克或每小时成本。

步骤 1　打开素材"产品成本预算表"，选中 B3 单元格，输入"="，选择"直接材料预算表"中的 F11 单元格，按 Enter 键，得出结果，再选中"产品成本预算表"中的 B4 单元格，输入"="，选择"直接人工预算表"中 F6 单元格，按 Enter 键，得出结果，如图 8.2.1 所示。

产品成本预算						
成本项目	每千克或每小时成本	单位耗用量（千克或小时）	单位成本（元）	总成本（元）	期末存货（元）	销货成本（元）
直接材料	120.00					
直接人工	90.00					
变动制造费用						
固定制造费用						
合计	—	—				

图 8.2.1　输出结果

小贴士

在保证手动输入正确的情况下，也可以不用公式提取而直接输入数据。

步骤 2　选中"产品成本预算表"中的 B5 单元格，输入"="，选择"制造费用预算表"中的 F10 单元格，输入"/"，再选择"直接人工预算表"中的 F5 单元格，如图 8.2.2 所示。按 Enter 键，得出结果。

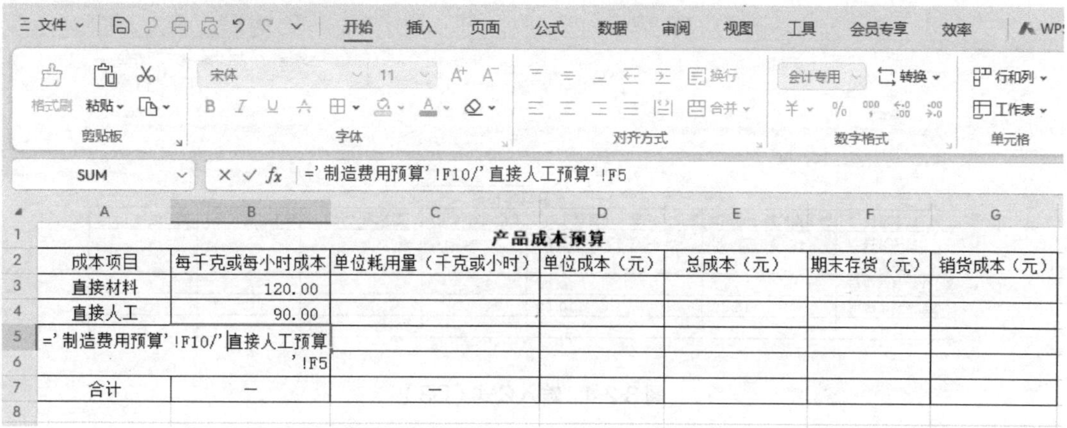

图 8.2.2　输入公式（B5）

步骤 3　用同样的方法计算固定制造费用的每千克或每小时成本，将步骤 2 公式中的 F10 单元格更换为 F18 单元格即可。

二、计算产品成本预算表中的单位耗用量

步骤 1　选中"产品成本预算表"中的 C3 单元格，输入"="，选择"直接材料预算表"中的 F5 单元格，按 Enter 键，得出结果，再选中"产品成本预算表"中的 C4 单元格，输入"="，选择"直接人工预算表"中的 F4 单元格（这里的地址使用绝对地址），如图 8.2.3 所示。

步骤 2　用同样的方法计算变动制造费用和固定制造费用的单位耗用量。

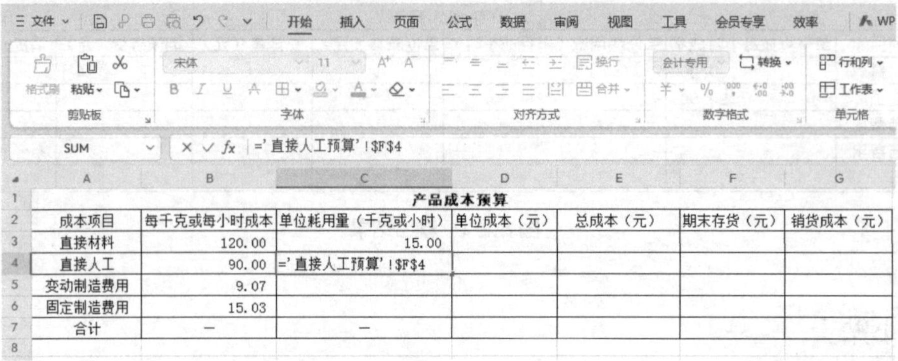

图 8.2.3　输入方式（C4）

三、计算产品成本预算表中的其他数据。

步骤 1　选中 D3 单元格，输入"=B3*C3"，如图 8.2.4 所示。按 Enter 键，得出结果。本列剩余单元格通过填充公式得出结果。

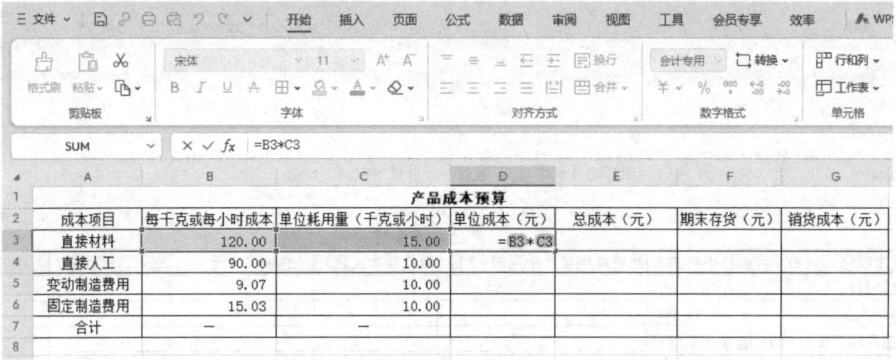

图 8.2.4　输入公式（D3）

步骤 2　选中 E3 单元格，输入"=D3*'生产预算'!$F$8"，即总成本=单位成本*全年预计生产量，如图 8.2.5 所示。按 Enter 键，得出结果。本列剩余单元格通过填充公式得出结果。

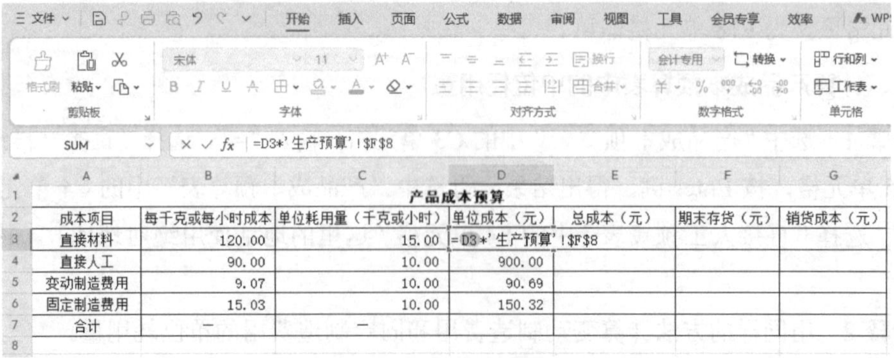

图 8.2.5　输入公式（E3）

步骤 3　选中 F3 单元格，输入"=D3*'生产预算'!$F$5"，即期末存货=单位成本*全年预计期末存货，如图 8.2.6 所示。按 Enter 键，得出结果。本列剩余单元格通过填充公式得出结果。

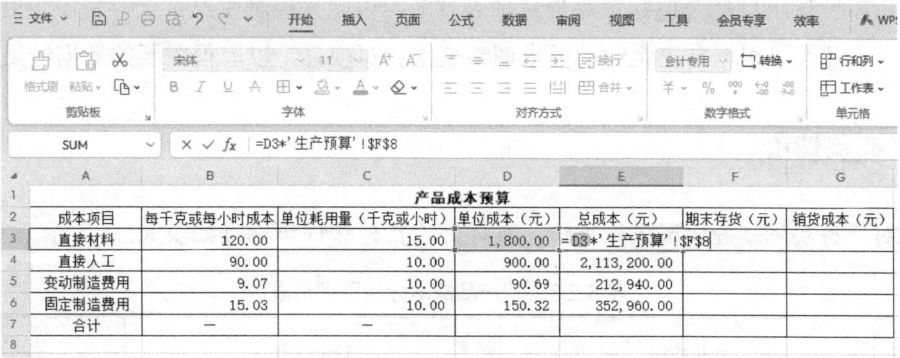

=D3*'生产预算'!$F$8

	A	B	C	D	E	F	G
1	产品成本预算						
2	成本项目	每千克或每小时成本	单位耗用量（千克或小时）	单位成本（元）	总成本（元）	期末存货（元）	销货成本（元）
3	直接材料	120.00	15.00	1,800.00	=D3*'生产预算'!$F$8		
4	直接人工	90.00	10.00	900.00	2,113,200.00		
5	变动制造费用	9.07	10.00	90.69	212,940.00		
6	固定制造费用	15.03	10.00	150.32	352,960.00		
7	合计	—	—				

图 8.2.6　输入公式（F3）

步骤 4　选中 G3 单元格，输入“=D3*'销售预算'!$F$4”，即销货成本=单位成本*全年预计销售量，如图 8.2.7 所示。按 Enter 键，得出结果。本列剩余单元格填充公式得出结果。

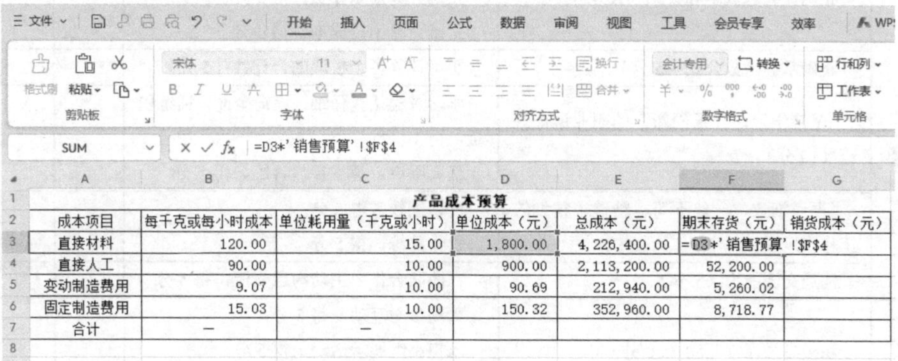

=D3*'销售预算'!$F$4

	A	B	C	D	E	F	G
1	产品成本预算						
2	成本项目	每千克或每小时成本	单位耗用量（千克或小时）	单位成本（元）	总成本（元）	期末存货（元）	销货成本（元）
3	直接材料	120.00	15.00	1,800.00	4,226,400.00	=D3*'销售预算'!$F$4	
4	直接人工	90.00	10.00	900.00	2,113,200.00	52,200.00	
5	变动制造费用	9.07	10.00	90.69	212,940.00	5,260.02	
6	固定制造费用	15.03	10.00	150.32	352,960.00	8,718.77	
7	合计	—	—				

图 8.2.7　输入公式（G3）

步骤 5　选中 D7 单元格，使用 SUM 函数得出 4 项数据求和结果，即输入“=SUM(D3:D6)”，按 Enter 键，得出结果。本行剩余单元格通过填充公式得出结果，如图 8.2.8 所示。

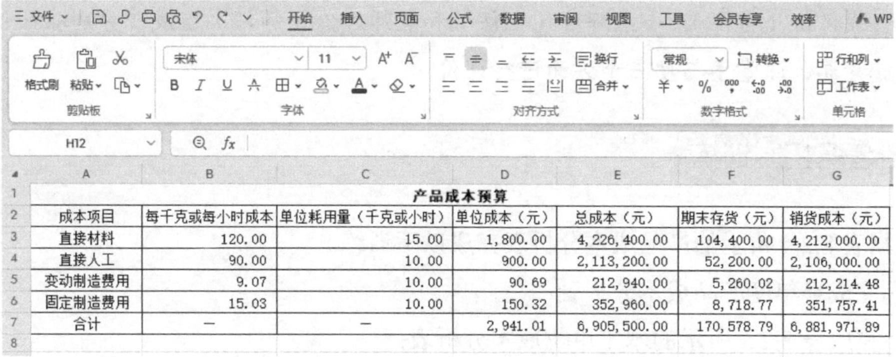

	A	B	C	D	E	F	G
1	产品成本预算						
2	成本项目	每千克或每小时成本	单位耗用量（千克或小时）	单位成本（元）	总成本（元）	期末存货（元）	销货成本（元）
3	直接材料	120.00	15.00	1,800.00	4,226,400.00	104,400.00	4,212,000.00
4	直接人工	90.00	10.00	900.00	2,113,200.00	52,200.00	2,106,000.00
5	变动制造费用	9.07	10.00	90.69	212,940.00	5,260.02	212,214.48
6	固定制造费用	15.03	10.00	150.32	352,960.00	8,718.77	351,757.41
7	合计	—	—	2,941.01	6,905,500.00	170,578.79	6,881,971.89

图 8.2.8　输出结果（填充）

四、数据结果分析。

从产品成本预算表的结果可以看出单位成本、总成本、期末存货、销货成本各是多少，可以看出单位耗用量是否超标，存货量是否过多，以此来控制生产；当存货不足时，又可加大生产。还可以根据自己企业的需求调整表格计算项目，以取得需要的数据结果。

任务评价

现对任务实际掌握情况进行评价，具体评价指标和评价标准如表 8.2.3 所示。

表 8.2.3　"产品成本分析"评价表

评价维度	评价指标	评价标准	评价		
			自评	互评	师评
知识技能（25分）	正确计算单位数据（10分）	正确取得单位金额数据，得3分； 正确取得单位耗用数据，得3分； 正确计算单位成本，得4分			
	正确计算总成本等数据（10分）	正确计算总成本，得3分； 正确计算期末存货，得3分； 正确计算销货成本，得4分			
	正确掌握函数公式（5分）	正确计算各个板块的合计数（5分）			
职业道德素养（25分）	"坚持学习，守正创新"的职业道德规范（10分）	学习过程认真仔细，笔记全面，训练积极，得10分； 认真听讲，基本参与训练，得5分			
	"严谨细致、一丝不苟、精益求精"的工作作风（10分）	严谨细致，得5分； 操作熟练，得5分			
	沟通交流能力（5分）	在团队合作中主动沟通交流，得5分			
课堂参与度（10分）	积极参与课堂互动（10分）	主动参与互动，得5分； 承担小组展示活动，得5分， 参与小组展示，得2分			
小计					
平均分（满分60分）					

说明：任务评价采取课堂评价（60%）与期末考核评价（40%）相结合的方式。课堂评价由自我评价（自评）、小组评价（互评）和教师评价（师评）组成，分别从知识技能、职业道德素养、课堂参与度三个方面进行评价。

任务拓展训练

根据表 8.2.4 所示的产品成本分析表完成以下训练。

1. 完成半年度产品成本分析表；

2. 完成表 8.2.5 所示的本年单位成本分析表；

3. 根据表格数据制作饼图，并进行数据分析，看占比情况。

表 8.2.4　产品成本分析表（半年度）

产品名称	项目	1月份	2月份	3月份	4月份	5月份	6月份	合计
A产品	期初金额	—						
	直接材料	2,300.00	2,000.00	2,100.00	2,400.00	1,800.00	2,110.00	12,710.00
	直接人工	1,600.00	1,500.00	1,800.00	1,800.00	1,600.00	1,900.00	10,200.00
	制造费用	800.00	1,000.00	1,100.00	1,200.00	900.00	1,100.00	6,100.00
	其他	400.00	600.00	550.00	450.00	500.00	460.00	2,960.00
	本期合计							
	本期转出	4,500.00	3,860.00	4,210.00	3,600.00	3,000.00	3,680.00	22,850.00
	转出数量	200.00	500.00	450.00	360.00	230.00	390.00	2,130.00
	单位成本							
	期末金额							
	直接材料比重							
	直接人工比重							
	制造费用比重							
	其他比重							
	合计							

表 8.2.5　本年单位成本分析表

项目	单位成本				
	成本项目				合计
	直接材料	直接人工	制造费用	其他	
产品A					

扫码查看训练
任务和操作演示

项目九

财务指标分析

项目介绍

　　财务指标分析是指基于财务报表所提供的信息，根据信息使用者的需求，采用比率分析的方法，计算有关分析指标，并根据所计算的指标值进行企业偿债能力、营运能力和盈利能力的分析，以便为相关人员进行决策提供科学依据。

　　1. 偿债能力包括短期偿债能力和长期偿债能力。

　　短期偿债能力是指企业流动资产对流动负债及时足额偿还的保证程度，是衡量企业当期的财务能力，特别是流动资产变现能力的重要标志。

　　长期偿债能力反映企业保证未来到期债务（一般为 1 年以上）有效偿付的能力，或者说在企业长期债务到期时，企业偿还长期负债的能力。也就是说，长期偿债能力是企业保证到期长期债务及时偿付的可靠程度，是一种综合偿债能力的体现，不单单指偿还长期借款、应付债券和长期应付款等的能力。

　　长期偿债能力的分析与短期偿债能力的分析有一定差别。一般情况下，短期偿债能力分析主要着眼于企业所拥有的流动资产对流动负债的保障程度，因此要关注流动资产和流动负债的规模与结构，关注流动资产的周转情况；而长期偿债能力分析更关注企业资产的运营情况及获利与增值情况。分析一个企业的长期偿债能力应立足企业的长远发展，确定、评价该企业偿还债务本金与支付债务利息的实际财务能力。

　　2. 营运能力主要是指企业营运资产的效率和效益。

　　企业营运资产的效率主要是指资产的周转率或周转速度。

　　企业营运资产的效益通常是指企业的产出额与资产占用额之间的比率。

　　营运能力是指企业对现有资源的利用能力，是评价企业资产使用效率高低的重要标志。一般而言，资金周转速度越快，说明企业资金管理水平越高，资金利用效率越高。

　　3. 盈利能力是指企业获取利润的能力。企业的盈利能力越强，企业发展越强劲，给予投资者的回报越高，偿债能力越强。分析盈利能力意在研究利润与收入或资本之间的比例关系。

　　销售盈利能力是指企业日常经营中取得营业收入，获取利润的能力。衡量企业销售盈利能力的常用指标主要有毛利率、营业利润率、净利润率、成本费用利润率等。

资产盈利能力和资本盈利能力分析主要是对企业经营各项资产而获取利润的能力进行衡量，以及对体验自认投足资金保值增值能力进行判断。常用的分析指标有净资产收益率、总资产收益率、资本保值增值率。

本项目主要介绍通过对资产负债表和利润表中的相关数据采用比率分析的方法计算出相关指标并进行基本分析。学习本项目后，你将掌握利用 WPS 表格工具进行企业偿债能力指标的计算与分析、运营能力指标的计算与分析、盈利能力指标的计算与分析。在计算与分析相关指标的过程中，你会逐渐养成低负债经营管理的理念，会逐渐养成精打细算的工作作风，会为打造百年经营企业而努力。

任务一

偿债能力分析

子任务 9.1.1　短期偿债能力分析

任务场景

年末，A 公司核算人员已经完成了本年的资产负债表和利润表，作为会计人员，你不仅应当提供数据准确的报表，还应当能够针对企业可能面临的偿债风险，向经营管理者提出有效的建议。根据本年度的会计报表，针对即将偿还的短期负债，需要向经营管理者提出哪些意见和建议呢？

任务目标

1. 理解短期偿债能力指标的构成、数据来源；

2. 能够使用 WPS 表格计算短期偿债能力指标，对企业的短期偿债能力进行基本判断。

任务内容

A 公司资产负债表（金额单位：元）如表 9.1.1 所示，请对 A 公司的短期偿债能力进行分析。

表 9.1.1　A 公司资产负债表

资产	行次	期末余额	期初余额	负债和所有者权益（或股东权益）	行次	期末余额	期初余额
流动资产：				流动负债：			
货币资金	1	2,600,000.00	1,350,000.00	短期借款	35	3,100,000.00	2,350,000.00
交易性金融资产	2	400,000.00	700,000.00	交易性金融负债	36		
衍生金融资产	3			衍生金融负债	37		
应收票据	4	500,000.00	650,000.00	应付票据	38	350,000.00	300,000.00
应收账款	5	20,000,000.00	10,050,000.00	应付账款	39	5,100,000.00	5,550,000.00
应收款项融资	6			预收款项	40		
预付款项	7	700,000.00	300,000.00	合同负债	41	600,000.00	300,000.00
其他应收款	8	1,200,000.00	1,200,000.00	应付职工薪酬	42	900,000.00	1,050,000.00
存货	9	6,050,000.00	16,400,000.00	应交税费	43	550,000.00	700,000.00
合同资产	10			其他应付款	44	2,950,000.00	1,800,000.00
持有待售资产	11			持有待售负债	45		
一年内到期的非流动资产	12	2,350,000.00		一年内到期的非流动负债	46	2,600,000.00	
其他流动资产	13	2,100,000.00	650,000.00	其他流动负债	47	250,000.00	350,000.00
流动资产合计	14	35,900,000.00	31,300,000.00	流动负债合计	48	16,400,000.00	12,400,000.00
非流动资产：				非流动负债：			
债权投资	15			长期借款	49	22,600,000.00	12,350,000.00
其他债权投资	16			应付债券	50	12,100,000.00	13,100,000.00
长期应收款	17			其中：优先股	51		
长期股权投资	18	1,600,000.00	2,350,000.00	永久债	52		
其他权益工具投资	19			租赁负债	53		
其他非流动金融资产	20			长期应付款	54		
投资性房地产	21			预计负债	55		
固定资产	22	61,900,000.00	48,450,000.00	递延收益	56		
在建工程	23	1,000,000.00	1,850,000.00	递延所得税负债	57		
生产性生物资产	24			其他非流动负债	58	3,600,000.00	3,850,000.00
油气资产	25			非流动负债合计	59	38,300,000.00	29,300,000.00
使用权资产	26			负债合计	60	54,700,000.00	41,700,000.00
无形资产	27	1,000,000.00	1,200,000.00	所有者权益（或股东权益）：			
开发支出	28			实收资本（或股本）	61	30,000,000.00	30,000,000.00
商誉	29			其他权益工具	62		
长期待摊费用	30			其中：优先股	63		
递延所得税资产	31	350,000.00	850,000.00	永久债	64		
其他非流动资产	32	250,000.00		资本公积	65	900,000.00	600,000.00
非流动资产合计	33	66,100,000.00	54,700,000.00	减：库存股	66		
				其他综合收益	67		
				专项储备	68		
				盈余公积	69	3,800,000.00	2,100,000.00
				未分配利润	70	12,600,000.00	11,600,000.00
				所有者权益（或股东权益）合计	71	47,300,000.00	44,300,000.00
资产总计	34	102,000,000.00	86,000,000.00	负债和所有者权益（或股东权益）总计	72	102,000,000.00	86,000,000.00

知识链接

短期偿债能力指标

1. 流动比率。

流动比率是流动资产与流动负债是比率，用公式表示如下：

$$流动比率=流动资产/流动负债\times100\%$$

流动比率表明企业每元流动负债有多少流动资产作为偿还保证，反映了企业用可在短期内转变为现金的流动资产偿还到期流动负债的能力。

一般情况下，流动比率越高，说明企业短期偿债能力越强，债权人的权益越有保障。

国际上通常认为，流动比率的下限为100%；为200%时较为适当，表明企业财务状况稳定可靠，除了满足日常生产经营的流动资金需要，还有足够的财力偿付短期债务。

比率过低表明企业可能捉襟见肘，难以如期偿还债务。但是，流动比率也不可以过高，过高则说明企业流动资产占用较多，会影响资金的使用效率。这个比率主要视企业对待风险和收益的态度确定。

2. 速动比率。

速动比率是企业速动资产与流动负债之间的比率，用公式表示如下：

$$速动比率=速动资产/流动负债\times100\%$$

所谓速动资产是指流动资产减去变现能力较差且不稳定的存货、预付款项、一年内到期的非流动资产和其他流动资产等之后的余额，用公式表示如下：

速动资产=货币资金+交易性金融资产+应收票据+应收账款

=流动资产−存货−预付款项−一年内到期的非流动资产−其他流动资产

报表中如有应收利息、应收股利、其他应收款项目，可视情况归入速动资产。

由于剔除了存货等变现能力较弱且不稳定的资产，因此，速动比率较之流动比率，能够更加准确可靠地评价企业资产的流动性及其偿还短期负债的能力。

一般情况下，速动比率越高，说明企业偿还流动负债的能力越强。

国际上通常认为，速动比率等于100%时较为适当。速动比率小于100%，说明企业面临较大的偿债风险；速动比率大于100%，尽管企业偿债的安全性较高，但却因企业现金及应收账款占用过多而大大增加企业的机会成本。

3. 现金比率。

现金比率又称现金资产比率，是速动资产扣除应收账款后的余额与流动负债之间的比率，最能反映企业直接偿付流动负债的能力，用公式表示如下：

$$现金比率=（速动资产-应收账款）/流动负债×100\%$$
$$=（货币资金+有价证券）/流动负债×100\%$$

现金比率能够反映出企业在不依靠销售存货和应收账款的情况下的即时付现能力。现金比率只度量所有资产中相对于当前负债最具流动性的项目，因此它也是三个短期偿债能力指标中最保守的一个。

现金比率一般为 20% 较好。现金比率过高，就意味着企业流动资产未能得到合理利用，现金类资产获利能力低，导致企业机会成本增加。

从三个指标的计算公式，可以看出这三个指标具有以下相同点。

短期偿债能力就是偿还短期债务的能力，短期债务就是会计报表中的流动负债。也就是说，衡量短期偿债能力的比率都和流动负债有关，所以这些指标的公式中，分母都是流动负债。

不同点则在于不同指标中，用来偿还流动负债的资产的变现能力不同。

流动比率中用流动资产偿还流动负债，包含了货币资金、应收账款及预付款项、存货等。这些资产的变现能力较弱。

速动比率中，用速动资产偿还流动负债。这些资产中不包括变现能力相对较差的一些存货和预付账款，因此变现能力较强。

现金比率中，用货币资金偿还流动负债。货币资金的变现能力最强。

步骤 1 打开素材"A 公司资产负债表"，如图 9.1.1 所示。

步骤 2 找到计算短期偿债能力指标要用到的数据所在单元格。

流动负债合计：单元格 H18；

流动资产合计：单元格 D18；

货币资金：单元格 D5；

交易性金融资产：单元格 D6；

应收票据：单元格 D8；

应收账款：单元格 D9；

预付款项：单元格 D11；

其他应收款：单元格 D12；

存货：单元格 D13；

一年内到期的非流动资产：单元格 D16；

其他流动资产：单元格 D17。

图 9.1.1　A 公司资产负债表

步骤 3　插入新的工作表，设计短期偿债能力指标表，并对指标值进行计算，如图 9.1.2 所示。

	A	B	C
1		短期偿债能力指标	
2	指标名称	计算公式	指标值
3	流动比率	流动资产/流动负债	218.90%
4	速动比率	（流动资产-存货-一年内到期的非流动资产-其他流动资产）/流动负	154.88%
5	现金比率	（货币资金+有价证券）/流动负债	18.29%

图 9.1.2　短期偿债能力指标表

单元格 C3 的计算公式："=资产负债表!D18/资产负债表!H18"。

单元格 C4 的计算公式："=(资产负债表!D18-资产负债表!D13-资产负债表!D16-资产负债表!D17)/资产负债表!H18"。

单元格 C5 的计算公式："=(资产负债表!D5+资产负债表!D6)/资产负债表!H18"。

步骤 4 A 公司流动比率为 218.90%，速动比率为 154.88%，现金比率为 18.29%。这些指标值反映出 A 公司短期偿债能力较强，企业财务状况稳定可靠，但现金比率较低，说明 A 公司的即时偿债能力较弱。会计人员可以向经营管理人员建议及时调整现金资产的持有比例，保证企业在短期负债到期时能及时偿还，确保企业诚信经营。

任务评价

现就任务实际掌握情况进行评价，具体评价指标和评价标准如表 9.1.2 所示。

表 9.1.2 "短期偿债能力分析"评价表

评价维度	评价指标	评价标准	评 价		
			自评	互评	师评
知识技能（25分）	了解短期偿债能力指标（7分）	正确描述短期偿债能力指标的计算公式，得5分；描述不完整，得2分；无法描述，不得分			
	计算短期偿债能力指标（9分）	正确计算短期偿债能力指标（每个指标3分，共9分）			
	对短期偿债能力进行分析（9分）	能够对短期偿债能力指标进行正确分析（每个指标3分，共9分）			
职业道德素养（25分）	"坚持学习，守正创新"的职业道德规范（10分）	学习过程认真仔细，笔记全面，训练积极，得10分；认真听讲，基本参与训练，得5分			
	"严谨细致、一丝不苟、精益求精"的工作作风（10分）	严谨细致，得5分；操作熟练，得5分			
	沟通交流能力（5分）	在团队合作中主动沟通交流，得5分			
课堂参与度（10分）	积极参与课堂互动（10分）	主动参与互动，得5分；承担小组展示活动，得5分，参与小组展示，得2分			
小计					
平均分（满分60分）					

说明：任务评价采取课堂评价（60%）与期末考核评价（40%）相结合的方式。课堂评价由自我评价（自评）、小组评价（互评）和教师评价（师评）组成，分别从知识技能、职业道德素养、课堂参与度三个方面进行评价。

任务拓展训练

根据如表 9.1.3 所示的 B 公司连续三年的资产负债表汇总（金额单位：元）计算 B

公司三年的短期偿债能力指标,并结合计算结果对 B 公司三年来的短期偿债能力进行比较分析。

表 9.1.3　B 公司连续三年资产负债表汇总

资产	行次	2020 年末余额	2021 年末余额	2022 年末余额	负债和所有者权益（或股东权益）	行次	2020 年末余额	2021 年末余额	2022 年末余额
流动资产:					流动负债:				
货币资金	1	1,350,000.00	2,600,000.00	3,600,000.00	短期借款	35	2,350,000.00	3,100,000.00	3,800,000.00
交易性金融资产	2	700,000.00	400,000.00	550,000.00	交易性金融负债	36	-	-	-
衍生金融资产	3	-	-	0	衍生金融负债	37	-	-	-
应收票据	4	650,000.00	500,000.00	550,000.00	应付票据	38	300,000.00	350,000.00	150,000.00
应收账款	5	10,050,000.00	20,000,000.00	20,700,000.00	应付账款	39	5,550,000.00	5,100,000.00	6,100,000.00
应收款项融资	6	-	-		预收款项	40			
预付款项	7	300,000.00	700,000.00	200,000.00	合同负债	41	300,000.00	600,000.00	500,000.00
其他应收款	8	1,200,000.00	1,200,000.00	1,000,000.00	应付职工薪酬	42	1,050,000.00	900,000.00	1,050,000.00
存货	9	16,400,000.00	6,050,000.00	8,050,000.00	应交税费	43	700,000.00	550,000.00	1,150,000.00
合同资产	10	-	-		其他应付款	44	1,800,000.00	2,950,000.00	2,450,000.00
持有待售资产	11				持有待售负债	45			
一年内到期的非流动资产	12	-	2,350,000.00	1,350,000.00	一年内到期的非流动负债	46	-	2,600,000.00	2,650,000.00
其他流动资产	13	650,000.00	2,100,000.00	3,150,000.00	其他流动负债	47	350,000.00	250,000.00	170,000.00
流动资产合计	14	31,300,000.00	35,900,000.00	39,150,000.00	流动负债合计	48	12,400,000.00	16,400,000.00	18,020,000.00
非流动资产:					非流动负债:				
债权投资	15	-	-		长期借款	49	12,350,000.00	22,600,000.00	23,100,000.00
其他债权投资	16	-	-		应付债券	50	13,100,000.00	12,100,000.00	12,000,000.00
长期应收款	17	-	-		其中: 优先股	51			
长期股权投资	18	2,350,000.00	1,600,000.00	1,750,000.00	永久债	52			
其他权益工具投资	19	-	-		租赁负债	53	-	-	

续表

资产	行次	2020 年末余额	2021 年末余额	2022 年末余额	负债和所有者权益（或股东权益）	行次	2020 年末余额	2021 年末余额	2022 年末余额
其他非流动金融资产	20	-	-		长期应付款	54	-	-	
投资性房地产	21	-	-		预计负债	55	-	-	
固定资产	22	48,450,000.00	61,900,000.00	62,900,000.00	递延收益	56	-	-	
在建工程	23	1,850,000.00	1,000,000.00	0.00	递延所得税负债	57		-	
生产性生物资产	24	-	-		其他非流动负债	58	3,850,000.00	3,600,000.00	3,750,000.00
油气资产	25	-	-		非流动负债合计	59	29,300,000.00	38,300,000.00	38,850,000.00
使用权资产	26				负债合计	60	41,700,000.00	54,700,000.00	56,870,000.00
无形资产	27	1,200,000.00	1,000,000.00	1,600,000.00	所有者权益（或股东权益）：				
开发支出	28	-	-		实收资本（或股本）	61	30,000,000.00	30,000,000.00	30,000,000.00
商誉	29	-	-		其他权益工具	62	-	-	
长期待摊费用	30	-	-		其中：优先股	63			
递延所得税资产	31	850,000.00	350,000.00	250,000.00	永久债	64			
其他非流动资产	32	-	250,000.00	350,000.00	资本公积	65	600,000.00	900,000.00	900,000.00
非流动资产合计	33	54,700,000.00	66,100,000.00	66,850,000.00	减：库存股	66	-	-	
					其他综合收益	67	-	-	
					专项储备	68	-	-	
					盈余公积	69	2,100,000.00	3,800,000.00	3,983,000.00
					未分配利润	70	11,600,000.00	12,600,000.00	14,247,000.00
					所有者权益（或股东权益）合计	71	44,300,000.00	47,300,000.00	49,130,000.00
资产总计	34	86,000,000.00	102,000,000.00	106,000,000.00	负债和所有者权益（或股东权益）总计	72	86,000,000.00	102,000,000.00	106,000,000.00

扫码查看训练任务和操作演示

子任务 9.1.2　长期偿债能力分析

任务场景

对于企业超过一年的长期债务，管理人员也应当予以重视，这就要求作为会计人员的我们能够对企业的长期偿债能力进行分析，并给出专业建议。根据本年度的会计报表，针对企业的长期负债，需要向经营管理者提出哪些意见和建议呢？

任务目标

1. 理解长期偿债能力指标的构成、数据来源；

2. 能够使用 WPS 表格计算长期偿债能力指标，对企业的长期偿债能力进行基本判断。

任务内容

A 公司资产负债表如表 9.1.1 所示，利润表（金额单位：元）如表 9.1.4 所示，请对 A 公司的长期偿债能力进行分析。

表 9.1.4　A 公司利润表

项　　目	行次	本年金额	上年金额
一、营业收入	1	150,100,000.00	142,600,000.00
减：营业成本	2	132,300,000.00	125,250,000.00
税金及附加	3	1,500,000.00	1,500,000.00
销售费用	4	1,200,000.00	1,100,000.00
管理费用	5	2,400,000.00	2,100,000.00
研发费用	6	0.00	1.00
财务费用	7	5,600,000.00	4,900,000.00
其中：利息费用	8		
利息收入	9		
加：其他收益	10		
投资收益（损失以"-"号填列）	11	2,100,000.00	1,300,000.00
其中：对联营企业和合营企业的投资收益	12		
以摊余成本计量的金融资产最终确认收益（损失以"-"号填列）	13		
净敞口套期收益（损失以"-"号填列）	14	0.00	1.00
公允价值变动收益（损失以"-"号填列）	15	1,100,000.00	1,900,000.00
信用减值损失（损失以"-"号填列）	16		
资产减值损失（损失以"-"号填列）	17		
资产处置收益（损失以"-"号填列）	18		

续表

项　目	行次	本年金额	上年金额
二、营业利润（亏损以"-"号填列）	19	10,300,000.00	10,950,000.00
加：营业外收入	20	600,000.00	950,000.00
减：营业外支出	21	1,100,000.00	350,000.00
三、利润总额（亏损总额以"-"号填列）	22	9,800,000.00	11,550,000.00
减：所得税费用	23	3,300,000.00	3,850,000.00
四、净利润（净亏损以"-"号填列）	24	6,500,000.00	7,700,000.00

任务实施

知识链接

长期偿债能力指标

1. 资产负债率。

资产负债率是企业负债总额与资产总额之间的比率，从总体上反映企业的长期偿债能力及对债权人权益的保障程度，用于衡量企业利用负债进行财务活动的能力，也是显示企业财务风险的重要指标，用公式表示如下：

资产负债率=负债总额/资产总额×100%

一般情况下，资产负债率越低，表明企业的长期偿债能力越强，信贷资金的安全性越高。负债经营有很多好处，但隐含的问题也很多。通常认为资产负债率在40%以下比较稳妥合适，财务风险小超过40%，财务风险开始逐步显现，企业可能会面临着支付本息的财务压力超过80%，企业财务风险急剧增加，会转化为财务危机，这时企业面临的不仅仅是财务风险问题了，可能连带着经营风险，会影响企业的生存与发展，严重的会导致企业破产。对债权人来说，该指标越小越好。对证券投资者来说，资产负债率高意味着企业偿债压力大，严重的会造成企业资金链断裂，无力偿还，给投资者带来投资风险。

2. 股权比率。

股权比率是企业所有者权益总额与资产总额之间的比率，用公式表示如下：

股权比率=所有者权益总额/资产总额×100%

一个企业的资金，一部分是由所有者提供的，另一部分面是由债权人提供的。股权比率反映了在企业的全部资金中，有多少是由所有者提供的。一般情况下，股权比率越高越好。股权比率越高，表明企业的长期偿债能力越强，债权人权益的保障程度越高，承担的风险越小；这一比率越低，表明企业的长期偿债能力越低。

3. 产权比率。

产权比率是指负债总额与所有者权益总额之间的比率,反映企业所有者权益对债权人权益的保障程度，用公式表示如下：

$$产权比率=负债总额/所有者权益总额×100\%$$

一般情况下，产权比率越低越好。产权比率越低，表明企业的长期偿债能力越强，债权人权益的保障程度越高，承担的风险越小。这一比率越高，表明企业的长期偿债能力越低。产权比率实际上也是资产负债率的另一种表现形式，更侧重于企业资本结构的稳健程度及对偿债风险的承受能力。

4. 权益乘数。

权益乘数又称权益总资产率，是指资产总额与所有者权益总额之间的比率，用计算公式表示如下：

$$权益乘数=资产总额/所有者权益总额×100\%$$

也可以写作：

$$权益乘数=1+产权比率$$

或者

$$=1/（1-资产负债率）$$

权益乘数越大，表明所有者投入的资本在资产总额中所占比重越小，对负债经营利用得越充分，但同时也表明企业的长期偿债能力越弱。该指标越小，表明所有者投入的资本在资产总额中所占比重越大，企业的长期偿债能力越强。

5. 已获利息倍数。

已获利息倍数是指企业一定时期息税前利润总额与利息支出之比，反映了获利能力对债务偿付的保证程度。其中，息税前利润总额是指利润总额与利息支出的合计数，利息支出是指实际支出的借款利息、债券利息等。

该指标用公式表示如下：

已获利息倍数=息税前利润总额/利息支出

其中：

息税前利润总额=利润总额＋利息支出

一般情况下，已获利息倍数越高，表明企业的长期偿债能力越强。通常认为该指标为3时较为恰当。已获利息倍数不仅反映企业获利能力的大小，而且反映获利能力对偿还债务的保证程度。

步骤 1　打开素材"A 公司资产负债表"（金额单位：元）和"A 公司利润表"（金额单位：元），如图 9.1.1 和图 9.1.3 所示。

▲	A	B	C	D
1	利 润 表			
2	项 目	行次	本 年 金 额	上 年 金 额
3	一、营业收入	1	150,100,000.00	142,600,000.00
4	减：营业成本	2	132,300,000.00	125,250,000.00
5	税金及附加	3	1,500,000.00	1,500,000.00
6	销售费用	4	1,200,000.00	1,100,000.00
7	管理费用	5	2,400,000.00	2,100,000.00
8	研发费用	6	0.00	1.00
9	财务费用	7	5,600,000.00	4,900,000.00
10	其中：利息费用	8		
11	利息收入	9		
12	加：其他收益	10		
13	投资收益（损失以"-"号填列）	11	2,100,000.00	1,300,000.00
14	其中：对联营企业和合营企业的投资收益	12		
15	以摊余成本计量的金融资产最终确认收益（损失以"-"号填列）	13		
16	净敞口套期收益（损失以"-"号填列）	14	0.00	1.00
17	公允价值变动收益（损失以"-"号填列）	15	1,100,000.00	1,900,000.00
18	信用减值损失（损失以"-"号填列）	16		
19	资产减值损失（损失以"-"号填列）	17		
20	资产处置收益（损失以"-"号填列）	18		
21	二、营业利润（亏损以"-"号填列）	19	10,300,000.00	10,950,000.00
22	加：营业外收入	20	600,000.00	950,000.00
23	减：营业外支出	21	1,100,000.00	350,000.00
24	三、利润总额（亏损总额以"-"号填列）	22	9,800,000.00	11,550,000.00
25	减：所得税费用	23	3,300,000.00	3,850,000.00
26	四、净利润（净亏损以"-"号填列）	24	6,500,000.00	7,700,000.00
27	（一）持续经营净利润（净亏损以"-"号填列）	25		
28	（二）终止经营净利润（净亏损以"-"号填列）	26		

图 9.1.3　A公司利润表

步骤2　找到计算长期偿债能力指标要用到的数据所在单元格。计算资源负债率、股权比率、产权比率、权益乘数要用到的数据来源于资产负债表，计算已获利息倍数要用到的数据来源于利润表。

表 9.1.5　长期偿债能力指标数据来源

数据来源	数据名称	单元格
资产负债表	资产总额	D44
	负债总额	H31
	所有者权益总额	H43
利润表	利润总额	C24
	利息支出	D10

步骤3　插入新的工作表，设计长期偿债能力比率表，并对指标值进行计算，如图9.1.4所示。

▲	A	B	C
1	长期偿债能力指标		
2	指标名称	计算公式	指标值
3	资产负债率	负债总额/资产总额×100%	53.63%
4	股权比率	所有者权益总额/资产总额×100%	46.37%
5	产权比率	负债总额/所有者权益总额×100%	115.64%
6	权益乘数	资产总额/所有者权益总额	2.16
7	已获利息倍数	息税前利润总额/利息支出	2.75

图 9.1.4　长期偿债能力分析表

单元格 C3 的计算公式："=ROUND(资产负债表!H31/资产负债表!D44,4)"。

单元格 C4 的计算公式："=ROUND(资产负债表!H43/资产负债表!D44,4)"。

单元格 C5 的计算公式："=ROUND(资产负债表!H31/资产负债表!H43,4)"。

单元格 C6 的计算公式："=ROUND(资产负债表!D44/资产负债表!H43,4)"。

单元格 C7 的计算公式："=ROUND((利润表!D25+利润表!D10)/利润表!D10,2)"。

步骤 4　A 公司资产负债率为 53.63%，股权比率为 46.37%，产权比率为 115.64%，权益乘数为 2.16，已获利息倍数仅为 2.75。所有指标均表现出该企业产权结构中负债占比较大，从而给企业长期偿债工作带来较大压力，也就是长期偿债能力较弱。会计人员应当建议经营管理人员在产权结构上进行调整，从而增强企业的长期偿债能力，避免在经营活动中给国家和企业带来风险。

任务评价

现就任务实际掌握情况进行评价，具体评价指标和评价标准如表 9.1.6 所示。

表 9.1.6　"长期偿债能力分析"评价表

评价维度	评价指标	评价标准	评价		
			自评	互评	师评
知识技能 （25 分）	了解长期偿债能力指标（7 分）	正确描述长期偿债能力指标的计算公式，得 5 分； 描述不完整，得 2 分； 无法描述，不得分			
	计算长期偿债能力指标（9 分）	正确计算长期偿债能力指标（每个指标 3 分，共 9 分）			
	对长期偿债能力进行分析（9 分）	能够对长期偿债能力指标进行正确分析（每个指标 3 分，共 9 分）			
职业道德素养 （25 分）	"坚持学习、守正创新"的职业道德规范（10 分）	学习过程认真仔细，笔记全面，训练积极，得 10 分； 认真听讲，基本参与训练，得 5 分			
	"严谨细致、一丝不苟、精益求精"的工作作风（10 分）	严谨细致，得 5 分； 操作熟练，得 5 分			
	沟通交流能力（5 分）	在团队合作中主动沟通交流，得 5 分			
课堂参与度 （10 分）	积极参与课堂互动（10 分）	主动参与互动，得 5 分； 承担小组展示活动，得 5 分， 参与小组展示，得 2 分			
小计					
平均分（满分 60 分）					

说明：任务评价采取课堂评价（60%）与期末考核评价（40%）相结合的方式。课堂评价由自我评价（自评）、小组评价（互评）和教师评价（师评）组成，分别从知识技能、职业道德素养、课堂参与度三个方面进行评价。

财务数据智能分析

任务拓展训练

根据如表 9.1.3 所示的 B 公司连续三年的资产负债表汇总（金额单位：元）和如表 9.1.7 所示的利润表汇总（金额单位：元），计算 B 公司三年的长期偿债能力指标，并结合计算结果对 B 公司三年来的长期偿债能力进行比较分析。

表 9.1.7　B 公司连续三年利润表汇总

项　　目	行次	2020 年金额	2021 年金额	2022 年金额
一、营业收入	1	142,600,000.00	150,100,000.00	158,440,000.00
减：营业成本	2	125,250,000.00	132,300,000.00	141,500,000.00
税金及附加	3	1,500,000.00	1,500,000.00	1,500,000.00
销售费用	4	1,100,000.00	1,200,000.00	1,250,000.00
管理费用	5	2,100,000.00	2,400,000.00	2,000,000.00
研发费用	6	1.00	0.00	0.00
财务费用	7	4,900,000.00	5,600,000.00	5,800,000.00
其中：利息费用	8			200,000.00
利息收入	9			
加：其他收益	10			
投资收益（损失以"-"号填列）	11	1,300,000.00	2,100,000.00	3,200,000.00
其中：对联营企业和合营企业的投资收益	12			
以摊余成本计量的金融资产最终确认收益（损失以"-"号填列）	13			
净敞口套期收益（损失以"-"号填列）	14	1.00	0.00	0.00
公允价值变动收益（损失以"-"号填列）	15	1,900,000.00	1,100,000.00	1,000,000.00
信用减值损失（损失以"-"号填列）	16			
资产减值损失（损失以"-"号填列）	17			
资产处置收益（损失以"-"号填列）	18			
二、营业利润（亏损以"-"号填列）	19	10,950,000.00	10,300,000.00	10,590,000.00
加：营业外收入	20	950,000.00	600,000.00	320,000.00
减：营业外支出	21	350,000.00	1,100,000.00	950,000.00
三、利润总额（亏损总额以"-"号填列）	22	11,550,000.00	9,800,000.00	9,960,000.00
减：所得税费用	23	3,850,000.00	3,300,000.00	2,490,000.00
四、净利润（净亏损以"-"号填列）	24	7,700,000.00	6,500,000.00	7,470,000.00
（一）持续经营净利润（净亏损以"-"号填列）	25			
（二）终止经营净利润（净亏损以"-"号填列）	26			

扫码查看训练
任务和操作演示

·176·

任务二

营运能力分析

任务场景

　　A 公司本年度已经经营结束，并编制出了资产负债表和利润表，作为会计人员，你需要通过报表对该公司的营运能力进行分析与评价，判断该公司运营能力的变化和与同行相比的运营能力水平。

任务目标

　　1. 理解营运能力指标的构成；
　　2. 能够使用 WPS 表格计算营运能力指标，对企业的营运能力做出基本判断。

任务内容

　　A 公司资产负债表（金额单位：元）如表 9.1.1 所示，利润表（金额单元：元）如表 9.1.4 所示，请对 A 公司的营运能力进行分析。

任务实施

知识链接

　　一、营运能力概述。

　　强有力的营运能力既是企业获利的基础，又是企业及时足额地偿付债务的保证。营运能力分析就是通过计算营运能力指标，分析 t 评价企业资产的利用效率。

　　企业营运能力的实质，就是以尽可能少的资产占用，尽可能短的时间周转，生产尽可能多的产品，实现尽可能多的收入，创造尽可能多的利润。因此，企业营运能力分析是指通过对反映资产营运效率与效益的指标进行计算与分析，评价企业的资产利用效率，为企业提高经济效益指明方向。

　　二、企业营运能力分析的重要意义。

　　营运能力不但反映企业的盈利水平，而且反映企业的基础管理、经营策略、市场营销等方面的状况。因此，对企业营运能力运行分析十分有必要。

1. 有利于评价企业资产的利用效率，改善经营业绩。

通过对企业资产营运能力的分析，可以了解并评价资产利用效率，从而发现闲置资产和利用不充分的资产，处置闲置资产以节约资金，或者提高利用不充分的资产的利用效率以改善经营业绩。

2. 有利于确定合理的资产存量规模。

随着企业生产规模的不断变化，资产存量也处于经常变化之中。对营运能力进行分析可以帮助企业了解经营活动对资产的需要情况，以便根据企业生产经营的变化调整资产存量，使资产的增减变动与生产经营规模变动相互适应，为下一期资产增减提供依据。

3. 促进企业各项资产的合理配置。

各项资产在经营中的作用不同，对企业的财务状况和经营成果的影响程度也不同。在企业资产存量一定的情况下，如果其配置不合理，营运效率就会降低。通过对企业资产营运能力的分析，可以了解资产配置中存在的问题，不断优化资产配置，以改善企业财务状况。

4. 提高企业资产的使用效率。

通过对资产营运能力的分析，能够了解资产利用过程中存在的问题，通过挖掘资产利用能力，提高企业资产的利用效率，以最少的资产占用获得最高的经济效益。

三、分析企业营运能力的指标。

1. 应收账款周转率的计算与分析。

应收账款周转率是指企业一定时期内营业收入与应收账款平均数之间的比值，反映的是应收账款转化为现金的平均次数，即周转速度和效率，用公式表示如下：

应收账款周转率（次数）=营业收入/应收账款平均数

其中：

应收账款平均数=（应收账款期初数+应收账款期末数）/2

应收账款周转天数=360/应收账款周转率

一般情况下，应收账款周转率越快越好。反映该企业在应收账款上占用资金少，应收账款转化为现金的效率越高，体现出企业的应收账款管理质量越高，从而发生坏账损失的可能性也相对较低。周转率越高，表明企业应收账款回收的速度越快，就会减少收账费用和坏账损失。另外，企业资产的流动性加强，还会增强其盈利能力。

但该指标过高，则可能是由于企业苛刻的信用政策所致，这样又可能会限制企业销售规模扩大，影响企业长远的盈利能力。因此，分析应收账款周转率时，应注意结合企业具体情况，并与同行业平均水平或竞争对手的水平进行比较，对其做出正确评价。

2. 存货周转率。

存货周转率是指企业一定时期营业成本与存货平均数的比率。它是反映一定时期产品营业成本与存货占用之间的关系，也是衡量企业生产经营各环节中存货运营效率的一个综合性指标，用公式表示如下：

$$存货周转率（次数）=营业成本/存货平均数$$

其中：

$$存货平均数=（存货期初数+存货期末数）/2$$

$$存货周转天数=360/存货周转率$$

一般情况下，存货周转率越高越好。存货周转率越高，说明存货周转速度越快，企业存货管理水平越好、效率越高，营运资金投资于存货上的金额越小，则利润率越大，这样会增强企业的短期偿债能力。存货是流动资产的重要组成部分，其质量和流动对企业流动比率具有举足轻重的影响，故一定要加强存货的管理、来提高其投资的变现能力和获利能力。

3. 流动资产周转率。

流动资产周转率是指企业一定时期营业收入与流动资产平均数的比率，是反映企业流动资产周转速度的指标，用公式表示如上：

$$流动资产周转率（次数）=营业收入/流动资产平均数流动$$

其中：

$$流动资产平均数=（流动资产期初数+流动资产期末数）/2$$

$$流动资产周转天数=360/流动资产周转率$$

一般情况下流动资产周转率越高越好。一定时期内，流动资周转次数越多，表明以相同的流动资产完成的周转额越多，流动资产利用效果就越好。从流动资产周转天数来看，周转一次所需要的天数越少，表明流动资产占用的时间越短。

4. 固定资产周转率。

固定资产周转率是指企业一定时期营业收入与固定资产平均数的比率，是衡量固定资产利用效率的一项指标，用公式表示如下次：

$$固定资产周转率（次数）=营业收入/固定资产平均数$$

其中：

$$固定资产平均数=（固定资产期初数+固定资产期末数）/2$$

$$固定资产周转天数=360/固定资产周转率$$

一般情况下，固定资产周转率越高越好。固定资产周转率越高表明企业固定资产利用越充分，固定资产的闲置越少，效率也就越高。反之则表明固定资产周转慢，另外，也能表明固定资产投资得当，固定资产结构合理，能够充分发挥其效率。同时，分析固定资产周转率时，应注意与同行业平均水平或竞争对手进行比较分析，对其合理性做出正确判断。

5. 总资产周转率。

总资产周转率是企业一定时期营业收入与总资产平均数的比率。该指标可以用来反映企业全部资产的利用效率，用公式表示如下：

$$总资产周转率（次数）=营业收入/总资产平均数$$

其中：

$$总资产平均数=总资产期初数+总资产期末数）/2$$

$$总资产周转天数=360/总资产周转率$$

一般情况下，总资产周转率越高越好。总资产周转率用来考查企业全部资产的综合利用效率，该指标越高表明企业全部资产的周转速度越快，资产的使用效率越高，资产的管理水平也就越高。反之，如果该指标越低，则说明企业利用全部资产进行经营的效率越差，最终会影响企业的获利能力。

步骤 1 新建一个工作簿，将作为数据源的 A 公司资产负债表和利润表分别复制到这个工作簿中，如图 9.2.1 和图 9.2.2 所示。

	A	B	C	D	E	F	G	H
1				资 产 负 债 表				
2	单位名称：A公司			202X年12月30日				
3	资 产	行次	期 末 余 额	期 初 余 额	负债和所有者权益（或股东权益）	行次	期 末 余 额	期 初 余 额
4	流动资产：				流动负债：			
5	货币资金	1	2,600,000.00	1,350,000.00	短期借款	35	3,100,000.00	2,350,000.00
6	交易性金融资产	2	400,000.00	700,000.00	交易性金融负债	36		
7	衍生金融资产	3			衍生金融负债	37		
8	应收票据	4	500,000.00	650,000.00	应付票据	38	350,000.00	300,000.00
9	应收账款	5	20,000,000.00	10,050,000.00	应付账款	39	5,100,000.00	5,550,000.00
10	应收款项融资	6			预收款项	40		
11	预付款项	7	700,000.00	300,000.00	合同负债	41	600,000.00	300,000.00
12	其他应收款	8	1,200,000.00	1,200,000.00	应付职工薪酬	42	900,000.00	1,050,000.00
13	存货	9	6,050,000.00	16,400,000.00	应交税费	43	550,000.00	700,000.00
14	合同资产	10			其他应付款	44	2,950,000.00	1,800,000.00
15	持有待售资产	11			持有待售负债	45		
16	一年内到期的非流动资产	12	2,350,000.00		一年内到期的非流动负债	46	2,600,000.00	
17	其他流动资产	13	2,100,000.00	650,000.00	其他流动负债	47	250,000.00	350,000.00
18	流 动 资 产 合 计	14	35,900,000.00	31,300,000.00	流 动 负 债 合 计	48	16,400,000.00	12,400,000.00
19	非流动资产：				非流动负债：			
20	债权投资	15			长期借款	49	22,600,000.00	12,350,000.00
21	其他债权投资	16			应付债券	50	12,100,000.00	13,100,000.00
22	长期应收款	17			其中：优先股	51		
23	长期股权投资	18	1,600,000.00	2,350,000.00	永久债	52		
24	其他权益工具投资	19			租赁负债	53		
25	其他非流动金融资产	20			长期应付款	54		
26	投资性房地产	21			预计负债	55		
27	固定资产	22	61,900,000.00	48,450,000.00	递延收益	56		
28	在建工程	23	1,000,000.00	1,850,000.00	递延所得税负债	57		
29	生产性生物资产	24			其他非流动负债	58	3,600,000.00	3,850,000.00
30	油气资产	25			非流动负债合计	59	38,300,000.00	29,300,000.00
31	使用权资产	26			负 债 合 计	60	54,700,000.00	41,700,000.00
32	无形资产	27	1,000,000.00	1,200,000.00	所有者权益（或股东权益）：			
33	开发支出	28			实收资本（或股本）	61	30,000,000.00	30,000,000.00
34	商誉	29			其他权益工具	62		
35	长期待摊费用	30			其中：优先股	63		
36	递延所得税资产	31	350,000.00	850,000.00	永久债	64		
37	其他非流动资产	32	250,000.00		资本公积	65	900,000.00	600,000.00
38	非 流 动 资 产 合 计	33	66,100,000.00	54,700,000.00	减：库存股	66		
39					其他综合收益	67		
40					专项储备	68		
41					盈余公积	69	3,800,000.00	2,100,000.00
42					未分配利润	70	12,600,000.00	11,600,000.00
43					所有者权益（或股东权益）合计	71	47,300,000.00	44,300,000.00
44	资 产 总 计	34	102,000,000.00	86,000,000.00	负债和所有者权益（ 或股东权益）	72	102,000,000.00	86,000,000.00
45								

图 9.2.1 A 公司资产负债表

◢	A	B	C	D
1	利 润 表			
2	项 目	行次	本 年 金 额	上 年 金 额
3	一、营业收入	1	150,100,000.00	142,600,000.00
4	减：营业成本	2	132,300,000.00	125,250,000.00
5	税金及附加	3	1,500,000.00	1,500,000.00
6	销售费用	4	1,200,000.00	1,100,000.00
7	管理费用	5	2,400,000.00	2,100,000.00
8	研发费用	6	0.00	1.00
9	财务费用	7	5,600,000.00	4,900,000.00
10	其中：利息费用	8		
11	利息收入	9		
12	加：其他收益	10		
13	投资收益（损失以"-"号填列）	11	2,100,000.00	1,300,000.00
14	其中：对联营企业和合营企业的投资收益	12		
15	以摊余成本计量的金融资产最终确认收益（损失以"-"号填列）	13		
16	净敞口套期收益（损失以"-"号填列）	14	0.00	1.00
17	公允价值变动收益（损失以"-"号填列）	15	1,100,000.00	1,900,000.00
18	信用减值损失（损失以"-"号填列）	16		
19	资产减值损失（损失以"-"号填列）	17		
20	资产处置收益（损失以"-"号填列）	18		
21	二、营业利润（亏损以"-"号填列）	19	10,300,000.00	10,950,000.00
22	加：营业外收入	20	600,000.00	950,000.00
23	减：营业外支出	21	1,100,000.00	350,000.00
24	三、利润总额（亏损总额以"-"号填列）	22	9,800,000.00	11,550,000.00
25	减：所得税费用	23	3,300,000.00	3,850,000.00
26	四、净利润（净亏损以"-"号填列）	24	6,500,000.00	7,700,000.00
27	（一）持续经营净利润（净亏损以"-"号填列）	25		
28	（二）终止经营净利润（净亏损以"-"号填列）	26		

图 9.2.2　A 公司利润表

步骤 2 找到计算营运能力指标所需要的数据。这些指标用到的数据见表 9.2.1。

表 9.2.1　营运能力指标数据来源

数据来源	数据名称	单元格
资产负债表	应收账款期初数	D9
	应收账款期末数	E9
	存货期初数	D13
	存货期末数	E13
	流动资产合计期初数	D18
	流动资产合计期末数	E18
	固定资产期初数	D27
	固定资产期末数	E27
	资产总额期初数	D44
	资产总额期末数	E44
利润表	营业收入	D4
	营业成本	D5

步骤 3 在资产负债表和利润表后插入新的工作表，命名为营运能力分析，对表格进行设计，如图9.2.3所示。

	A	B	C
1		营运能力指标	
2	指标名称	指标计算公式	指标值
3	应收账款周转率(次数)	营业收入/应收账款平均数	10
4	应收账款周转天数	360/应收账款周转率	36
5	存货周转率(次数)	营业成本/存货平均数	12
6	存货周转天数	360/存货周转率	30
7	流动资产周转率(次数)	营业收入/流动资产平均数	5
8	流动资产周转天数	360/流动资产周转率	72
9	固定资产周转率(次数)	营业收入/固定资产平均数	3
10	固定资产周转天数	360/固定资产周转率	120
11	总资产周转率(次数)	营业收入/总资产平均数	2
12	总资产周转天数	360/总资产周转率	180

图9.2.3　营运能力分析表

C3 单元格的计算公式："=ROUNDUP(利润表!D4/((资产负债表!D9+资产负债表!E9)/2),0)"。

C4 单元格的计算公式："=360/C3"。

C5 单元格的计算公式："=ROUNDUP(利润表!D5/((资产负债表!D13+资产负债表!E13)/2),0)"。

C6 单元格的计算公式："=360/C5"。

C7 单元格的计算公式："=ROUNDUP(利润表!D4/((资产负债表!D18+资产负债表!E18)/2),0)"。

C8 单元格的计算公式："=360/C7"。

C9 单元格的计算公式："=ROUNDUP(利润表!D4/((资产负债表!D27+资产负债表!E27)/2),0)"。

C10 单元格的计算公式："=360/C9"。

C11 单元格的计算公式："=ROUNDUP(利润表!D4/((资产负债表!D44+资产负债表!E44)/2),0)"。

C12 单元格的计算公式："=360/C11"。

注意，这里每个指标值除了按照公式计算外，使用了函数"roundup"，目的是对所计算的值向上取整。

步骤 4 对各指标进行分析评价。通过计算，该企业本年度应收账款周转率为 10 次，存货周转率为12次，流动资产周转率为5次，固定资产周转率为3次，总资产周转率为2次，各指标值都相对较高，我们可以判断该企业整体的营运能力较强，资产结构比较合理。

任务评价

现就任务实际掌握情况进行评价，具体评价指标和评价标准如表 9.2.2 示。

表 9.2.2 "营运能力分析"评价表

评价维度	评价指标	评价标准	评价		
			自评	互评	师评
知识技能 （25分）	了解营运能力指标（5分）	正确描述营运能力指标的计算公式，得5分； 描述不完整，得2分； 无法描述，不得分			
	计算营运能力指标（10分）	正确计算营运能力指标（每个指标2分，共10分）			
	对营运能力进行分析评价（10分）	能够对营运能力指标进行正确分析（每个指标2分，共10分）			
职业道德素养 （25分）	"坚持学习，守正创新"的职业道德规范（10分）	学习过程认真仔细，笔记全面，训练积极，得10分； 认真听讲，基本参与训练，得5分			
	"严谨细致、一丝不苟、精益求精"的工作作风（10分）	严谨细致，得5分； 操作熟练，得5分			
	沟通交流能力（5分）	在团队合作中主动交流沟通得5分			
课堂参与度 （10分）	积极参与课堂互动（10分）	主动参与互动，得5分； 承担小组展示活动，得5分， 参与小组展示，得2分			
小计					
平均分（满分60分）					

说明： 任务评价采取课堂评价（60%）与期末考核评价（40%）相结合的方式。课堂评价由自我评价（自评）、小组评价（互评）和教师评价（师评）组成，分别从知识技能、职业道德素养、课堂参与度三个方面进行评价。

任务拓展训练

根据 B 公司连续三年的资产负债表（金额单位：元）和利润表（金额单位：元），如图 9.2.4 和图 9.2.5 所示，计算 B 公司三年的营运能力指标，并结合三年的计算结果，对 B 公司三年来的营运能力进行比较分析。

资 产 负 债 表

单位名称：B公司　　2022年12月30日

资产	行次	2020年末金额	2021年末金额	2022年末金额	负债和所有者权益（或股东权益）	行次	2020年末金额	2021年末金额	2022年末金额
流动资产：					流动负债：				
货币资金	1	1,350,000.00	2,600,000.00	3,600,000.00	短期借款	35	2,350,000.00	3,100,000.00	3,800,000.00
交易性金融资产	2	700,000.00	400,000.00	550,000.00	交易性金融负债	36			
衍生金融资产	3				衍生金融负债	37			
应收票据	4	650,000.00	500,000.00	550,000.00	应付票据	38	300,000.00	350,000.00	150,000.00
应收账款	5	10,050,000.00	20,000,000.00	20,700,000.00	应付账款	39	5,550,000.00	5,100,000.00	6,100,000.00
应收款项融资	6				预收款项	40			
预付款项	7	300,000.00	700,000.00	200,000.00	合同负债	41	300,000.00	600,000.00	500,000.00
其他应收款	8	1,200,000.00	1,200,000.00	1,000,000.00	应付职工薪酬	42	1,050,000.00	900,000.00	1,050,000.00
存货	9	16,400,000.00	6,050,000.00	8,050,000.00	应交税费	43	700,000.00	550,000.00	1,150,000.00
合同资产	10				其他应付款	44	1,800,000.00	2,950,000.00	2,450,000.00
持有待售资产	11				持有待售负债	45			
一年内到期的非流动资产	12		2,350,000.00	1,350,000.00	一年内到期的非流动负债	46		2,600,000.00	2,650,000.00
其他流动资产	13	650,000.00	2,100,000.00	3,150,000.00	其他流动负债	47	350,000.00	250,000.00	170,000.00
流动资产合计	14	31,300,000.00	35,900,000.00	39,150,000.00	流动负债合计	48	12,400,000.00	16,400,000.00	18,020,000.00
非流动资产：					非流动负债：				
债权投资	15				长期借款	49	12,350,000.00	22,600,000.00	23,100,000.00
其他债权投资	16				应付债券	50	13,100,000.00	12,100,000.00	12,000,000.00
长期应收款	17				其中：优先股	51			
长期股权投资	18	2,350,000.00	1,600,000.00	1,750,000.00	永续债	52			
其他权益工具投资	19				租赁负债	53			
其他非流动金融资产	20				长期应付款	54			
投资性房地产	21				预计负债	55			
固定资产	22	48,450,000.00	61,900,000.00	62,900,000.00	递延收益	56			
在建工程	23	1,850,000.00	1,000,000.00	0.00	递延所得税负债	57			
生产性生物资产	24				其他非流动负债	58	3,850,000.00	3,600,000.00	3,750,000.00
油气资产	25				非流动负债合计	59	29,300,000.00	38,300,000.00	38,850,000.00
使用权资产	26				负债合计	60	41,700,000.00	54,700,000.00	56,870,000.00
无形资产	27	1,200,000.00	1,000,000.00	1,600,000.00	所有者权益（或股东权益）：	61	30,000,000.00	30,000,000.00	30,000,000.00
开发支出	28				其他权益工具	62			
商誉	29				其中：优先股	63			
长期待摊费用	30				永续债	64			
递延所得税资产	31	850,000.00	350,000.00	250,000.00	资本公积	65		600,000.00	900,000.00
其他非流动资产	32		250,000.00	250,000.00	减：库存股	66			
非流动资产合计	33	54,700,000.00	66,100,000.00	66,850,000.00	其他综合收益	67			
					专项储备	68			
					盈余公积	69	2,100,000.00	3,800,000.00	3,983,000.00
					未分配利润	70	11,600,000.00	12,600,000.00	14,247,000.00
					所有者权益（或股东权益）合计	71	44,300,000.00	47,300,000.00	49,130,000.00
资产总计	34	86,000,000.00	102,000,000.00	106,000,000.00	负债和所有者权益（或股东权益）总计	72	86,000,000.00	102,000,000.00	106,000,000.00

图9.2.4　B公司连续三年资产负债表

利 润 表

项　目	行次	2020年金额	2021年金额	2022年金额
一、营业收入	1	142,600,000.00	150,100,000.00	158,440,000.00
减：营业成本	2	125,250,000.00	132,300,000.00	141,500,000.00
税金及附加	3	1,500,000.00	1,500,000.00	1,500,000.00
销售费用	4	1,100,000.00	1,200,000.00	1,250,000.00
管理费用	5	2,100,000.00	2,400,000.00	2,000,000.00
研发费用	6	1.00	0.00	0.00
财务费用	7	4,900,000.00	5,600,000.00	5,800,000.00
其中：利息费用	8			200,000.00
利息收入	9			
加：其他收益	10			
投资收益（损失以"-"号填列）	11	1,300,000.00	2,100,000.00	3,200,000.00
其中：对联营企业和合营企业的投资收益	12			
以摊余成本计量的金融资产最终确认收益（损失	13			
净敞口套期收益（损失以"-"号填列）	14	1.00	0.00	0.00
公允价值变动收益（损失以"-"号填列）	15	1,900,000.00	1,100,000.00	1,000,000.00
信用减值损失（损失以"-"号填列）	16			
资产减值损失（损失以"-"号填列）	17			
资产处置收益（损失以"-"号填列）	18			
二、营业利润（亏损以"-"号填列）	19	10,950,000.00	10,300,000.00	10,590,000.00
加：营业外收入	20	950,000.00	600,000.00	320,000.00
减：营业外支出	21	350,000.00	1,100,000.00	950,000.00
三、利润总额（亏损总额以"-"号填列）	22	11,550,000.00	9,800,000.00	9,960,000.00
减：所得税费用	23	3,850,000.00	3,300,000.00	2,490,000.00
四、净利润（净亏损以"-"号填列）	24	7,700,000.00	6,500,000.00	7,470,000.00
（一）持续经营净利润（净亏损以"-"号填列）	25			
（二）终止经营净利润（净亏损以"-"号填列）	26			

图9.2.5　B公司连续三年利润表

扫码查看训练
任务和操作演示

任务三

盈利能力分析

子任务 9.3.1 销售盈利能力分析

任务场景

A 公司本年度已经经营结束，并编制出了资产负债表和利润表，作为会计人员，我们需要通过报表对该公司的销售盈利能力做出分析与评价，判断该公司销售盈利能力的变化和与同行业比较的销售盈利能力水平。

任务目标

1. 了解销售盈利能力分析的指标构成；
2. 能够运用 WPS 表格计算销售盈利能力指标，并对企业的销售盈利能力做出基本判断。

任务内容

根据 A 公司的利润表计算分析该公司的销售盈利能力。

表 9.3.1 A 公司利润表

项　　目	行次	本年金额	上年金额
一、营业收入	1	150,100,000.00	142,600,000.00
减：营业成本	2	132,300,000.00	125,250,000.00
税金及附加	3	1,500,000.00	1,500,000.00
销售费用	4	1,200,000.00	1,100,000.00
管理费用	5	2,400,000.00	2,100,000.00
研发费用	6	0.00	1.00
财务费用	7	5,600,000.00	4,900,000.00
其中：利息费用	8		
利息收入	9		
加：其他收益	10		
投资收益（损失以"-"号填列）	11	2,100,000.00	1,300,000.00
其中：对联营企业和合营企业的投资收益	12		
以摊余成本计量的金融资产最终确认收益（损失以"-"号填列）	13		
净敞口套期收益（损失以"-"号填列）	14	0.00	1.00

续表

项　目	行次	本年金额	上年金额
公允价值变动收益（损失以"-"号填列）	15	1,100,000.00	1,900,000.00
信用减值损失（损失以"-"号填列）	16		
资产减值损失（损失以"-"号填列）	17		
资产处置收益（损失以"-"号填列）	18		
二、营业利润（亏损以"-"号填列）	19	10,300,000.00	10,950,000.00
加：营业外收入	20	600,000.00	950,000.00
减：营业外支出	21	1,100,000.00	350,000.00
三、利润总额（亏损总额以"-"号填列）	22	9,800,000.00	11,550,000.00
减：所得税费用	23	3,300,000.00	3,850,000.00
四、净利润（净亏损以"-"号填列）	24	6,500,000.00	7,700,000.00
（一）持续经营净利润（净亏损以"-"号填）	25		
（二）终止经营净利润（净亏损以"-"号填）	26		

任务实施

知识链接

企业盈利能力分析的意义主要有以下几点：

从企业管理者的角度看，盈利状况是企业组织生产经营活动、销售活动和财务管理工作情况的综合体现，它可以在很大程度上反映企业管理者的工作成果和绩效，是衡量其管理水平的重要标准。因此，盈利能力影响着企业管理人员的升迁、收入等。更为重要的是，盈利能力也是管理者发现问题、改进管理方法的突破口，是帮助其了解企业运行状况，进而更好地经营企业的有效指标。

从投资人和潜在投资人的角度看，他们以股权投资的方式与企业发生关系，其收益来自于企业发放的股息、红利和转让股票产生的资本利得。其中的股利来自于利润，利润越高，投资人能够得到的股息就越高；而能否获得资本利得则取决于股票的市场走势。无疑，只有企业的盈利状况好才能够使股票价格上升，进而让投资人能够在更高的价位出售股票，获得转让价差。

从企业债权人的角度看，定期的利息支付以及到期的还本都必须以企业经营获得的利润来保障。如果企业的盈利能力不佳，每期的利润很低甚至没有利润，则很可能导致企业应该向债权人支付的利息无法支付，甚至到期时不能全额偿还本金，即发生信用风险。这将给债权人带来很大的损失。总的来说，企业的盈利能力决定了其偿债能力，债权人关注盈利状况就是为了保证自己按时收到本金和利息。

从政府机构的角度看，企业赚取的利润是其缴纳税款的基础，利润多则缴纳的税款多，利润少则缴纳的税款少。而企业纳税是政府财政收入的重要来源，因此，政府机构也和企业管理者、投资人、债权人一样，十分重视企业的盈利能力。

分析企业的盈利能力，可以从销售盈利能力、资产盈利能力和资本盈利能力三个方面进行。

销售盈利能力是指企业日常经营中取得营业收入获取利润的能力。衡量企业销售盈利能力常用的指标主要有毛利率、营业利润率、净利润率和成本费用利润率等。

1. 毛利率。

毛利率是指企业在一定会计期间的毛利与营业收入的比率。毛利率反映企业每一元营业收入中含有毛利多少，是形成净利润的基础，用公式表示如下：

$$毛利率=毛利/营业收入×100\%$$

其中：

$$毛利=营业收入-营业成本$$

一般情况下，毛利率越高越好。毛利率反映企业营业的盈利能力和获利水平，体现了企业生产经营活动最基本的获利能力。企业的销售毛利率越高，最终的利润空间越大，也说明企业市场的竞争力越强。也可以通过将销售毛利率与同行业平均水平或竞争对手的比较，来评价企业经营业务盈利空间的优劣。

2. 营业利润率。

营业利润率是指企业在一定会计期间的营业利润与营业收入的比率。营业利润率常用于衡量企业整体的经营效率，用公式表示如下：

$$营业利润率=营业利润/营业收入×100\%$$

一般情况下，营业利润率越高越好。营业利润率越高，表明企业市场竞争力越强，发展潜力越大，从而盈利能力越强。通过分析营业利润的变化，可以透视企业经营状况以及企业面临的危险或可能出现的转机迹象。可以通过将营业利润率与同行业平均水平或竞争对手相比较，来评价该比率的合理性。

3. 净利润率。

净利润率是指企业一定会计期间的净利润与营业收入的比率。该指标表示每百元营业收入带来的净利润是多少，反映企业营业收入的获利水平，用公式表示如下：

$$净利润率=净利润/营业收入×100\%$$

一般情况下，净利润率越高越好。净利润率越高，说明企业通过扩大销售获取收益的能力越强。通过对净利润率的水平分析，可以了解企业的整体盈利水平，为投资决策提供帮助。

4. 成本费用利润率。

成本费用利润率是企业一定期间的利润总额与成本、费用总额的比率。成本费用利润率指标表明每付出一元成本费用可获得多少利润，体现了经营耗费所带来的经营成果公式表示如下：

$$成本费用利润率=利润总额/成本费用总额×100\%$$

注意，成本费用总额一般指的是营业总成本。

一般情况下，成本费用利润率越高越好。表明企业为取得利润付出的代价小而获取的收益却很高。也就是说，企业成本费用控制得越好，盈利能力越强。

步骤 1 打开素材"A公司利润表"，如图9.3.1所示。

◢	A	B	C	D
1	利 润 表			
2	项　　　　　　目	行次	本 年 金 额	上 年 金 额
3	一、营业收入	1	150,100,000.00	142,600,000.00
4	减：营业成本	2	132,300,000.00	125,250,000.00
5	税金及附加	3	1,500,000.00	1,500,000.00
6	销售费用	4	1,200,000.00	1,100,000.00
7	管理费用	5	2,400,000.00	2,100,000.00
8	研发费用	6	0.00	1.00
9	财务费用	7	5,600,000.00	4,900,000.00
10	其中：利息费用	8		
11	利息收入	9		
12	加：其他收益	10		
13	投资收益（损失以"-"号填列）	11	2,100,000.00	1,300,000.00
14	其中：对联营企业和合营企业的投资收益	12		
15	以摊余成本计量的金融资产最终确认收益（损失以"-"号填列）	13		
16	净敞口套期收益（损失以"-"号填列）	14	0.00	1.00
17	公允价值变动收益（损失以"-"号填列）	15	1,100,000.00	1,900,000.00
18	信用减值损失（损失以"-"号填列）	16		
19	资产减值损失（损失以"-"号填列）	17		
20	资产处置收益（损失以"-"号填列）	18		
21	二、营业利润（亏损以"-"号填列）	19	10,300,000.00	10,950,000.00
22	加：营业外收入	20	600,000.00	950,000.00
23	减：营业外支出	21	1,100,000.00	350,000.00
24	三、利润总额（亏损总额以"-"号填列）	22	9,800,000.00	11,550,000.00
25	减：所得税费用	23	3,300,000.00	3,850,000.00
26	四、净利润（净亏损以"-"号填列）	24	6,500,000.00	7,700,000.00
27	（一）持续经营净利润（净亏损以"-"号填列）	25		
28	（二）终止经营净利润（净亏损以"-"号填列）	26		

图9.3.1　A公司利润表

步骤 2 找到计算销售盈利能力指标所需要的数据，这些指标所用到的数据见表9.3.2。

表9.3.2　销售盈利能力指标数据来源

数据来源	数据名称	单元格
利润表	营业收入	C3
	营业成本	C4
	营业利润	C21
	利润总额	C24
	净利润	C26

步骤 3 在利润表后插入新的工作表，命名为企业盈利能力分析，对表格进行设计，如图9.3.2所示。

	A	B	C	D
1		企业盈利能力指标		
2		指标名称	计算公式	指标值
3	销售盈利能力	毛利率	毛利/营业收入×100%	11.86%
4		营业利润率	营业利润/营业收入×100%	6.86%
5		净利率	净利润/营业收入×100%	4.33%
6		成本费用利润率	利润总额/成本费用总额×100%	7.41%

图 9.3.2 销售盈利能力分析表

D3 单元格的计算机公式："=ROUND((利润表!C3-利润表!C4)/利润表!C3,4)"。

D4 单元格的计算机公式："=ROUND(利润表!C21/利润表!C3,4)"。

D5 单元格的计算机公式："=ROUND(利润表!C26/利润表!C3,4)"。

D6 单元格的计算机公式："=ROUND(利润表!C24/利润表!C4,4)"。

注意，由于指标均为百分数，因此应当提前对指标值的单元格进行设置，设置为百分比；ROUND 函数在此处应当保留为百分数以上两位，即 4 位小数。

步骤四 对各指标值进行分析评价。本年度 A 公司的毛利率为 11.86%，利润率为 6.86%，净利润率为 4.33%，成本费用利润率为 7.41%。总的来说，该企业本年度是销售盈利能力指标表现不是很好，作为会计人员，我们应当向管理人员提出警示性建议，并进一步分析是否由于成本控制出现问题，造成销售盈利能力表现不好。

任务评价

现就任务实际掌握情况进行评价，具体评价指标和评价标准如表表 9.3.3 所示。

表 9.3.3 "销售盈利能力分析"评价表

评价维度	评价指标	评价标准	评 价		
			自评	互评	师评
知识技能目标（25分）	了解销售盈利能力指标（5分）	正确描述销售盈利能力指标的计算公式，得5分；描述不完整得2分；无法描述不得分			
	计算销售盈利能力指标（10分）	正确计算销售盈利能力指标，每个指标2.5分			
	对销售盈利能力进行分析评价（10分）	能够对销售盈利能力指标进行正确分析，每个指标2.5分			
职业道德素养（25分）	"坚持学习，守正创新"的职业道德规范。（10分）	学习过程认真仔细，笔记全面，训练积极，得10分；认真听讲，基本参与训练，得5分			
	"严谨细致、一丝不苟、精益求精"工作作风。（10分）	严谨细致，得5分；操作熟练，得5分			
	沟通交流能力（5分）	在团队合作中主动交流沟通得5分			

评价维度	评价指标	评价标准	评　价		
			自评	互评	师评
课堂 参与度 （10分）	积极参与课堂互动（10分）	主动参与互动得5分； 承担小组展示活动得5分， 参与小组展示得2分			
小计					
平均分（满分60分）					

说明： 任务评价采取课堂评价（60%）与期末考核评价（40%）相结合的方式。课堂评价由自我评价（自评）、小组评价（互评）和教师评价（师评）组成，分别从知识技能、职业道德素养、课堂参与度三个方面进行评价。

任务拓展训练

根据 B 公司连续三年的利润表简表，计算 B 公司三年的销售盈利能力指标，并结合三年的计算结果，对 B 公司三年来的销售盈利能力进行比较分析。

表 9.3.4　B 公司连续三年利润表汇总

项　目	行次	2020 年金额	2021 年金额	2022 年金额
一、营业收入	1	142,600,000.00	150,100,000.00	158,440,000.00
减：营业成本	2	125,250,000.00	132,300,000.00	141,500,000.00
税金及附加	3	1,500,000.00	1,500,000.00	1,500,000.00
销售费用	4	1,100,000.00	1,200,000.00	1,250,000.00
管理费用	5	2,100,000.00	2,400,000.00	2,000,000.00
研发费用	6	1.00	0.00	0.00
财务费用	7	4,900,000.00	5,600,000.00	5,800,000.00
其中：利息费用	8			200,000.00
利息收入	9			
加：其他收益	10			
投资收益（损失以"-"号填列）	11	1,300,000.00	2,100,000.00	3,200,000.00
其中：对联营企业和合营企业的投资收益	12			
以摊余成本计量的金融资产最终确认收益（损失以"-"号填列）	13			
净敞口套期收益（损失以"-"号填列）	14	1.00	0.00	0.00
公允价值变动收益（损失以"-"号填列）	15	1,900,000.00	1,100,000.00	1,000,000.00
信用减值损失（损失以"-"号填列）	16			
资产减值损失（损失以"-"号填列）	17			
资产处置收益（损失以"-"号填列）	18			
二、营业利润（亏损以"-"号填列）	19	10,950,000.00	10,300,000.00	10,590,000.00
加：营业外收入	20	950,000.00	600,000.00	320,000.00
减：营业外支出	21	350,000.00	1,100,000.00	950,000.00

项　目	行次	2020 年金额	2021 年金额	2022 年金额
三、利润总额（亏损总额以"-"号填列）	22	11,550,000.00	9,800,000.00	9,960,000.00
减：所得税费用	23	3,850,000.00	3,300,000.00	2,490,000.00
四、净利润（净亏损以"-"号填列）	24	7,700,000.00	6,500,000.00	7,470,000.00
（一）持续经营净利润（净亏损以"-"号填列）	25			
（二）终止经营净利润（净亏损以"-"号填列）	26			

扫码查看训练
任务和操作演示

子任务 9.3.2　资产及资本盈利能力分析

任务场景

A 公司本年度已经经营结束，并编制出了资产负债表和利润表，作为会计人员，我们需要通过报表对该公司的资产及资本盈利能力做出分析与评价，判断该公司资产及资本盈利能力的变化和与同行业比较的资产及资本盈利能力水平。

任务目标

1. 了解资产及资本盈利能力分析的主要指标；

2. 能够运用 WPS 表格计算资产及资本盈利能力指标，最终对企业的资产及资本盈利能力做出基本判断。

任务内容

根据任务目标，完成指标计算和分析。

表 9.3.5　A 公司资产负债表

资产	行次	期末余额	期初余额	负债和所有者权益（或股东权益）	行次	期末余额	期初余额
流动资产：				流动负债：			
货币资金	1	2,600,000.00	1,350,000.00	短期借款	35	3,100,000.00	2,350,000.00
交易性金融资产	2	400,000.00	700,000.00	交易性金融负债	36		
衍生金融资产	3			衍生金融负债	37		

资产	行次	期末余额	期初余额	负债和所有者权益（或股东权益）	行次	期末余额	期初余额
应收票据	4	500,000.00	650,000.00	应付票据	38	350,000.00	300,000.00
应收账款	5	20,000,000.00	10,050,000.00	应付账款	39	5,100,000.00	5,550,000.00
应收款项融资	6			预收款项	40		
预付款项	7	700,000.00	300,000.00	合同负债	41	600,000.00	300,000.00
其他应收款	8	1,200,000.00	1,200,000.00	应付职工薪酬	42	900,000.00	1,050,000.00
存货	9	6,050,000.00	16,400,000.00	应交税费	43	550,000.00	700,000.00
合同资产	10			其他应付款	44	2,950,000.00	1,800,000.00
持有待售资产	11			持有待售负债	45		
一年内到期的非流动资产	12	2,350,000.00		一年内到期的非流动负债	46	2,600,000.00	
其他流动资产	13	2,100,000.00	650,000.00	其他流动负债	47	250,000.00	350,000.00
流动资产合计	14	35,900,000.00	31,300,000.00	流动负债合计	48	16,400,000.00	12,400,000.00
非流动资产：				非流动负债：			
债权投资	15			长期借款	49	22,600,000.00	12,350,000.00
其他债权投资	16			应付债券	50	12,100,000.00	13,100,000.00
长期应收款	17			其中：优先股	51		
长期股权投资	18	1,600,000.00	2,350,000.00	永久债	52		
其他权益工具投资	19			租赁负债	53		
其他非流动金融资产	20			长期应付款	54		
投资性房地产	21			预计负债	55		
固定资产	22	61,900,000.00	48,450,000.00	递延收益	56		
在建工程	23	1,000,000.00	1,850,000.00	递延所得税负债	57		
生产性生物资产	24			其他非流动负债	58	3,600,000.00	3,850,000.00
油气资产	25			非流动负债合计	59	38,300,000.00	29,300,000.00
使用权资产	26			负债合计	60	54,700,000.00	41,700,000.00
无形资产	27	1,000,000.00	1,200,000.00	所有者权益（或股东权益）：			
开发支出	28			实收资本（或股本）	61	30,000,000.00	30,000,000.00
商誉	29			其他权益工具	62		
长期待摊费用	30			其中：优先股	63		
递延所得税资产	31	350,000.00	850,000.00	永久债	64		
其他非流动资产	32	250,000.00		资本公积	65	900,000.00	600,000.00
非流动资产合计	33	66,100,000.00	54,700,000.00	减：库存股	66		
				其他综合收益	67		
				专项储备	68		
				盈余公积	69	3,800,000.00	2,100,000.00
				未分配利润	70	12,600,000.00	11,600,000.00
				所有者权益（或股东权益）合计	71	47,300,000.00	44,300,000.00
资产总计	34	102,000,000.00	86,000,000.00	负债和所有者权益（或股东权益）总计	72	102,000,000.00	86,000,000.00

表9.3.6 A公司利润表

项目	行次	本年金额	上年金额
一、营业收入	1	150,100,000.00	142,600,000.00
减：营业成本	2	132,300,000.00	125,250,000.00
税金及附加	3	1,500,000.00	1,500,000.00
销售费用	4	1,200,000.00	1,100,000.00
管理费用	5	2,400,000.00	2,100,000.00
研发费用	6	0.00	1.00
财务费用	7	5,600,000.00	4,900,000.00
其中：利息费用	8		
利息收入	9		
加：其他收益	10		
投资收益（损失以"-"号填列）	11	2,100,000.00	1,300,000.00
其中：对联营企业和合营企业的投资收益	12		
以摊余成本计量的金融资产最终确认收益（损失以"-"号填列）	13		
净敞口套期收益（损失以"-"号填列）	14	0.00	1.00
公允价值变动收益（损失以"-"号填列）	15	1,100,000.00	1,900,000.00
信用减值损失（损失以"-"号填列）	16		
资产减值损失（损失以"-"号填列）	17		
资产处置收益（损失以"-"号填列）	18		
二、营业利润（亏损以"-"号填列）	19	10,300,000.00	10,950,000.00
加：营业外收入	20	600,000.00	950,000.00
减：营业外支出	21	1,100,000.00	350,000.00
三、利润总额（亏损总额以"-"号填列）	22	9,800,000.00	11,550,000.00
减：所得税费用	23	3,300,000.00	3,850,000.00
四、净利润（净亏损以"-"号填列）	24	6,500,000.00	7,700,000.00

任务实施

知识链接

资产及资本的盈利能力分析主要是对企业经营各项资产而获取利润的能力进行衡量，以及对体验自认投足资金保值增值能力进行判断。常用的分析指标有净资产收益率、总资产收益率、资本保值增值率。

1. 净资产收益率。

净资产收益率又称股东权益收益率，是净利润与平均股东权益的百分比，是公司税后利润除以净资产得到的百分比率，该指标反映股东权益的收益水平，用以衡量企业运用自有资本的效率，是衡量企业盈利能力的重要指标，用公式表示如下：

$$净资产收益率=净利润/净资产平均数\times100\%。$$

其中：净资产平均数=（净资产期初数+净资产期末数）/2。

一般情况下，净资产收益率越高越好。净资产收益率越高，说明投资带来的收益越高。净资产收益率是评价企业自有资本及其积累获取报酬水平的最具综合性与地标性的指标，反映企业资本运营的综合效益。该指标通用性强，适应范围广，不受行业局限，在企业综合评价中使用率非常高。

通过对该指标的综合对比分析，可以看出企业获利能力在同行业中所处的地位，以及同类企业的差异水平。一般认为，净资产收益率越高，企业自有资本获取收益的能力越强，运营效益越好，对企业投资人和债权人权益的保障程度越高。

2. 总资产收益率。

总资产收益率是指企业一定时期内获得净利润与资产总额平均数的比率，是用以衡量企业运用其全部资产获取利润的能力，用公式表示如下：

$$总资产收益率=净利润/总资产平均数\times100\%$$

其中：总资产平均数=（总资产期初数+总资产期末数）/2。

一般情况下，总资产收益率越高越好。总资产收益率越高表明企业资产运用率高，获利水平高；反之，则资产利用效率差，或可能是企业正在大规模地进行设备更新或新增固定资产。总资产收益率反映了全部资产的收益率，全面揭示了资产可获得的平均收益。全部资产由债权人和投资人提供的资金形成，因此债权人和投资人都很关心这个指标。不论投资人还是债权人都希望总资产收益率高于借入资金成本，否则投资人会遭受损失，债权人的债权也不安全。

3. 资本保值增值率。

资本保值增值率是指企业的期末所有者权益与期初所有者权益的比率。资本保值增值率反映了企业净资产的变动状况，在一定程度上是企业发展能力的集中体现，用公式表示如下：

$$资本保值增值率=期末所有者权益/期初所有者权益\times100\%$$

一般情况下，资本保值增值率越高越好。资本保值增值率越高，说明企业资本积累越多，企业资本保全性越强，企业持续发展能力越强。该指标通常应当大于100%。该指标反映了所有者投资权益的保障程度，有利于稳定投资者。

步骤1　打开素材"A公司资产负债表"和"A公司利润表"，如图9.3.3和图9.3.4所示。

资产	行次	期末余额	期初余额	负债和所有者权益（或股东权益）	行次	期末余额	期初余额
单位名称：A公司			2023年12月30日				
流动资产：				流动负债：			
货币资金	1	2,600,000.00	1,350,000.00	短期借款	35	3,100,000.00	2,350,000.00
交易性金融资产	2	400,000.00	700,000.00	交易性金融负债	36		
衍生金融资产	3			衍生金融负债	37		
应收票据	4	500,000.00	650,000.00	应付票据	38	350,000.00	300,000.00
应收账款	5	20,000,000.00	10,050,000.00	应付账款	39	5,100,000.00	5,550,000.00
应收款项融资	6			预收款项	40		
预付款项	7	700,000.00	300,000.00	合同负债	41	600,000.00	300,000.00
其他应收款	8	1,200,000.00	1,000,000.00	应付职工薪酬	42	900,000.00	1,050,000.00
存货	9	6,050,000.00	16,400,000.00	应交税费	43	550,000.00	700,000.00
合同资产	10			其他应付款	44	2,950,000.00	1,800,000.00
持有待售资产	11			持有待售负债	45		
一年内到期的非流动资产	12	2,350,000.00		一年内到期的非流动负债	46	2,600,000.00	
其他流动资产	13	2,100,000.00	650,000.00	其他流动负债	47	250,000.00	100,000.00
流动资产合计	14	35,900,000.00	31,300,000.00	流动负债合计	48	16,400,000.00	12,400,000.00
非流动资产：				非流动负债：			
债权投资	15			长期借款	49	22,600,000.00	12,350,000.00
其他债权投资	16			应付债券	50	12,100,000.00	13,100,000.00
长期应收款	17			其中：优先股	51		
长期股权投资	18	1,600,000.00	2,350,000.00	永续债	52		
其他权益工具投资	19			租赁负债	53		
其他非流动金融资产	20			长期应付款	54		
投资性房地产	21			预计负债	55		
固定资产	22	61,900,000.00	48,450,000.00	递延收益	56		
在建工程	23	1,000,000.00	1,850,000.00	递延所得税负债	57		
生产性生物资产	24			其他非流动负债	58	3,600,000.00	3,850,000.00
油气资产	25			非流动负债合计	59	38,300,000.00	29,300,000.00
使用权资产	26			负债合计	60	54,700,000.00	41,700,000.00
无形资产	27	1,000,000.00	1,200,000.00	所有者权益（或股东权益）：			
开发支出	28			实收资本（或股本）	61	30,000,000.00	30,000,000.00
商誉	29			其他权益工具	62		
长期待摊费用	30			其中：优先股	63		
递延所得税资产	31	350,000.00	850,000.00	永续债	64		
其他非流动资产	32	250,000.00		资本公积	65	900,000.00	600,000.00
非流动资产合计	33	66,100,000.00	54,700,000.00	减：库存股	66		
				其他综合收益	67		
				专项储备	68		
				盈余公积	69	3,800,000.00	2,100,000.00
				未分配利润	70	12,600,000.00	11,600,000.00
				所有者权益（或股东权益）合计	71	47,300,000.00	44,300,000.00
资产总计	34	102,000,000.00	86,000,000.00	负债和所有者权益（或股东权益）	72	102,000,000.00	86,000,000.00

图9.3.3　A公司资产负债表

项目	行次	本年金额	上年金额
一、营业收入	1	150,100,000.00	142,600,000.00
减：营业成本	2	132,300,000.00	125,250,000.00
税金及附加	3	1,500,000.00	1,500,000.00
销售费用	4	1,200,000.00	1,100,000.00
管理费用	5	2,400,000.00	2,100,000.00
研发费用	6	0.00	1.00
财务费用	7	5,600,000.00	4,900,000.00
其中：利息费用	8		
利息收入	9		
加：其他收益	10		
投资收益（损失以"-"号填列）	11	2,100,000.00	1,300,000.00
其中：对联营企业和合营企业的投资收益	12		
以摊余成本计量的金融资产终止确认收益（损失以"-"号填列）	13		
净敞口套期收益（损失以"-"号填列）	14	0.00	1.00
公允价值变动收益（损失以"-"号填列）	15	1,100,000.00	1,900,000.00
信用减值损失（损失以"-"号填列）	16		
资产减值损失（损失以"-"号填列）	17		
资产处置收益（损失以"-"号填列）	18		
二、营业利润（亏损以"-"号填列）	19	10,300,000.00	10,950,000.00
加：营业外收入	20	600,000.00	950,000.00
减：营业外支出	21	1,100,000.00	350,000.00
三、利润总额（亏损总额以"-"号填列）	22	9,800,000.00	11,550,000.00
减：所得税费用	23	3,300,000.00	3,850,000.00
四、净利润（净亏损以"-"号填列）	24	6,500,000.00	7,700,000.00
（一）持续经营净利润（净亏损以"-"号填列）	25		
（二）终止经营净利润（净亏损以"-"号填列）	26		

图9.3.4　A公司利润表

步骤 2 找到计算资产及资本盈利能力指标所需要的数据。这些指标所用的数据见表 9.3.7。

表 9.3.7　资产及资本盈利能力指标数据来源

数据来源	数据名称	单元格
资产负债表	所有者权益合计期初数	H43
	所有者权益合计期末数	G43
	资产总计期初数	D44
	资产总计期末数	C44
利润表	净利润	C26

步骤 3 在利润表后插入新的工作表，命名为企业盈利能力分析，这个表格在上节课分析销售盈利能力时曾使用，本次可以在原有基础上进行拓展，使表格的信息汇总能力得到充分发挥，如图 9.3.5 所示。

	A	B	C	D
1		企业盈利能力指标		
2		指标名称	计算公式	指标值
3	销售盈利能力	毛利率	毛利/营业收入×100%	11.86%
4		营业利润率	营业利润/营业收入×100%	6.86%
5		净利率	净利润/营业收入×100%	4.33%
6		成本费用利润率	利润总额/成本费用总额×100%	7.41%
7	资产及资本盈利能力	净资产收益率	净利润/净资产平均数×100%	14.19%
8		总资产收益率	净利润/总资产平均数×100%	6.91%
9		资本保值增值率	期末所有者权益/期初所有者权益×100%	106.77%

图 9.3.5　资产及资本盈利能力分析表

D7 单元格的计算公式："=ROUND(利润表!C26/((资产负债表!G43+资产负债表!H43)/2),4)"。

D8 单元格的计算公式："=ROUND(利润表!C26/((资产负债表!C44+资产负债表!D44)/2),4)"。

D9 单元格的计算公式："=ROUND(资产负债表!G43/资产负债表!H43,4)"。

注意，由于指标均为百分数，因此应当提前对指标值的单元格进行设置，设置为百分比；ROUND 函数在此处应当保留为百分数以上两位。设置参数和销售盈利能力指标一样设置为4。

步骤 4 对各指标值进行分析评价。A 公司本年度净资产收益率为 14.19%，总资产收益率为 6.91%，资本保值增值率为 106.77%，总体表现不是很突出，作为会计人员，我们应当向管理人员做出提醒，并进一步分析本企业的情况，特别是资产的结构，分析是否由于负债占比过高，造成资产及资本盈利能力表现不好。

任务评价

现就任务实际掌握情况进行评价，具体评价指标和评价标准见表 9.3.8。

表 9.3.8 "资产及资本盈利能力分析"评价表

评价维度	评价指标	评价标准	评价		
			自评	互评	师评
知识技能目标（25 分）	了解资产及资本盈利能力指标（4 分）	正确描述资产及资本盈利能力指标的计算公式，得 5 分； 描述不完整得 2 分； 无法描述不得分			
知识技能目标（25 分）	计算资产及资本盈利能力指标（9 分）	正确计算资产及资本盈利能力指标，每个指标 3 分			
	对资产及资本盈利能力进行分析评价（12 分）	能够对资产及资本盈利能力指标进行正确分析，每个指标 4 分			
职业道德素养（25 分）	"坚持学习，守正创新"的职业道德规范。（10 分）	学习过程认真仔细，笔记全面，训练积极，得 10 分； 认真听讲，基本参与训练，得 5 分			
	"严谨细致、一丝不苟、精益求精"工作作风。（10 分）	严谨细致，得 5 分； 操作熟练，得 5 分			
	沟通交流能力（5 分）	在团队合作中主动交流沟通得 5 分			
课堂参与度（10 分）	积极参与课堂互动（10 分）	主动参与互动得 5 分； 承担小组展示活动得 5 分，参与小组展示得 2 分			
小计					
平均分（满分 60 分）					

说明： 任务评价采取课堂评价（60%）与期末考核评价（40%）相结合的方式。课堂评价由自我评价（自评）、小组评价（互评）和教师评价（师评）组成，分别从知识技能、职业道德素养、课堂参与度三个方面进行评价。

任务拓展训练

根据 B 公司连续三年的资产负债表和利润表，如图 9.3.6 和图 9.3.7 所示，计算 B 公司三年的资产及资本盈利能力指标，并结合三年的计算结果，对 B 公司三年来的资产及资本盈利能力进行比较分析。

资产负债表

单位名称：B公司　　　　2021年12月30日

资产	行次	2020年末余额	2021年末余额	2022年末余额	负债和所有者权益（或股东权益）	行次	2020年末余额	2021年末余额	2022年末余额
流动资产：					流动负债：				
货币资金	1	1,350,000.00	2,600,000.00	3,600,000.00	短期借款	35	2,350,000.00	3,100,000.00	3,800,000.00
交易性金融资产	2	700,000.00	400,000.00	550,000.00	交易性金融负债	36			
衍生金融资产	3				衍生金融负债	37			
应收票据	4	650,000.00	500,000.00	550,000.00	应付票据	38	300,000.00	350,000.00	150,000.00
应收账款	5	10,050,000.00	20,000,000.00	20,700,000.00	应付账款	39	5,550,000.00	5,100,000.00	6,100,000.00
应收款项融资	6				预收款项	40			
预付款项	7	300,000.00	700,000.00	600,000.00	合同负债	41	300,000.00	600,000.00	500,000.00
其他应收款	8	1,200,000.00	1,200,000.00	1,000,000.00	应付职工薪酬	42	1,050,000.00	900,000.00	1,050,000.00
存货	9	16,400,000.00	6,050,000.00	8,050,000.00	应交税费	43	700,000.00	550,000.00	1,150,000.00
合同资产	10				其他应付款	44	1,800,000.00	2,950,000.00	2,450,000.00
持有待售资产	11				持有待售负债	45			
一年内到期的非流动资产	12		2,350,000.00	1,350,000.00	一年内到期的非流动负债	46		2,600,000.00	2,650,000.00
其他流动资产	13	650,000.00	2,100,000.00	3,150,000.00	其他流动负债	47	350,000.00	250,000.00	170,000.00
流动资产合计	14	31,300,000.00	35,900,000.00	39,150,000.00	流动负债合计	48	12,400,000.00	16,400,000.00	18,020,000.00
非流动资产：					非流动负债：				
债权投资	15				长期借款	49	16,200,000.00	22,600,000.00	23,100,000.00
其他债权投资	16				应付债券	50	13,100,000.00	12,100,000.00	12,000,000.00
长期应收款	17				其中：优先股	51			
长期股权投资	18	2,350,000.00	1,600,000.00	1,750,000.00	永续债	52			
其他权益工具投资	19				租赁负债	53			
其他非流动金融资产	20				长期应付款	54			
投资性房地产	21				预计负债	55			
固定资产	22	48,450,000.00	61,900,000.00	62,900,000.00	递延收益	56			
在建工程	23	1,850,000.00	1,000,000.00	0.00	递延所得税负债	57			
生产性生物资产	24				其他非流动负债	58	3,850,000.00	3,600,000.00	3,750,000.00
油气资产	25				非流动负债合计	59	29,300,000.00	38,300,000.00	38,850,000.00
使用权资产	26				负债合计	60	41,700,000.00	54,700,000.00	56,870,000.00
无形资产	27	1,200,000.00	1,000,000.00	1,600,000.00	所有者权益（或股东权益）：				
开发支出	28				实收资本（或股本）	61	30,000,000.00	30,000,000.00	30,000,000.00
商誉	29				其他权益工具	62			
长期待摊费用	30				其中：优先股	63			
递延所得税资产	31	850,000.00	350,000.00	250,000.00	永续债	64			
其他非流动资产	32		250,000.00	350,000.00	资本公积	65	600,000.00	900,000.00	900,000.00
非流动资产合计	33	54,700,000.00	66,100,000.00	66,850,000.00	减：库存股	66			
					其他综合收益	67			
					专项储备	68			
					盈余公积	69	2,100,000.00	3,800,000.00	3,983,000.00
					未分配利润	70	11,600,000.00	12,600,000.00	14,247,000.00
					所有者权益（或股东权益）合计	71	44,300,000.00	47,300,000.00	49,130,000.00
资产总计	34	86,000,000.00	102,000,000.00	106,000,000.00	负债和所有者权益（或股东权益）总计	72	86,000,000.00	102,000,000.00	106,000,000.00

图9.3.6　B公司连续三年资产负债表

利润表

项目	行次	2020年金额	2021年金额	2022年金额
一、营业收入	1	142,600,000.00	150,100,000.00	158,440,000.00
减：营业成本	2	125,250,000.00	132,300,000.00	141,500,000.00
税金及附加	3	1,500,000.00	1,500,000.00	1,500,000.00
销售费用	4	1,100,000.00	1,200,000.00	1,250,000.00
管理费用	5	2,100,000.00	2,400,000.00	2,000,000.00
研发费用	6	1.00	0.00	0.00
财务费用	7	4,900,000.00	5,600,000.00	5,800,000.00
其中：利息费用	8			200,000.00
利息收入	9			
加：其他收益	10			
投资收益（损失以"-"号填列）	11	1,300,000.00	2,100,000.00	3,200,000.00
其中：对联营企业和合营企业的投资收益	12			
以摊余成本计量的金融资产最终确认收益（损失	13			
净敞口套期收益（损失以"-"号填列）	14	1.00	0.00	0.00
公允价值变动收益（损失以"-"号填列）	15	1,900,000.00	1,100,000.00	1,000,000.00
信用减值损失（损失以"-"号填列）	16			
资产减值损失（损失以"-"号填列）	17			
资产处置收益（损失以"-"号填列）	18			
二、营业利润（亏损以"-"号填列）	19	10,950,000.00	10,300,000.00	10,590,000.00
加：营业外收入	20	950,000.00	600,000.00	320,000.00
减：营业外支出	21	350,000.00	1,100,000.00	950,000.00
三、利润总额（亏损总额以"-"号填列）	22	11,550,000.00	9,800,000.00	9,960,000.00
减：所得税费用	23	3,850,000.00	3,300,000.00	2,490,000.00
四、净利润（净亏损以"-"号填列）	24	7,700,000.00	6,500,000.00	7,470,000.00
（一）持续经营净利润（净亏损以"-"号填列）	25			
（二）终止经营净利润（净亏损以"-"号填列）	26			

图9.3.7　B公司连续三年利润表

扫码查看训练
任务和操作演示

项目十
WPS AI 应用介绍

项目介绍

AI（人工智能）模块是 WPS 中一款强大的数据处理和分析工具，融合了先进的 AI 技术，为广大用户提供了智能、高效的办公体验。AI 在工作中的应用广泛，极大地提高了数据处理的效率和准确性，主要包括以下几个方面。

1. 数据分析和预测：WPSAI 可以帮助用户从数据中提取有价值的信息，进行数据分析和预测。例如，使用机器学习算法进行数据挖掘和分类，或者使用自然语言处理技术进行文本分析。

2. 报告生成自动化，内容丰富：WPSAI 可以自动化生成一些常规报告和报表，提高报告的生成速度和质量。同时，WPS AI 还可以根据用户的需求提供个性化的报告，增强报告内容的丰富性和可读性。

3. 程自动化流：WPSAI 可以自动化一些重复性高、烦琐的任务，如数据清洗、数据验证等，提高工作效率。

4. 决策支持：WPSAI 可以帮助用户从大量数据中提取关键信息，提供决策支持。通过分析历史数据和趋势，WPS AI 可以帮助用户预测未来的发展，为决策提供有力支持。

WPSAI 发展迅速，已经成为许多企业和个人用户的重要工具。一方面，WPS 提供了丰富的 AI 工具和功能，如机器学习、自然语言处理等，使用户能够更方便地应用 AI 技术；另一方面，WPS AI 也在不断发展和完善，新的算法和模型不断推出，使得 WPSAI 更加智能和高效。

未来，WPS AI 发展趋势将更加注重个性化和智能化。随着大数据和云计算技术的发展，其中 Excel AI 将能够处理更加复杂的数据，提供更加精确和个性化的分析结果。此外，WPS AI 还将更加注重与其他应用系统的集成，为用户提供更加全面的解决方案。同时，WPS AI 还将更加注重用户体验，不断优化和改进功能和界面，提高用户的使用体验。

WPS AI 在财务方面有多项应用，不仅可以对财务数据进行处理与分析，还能广泛运用于财务管理中，包括考勤管理、工资计算等。

1. 分析财务数据：WPS AI 可以帮助财务人员快速处理和分析财务数据，包括财务报表、交易明细等。它能够自动识别和分类数据，并完成各种数据处理和分析任务，如财务比率分析、趋势分析、横向和纵向比较分析等，帮助财务人员更好地理解企业的财务状况、发现问题和机会，并支持决策和规划。

2. 考勤管理：WPS AI 可以通过对员工的签到、签退等信息进行智能识别和分析，自动计算出员工的工作时长和考勤情况。它能够准确记录员工的出勤数据，并能识别并处理各种异常情况，如迟到、早退、加班等，提高考勤管理的自动化和准确性，减少人工操作和错误，节省时间和人力成本。

3. 工资计算：WPS AI 可以结合企业的工资政策和员工的考勤数据，自动计算出每名员工的工资。它能够考虑各种工资组成因素，并根据设定的规则进行处理，如基本工资、绩效奖金、津贴等工资要素，并根据实际情况进行自动调整。同时，它还可以自动生成工资表和工资报告，提高工资计算的效率和准确性。

本项目主要介绍 WPS AI 模块的应用。学习本项目后，你将掌握运用该模块快速分析和处理大量数据的技能，并根据实际需求进行智能化操作。你将能够轻松地应用该模块实现数据的智能填充、识别和分析，从而提高工作效率。在财务分析方面，通过运用该模块，你可以快速识别和分析财务数据，为决策提供科学的依据。

任务

应用 WPS AI 对数据进行处理

工作和学习中经常需要和数据打交道，无论是市场调研、财务分析、学术研究，还是日常管理，数据都是人们进行决策的重要依据。随着大数据时代的到来，数据量的激增和数据种类的多样化，数据分析变得越来越重要。而 AI 技术的快速发展，为数据处理带来了巨大的变革。应用 WPS AI 对数据进行处理的优势主要包括以下几个方面。

1. 提高数据处理效率：WPS AI 可以自动化处理大量数据，如筛选、清洗、转换等，大大提高了数据处理效率，减少了人工操作的时间和成本。

2. 减少人为错误：WPS AI 可以自动识别和纠正数据中的错误和异常值，避免了人为错误的影响，提高了数据处理的准确性。

3. 智能分析数据：WPS AI 可以对数据进行智能化分析，如聚类分析、关联分析、趋势预测等，帮助用户更好地理解数据的结构和趋势，为决策提供依据。

4. 自动生成报告：WPS AI 可以根据数据分析结果自动生成报告，减少了人工报告生成的时间和成本，同时提高了报告的准确性和及时性。

随着技术的不断进步，AI 将越来越能够理解复杂的数据关系，这给人们的工作和学习带来了极大的便利，使人们能够从烦琐的数据处理工作中解放出来，专注于数据的分析和决策。

任务场景

作为一家公司的股票分析师，你目前负责对上市银行的相关数据进行处理、分析与筛选。此次任务需要了解上市银行的资产规模情况，并计算相应财务指标。

如需其他补充数据，可以在上市银行官网的投资者关系板块中下载年报获取。

任务目标

1. 了解 WPS AI 模块的基本功能；
2. 掌握 WPS AI 模块的基础操作。

任务内容

某银行资产负债数据表（金额单位：亿元）见表 10.1.1，请根据相关数据，挑选出你认为最值得投资的股票，并将其作为最终投资决策的依据。

表 10.1.1　某银行资产负债数据表

银行名称	总资产			总负债		
	2020 年报	2021 年报	2022 年报	2020 年报	2021 年报	2022 年报
A 银行	4,598.28	5,222.50	5,296.14	4,289.21	4,889.22	4,930.21
B 银行	5,478.13	5,749.80	5,915.14	5,018.42	5,155.68	5,388.88
C 银行	6,524.34	7,683.46	9,176.50	6,063.19	7,163.24	8,562.24
D 银行	5,906.80	6,086.87	6,459.98	5,462.29	5,546.27	5,873.46
E 银行	7,042.35	7,961.50	9,047.33	6,585.12	7,395.04	8,425.61
F 银行	7,574.82	7,682.33	13,267.36	6,981.27	7,058.54	12,331.02
G 银行	5,986.04	6,450.46	7,127.33	5,474.94	5,822.66	6,494.12
H 银行	6,877.60	7,199.04	7,610.83	6,338.12	6,623.63	7,004.64
I 银行	11,692.57	13,905.65	16,165.38	10,883.95	13,004.94	15,179.65
J 银行	16,267.49	20,156.07	23,660.97	15,077.56	18,656.07	21,975.71
K 银行	15,170.76	17,489.47	20,594.84	14,090.43	16,263.82	19,017.85
L 银行	24,621.44	26,531.99	28,785.25	22,712.05	24,474.30	26,568.76
M 银行	29,000.14	30,589.59	33,879.52	26,788.71	27,618.81	30,773.35
N 银行	33,998.16	36,762.87	39,001.67	31,171.61	33,755.85	35,768.45
O 银行	44,685.14	49,213.80	53,215.14	41,043.83	45,259.32	48,868.34
P 银行	53,681.10	59,020.69	63,005.10	49,131.12	54,177.03	57,904.97
Q 银行	69,502.33	69,527.86	72,556.73	64,089.85	63,662.47	66,428.59
R 银行	75,111.61	80,428.84	85,475.43	69,511.23	74,002.58	78,617.13

银行名称	总资产			总负债		
	2020 年报	2021 年报	2022 年报	2020 年报	2021 年报	2022 年报
S 银行	79,502.18	81,367.57	87,046.51	73,044.01	74,585.39	79,978.76
T 银行	83,614.48	92,490.21	101,389.12	76,310.94	83,833.40	91,846.74
U 银行	78,940.00	86,030.24	92,666.71	72,691.97	79,087.26	85,093.73
V 银行	244,026.59	267,224.08	289,138.57	222,398.22	243,718.55	263,462.86
W 银行	281,322.54	302,539.79	346,019.17	257,429.01	276,398.57	317,231.57
X 银行	272,050.47	290,691.55	339,275.33	249,943.01	266,477.96	312,530.82
Y 银行	333,450.58	351,713.83	396,096.57	304,355.43	318,961.25	360,958.31
Z 银行	106,976.16	116,657.57	129,924.19	98,189.88	106,885.21	119,566.79

任务实施

知识链接

1. 打开 WPS 软件并进入所需的编辑界面（如 WPS 文字、WPS 表格等），可以看到 WPS AI 图标按钮，如图 10.1.1 所示。

| 开始 | 插入 | 页面 | 引用 | 审阅 | 视图 | 工具 | 会员专享 | WPS AI | |

图 10.1.1 WPS AI 图标按钮

2. 单击 WPS AI 图标按钮，打开 WPS AI 面板，如图 10.1.2 所示。

图 10.1.2 WPS AI 面板

3. 可以选择不同的 AI 功能，如文本翻译、智能搜索、数据分析等。当然，也可以在灵感集市中探索更多所需指令，如图 10.1.3 所示。

图 10.1.3　WPS AI 灵感市集

4. 单击所需功能的按钮，根据提示输入相关指令，即可使用 AI 功能。

一、借助 WPS AI 筛选数据。

步骤 1　打开素材"上市银行资产负债数据表"。

步骤 2　单击 WPS AI 图标按钮，如图 10.1.4 所示，加载 WPS AI 模块，如图 10.1.5 所示。

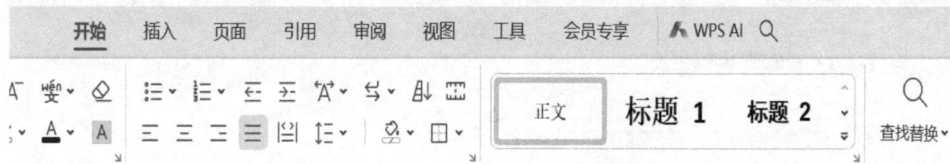

图 10.1.4　WPS AI 图标按钮

步骤 3　单击 WPS AI 模块加载界面的"对话操作表格"按钮，打开 WPS AI 对话界面。

步骤 4　输入相应的筛选条件，如图 10.1.6 所示。

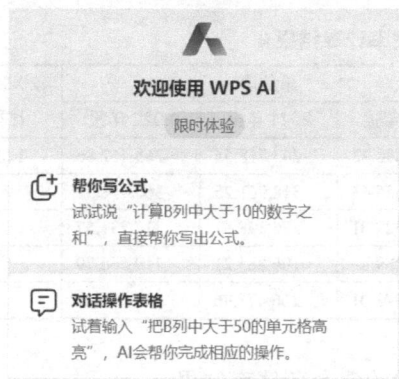

图 10.1.5　WPS AI 模块加载界面

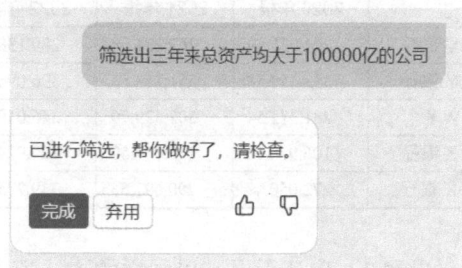

图 10.1.6　在 WPS AI 对话界面输入筛选条件

步骤 4 输出结果如表 10.1.2 所示。检查并确认筛选结果，若结果无误，则在图 10.1.6 所示界面单击"完成"按钮，以确认最终筛选结果。

表 10.1.2 筛选结果

银行名称	总资产			总负债		
	2020 年报	2021 年报	2022 年报	2020 年报	2021 年报	2022 年报
V 银行	244,026.59	267,224.08	289,138.57	222,398.22	243,718.55	263,462.86
W 银行	281,322.54	302,539.79	346,019.17	257,429.01	276,398.57	317,231.57
X 银行	272,050.47	290,691.55	339,275.33	249,943.01	266,477.96	312,530.82
Y 银行	333,450.58	351,713.83	396,096.57	304,355.43	318,961.25	360,958.31
Z 银行	106,976.16	116,657.57	129,924.19	98,189.88	106,885.21	119,566.79

二、借助 WPS AI 输入公式并根据结果排序。

步骤 1 将光标移入单元格中，输入"="，单击弹出的 AI 图形，唤醒 AI 功能。单击"帮你写公式"按钮以提问形式输入文字公式，如图 10.1.7 所示。

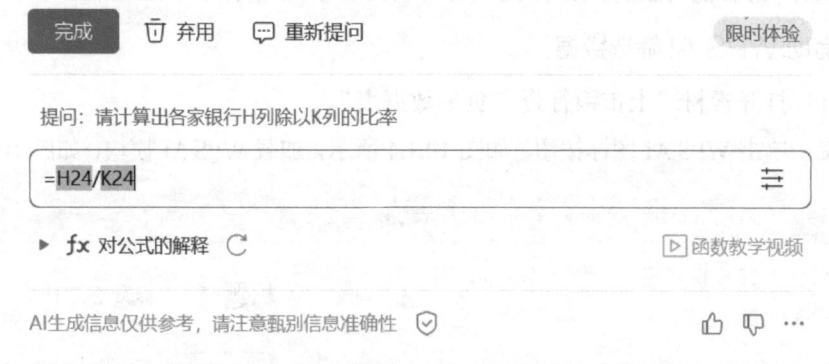

完成　弃用　重新提问　　　　　　　　　　限时体验

提问：请计算出各家银行H列除以K列的比率

=H24/K24

▶ fx 对公式的解释　↻　　　　　　　　▶ 函数教学视频

AI生成信息仅供参考，请注意甄别信息准确性 ✓

图 10.1.7 以提问形式输入文字，生成公式

步骤 2 检查并确认 WPS AI 生成的公式，单击"完成"按钮生成计算结果，如果 10.1.3 所示。注意：由于 AI 识别能力有限，在输入文字时，应尽量注意准确性。

表 10.1.3 WPS AI 得出的比率计算结果

银行名称	总资产			总负债			2022 年比率
	2020 年报	2021 年报	2022 年报	2020 年报	2021 年报	2022 年报	
V 银行	244,026.59	267,224.08	289,138.57	222,398.22	243,718.55	263,462.86	1.09745
Y 银行	333,450.58	351,713.83	396,096.57	304,355.43	318,961.25	360,958.31	
W 银行	281,322.54	302,539.79	346,019.17	257,429.01	276,398.57	317,231.57	
Z 银行	106,976.16	116,657.57	129,924.19	98,189.88	106,885.21	119,566.79	
X 银行	272,050.47	290,691.55	339,275.33	249,943.01	266,477.96	312,530.82	

步骤 3 确认无误，以同样的方式填充其他银行的资产负债率结果。

步骤 4 在 WPS AI 对话界面输入排序条件，如图 10.1.8 所示。

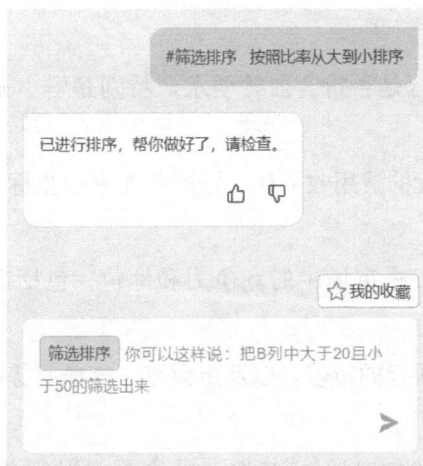

图 10.1.8　在 WPS AI 对话界面输入排序条件

步骤 5　检查并确认排序结果，若结论无误，则单击"完成"按钮，以确认最终排序结果。

表 10.1.4　各家银行资产负债率排序结果

银行名称	总资产			总负债			2022 年比率
	2020 年报	2021 年报	2022 年报	2020 年报	2021 年报	2022 年报	
V 银行	244,026.59	267,224.08	289,138.57	222,398.22	243,718.55	263,462.86	1.09745
Y 银行	333,450.58	351,713.83	396,096.57	304,355.43	318,961.25	360,958.31	1.09735
W 银行	281,322.54	302,539.79	346,019.17	257,429.01	276,398.57	317,231.57	1.09075
Z 银行	106,976.16	116,657.57	129,924.19	98,189.88	106,885.21	119,566.79	1.08662
X 银行	272,050.47	290,691.55	339,275.33	249,943.01	266,477.96	312,530.82	1.08557

三、数据结果分析。

上述结果表明，2020—2022 年在给定的上市银行中，V 银行、W 银行、X 银行、Y 银行、Z 银行的资产规模均达到了 100000 亿元，属于我国资产规模最大的五家银行。对 2022 年资产负债率进行的计算与排序结果表明，V 银行的资产负债率最高，约为 1.09745；X 银行的最低，为 1.08557。针对这一结果，表明在五家银行中，V 银行的负债相对较少，承担的风险也相应较小，财务稳健性相应较高。可以对 V 银行进行更加深入的分析，挖掘其投资价值。

若要判断一家上市银行是否值得投资，还可以参考以下几个方面进行分析和比较。

1．财务状况：通过分析银行的财务报表，关注资产规模、营业收入、净利润等指标，评估银行的盈利能力和风险承受能力。

2．盈利能力：关注银行的 ROE（净资产收益率）、ROA（总资产收益率），评估银行的盈利能力和资产利用率。

3．贷款质量：关注银行的不良贷款比例、拨备覆盖率等指标，判断银行的资产质量和风险控制能力。

4. 监管合规：了解银行是否符合监管要求，特别是资本充足率是否满足巴塞尔协议的要求。

5. 运营效率：关注银行的费用收入比、资产负债率等指标，评估银行的运营效率和财务稳定性。

6. 市场地位：考察银行在市场中的竞争力和地位，包括市场占有率、创新能力、客户群体等。

7. 市值和估值：评估银行的市值，以及市盈率、市净率等指标，考虑投资回报和估值水平。

8. 宏观经济环境：了解宏观经济情况，特别是金融行业的政策环境和风险因素，判断上市银行所处的行业和市场环境，区域性城商行或农商行还应关注所在地的经济发展情况。

综合以上维度和指标进行分析和比较，可以判断一家上市银行是否值得投资。投资者再结合自身的风险承受能力、投资目标和时间等因素做出综合投资决策。

总体而言，使用 WPS AI 处理上市银行年报数据，可以按照以下步骤进行。

1. 数据收集：收集各上市银行年报数据，包括财务报表、业务数据、客户信息等，并使用 WPS 等工具将数据导入表格中。相关年报数据可以通过相应上市银行官网中的"投资者关系"模块获取，也可以通过 Wind 或同花顺数据中心进行批量获取。

2. 数据清洗：使用 WPS AI 进行数据清洗，查找并去除重复、错误和无效的数据，确保数据的准确性和完整性。

3. 数据分析：利用 AI 算法对清洗后的数据进行加工计算并深入分析，如宏观数据与上市银行指标的相关性、财务指标分析、风险指标筛选与评估等。WPS AI 可以根据数据之间的关联和趋势，自动生成报告和预测模型。

4. 数据可视化：可以将分析结果以图表或报告的形式呈现，以便更好地理解和分析数据。可以通过 WPS AI 生成清晰、直观的图表或报告。

5. 决策支持：根据分析结果，WPS AI 可以提供决策支持建议，如投资策略、风险控制提示等；还可以根据历史数据和预测模型，未来趋势的预测和建议参考。

6. 反馈循环：根据实际应用效果和反馈，不断优化算法和模型等，提高 WPS AI 数据处理和分析的准确性和效率。

扫码查看
操作演示

任务评价

现对任务实际掌握情况进行评价，具体评价指标和评价标准如表 10.1.5 所示。

表 10.1.5 "应用 WPS AI 对数据进行处理"评价表

评价维度	评价指标	评价标准	评价		
			自评	互评	师评
知识技能（25分）	了解 WPS AI 的功能（5分）	正确描述 WPS AI 的功能，得5分； 描述不完整，得2分； 无法描述，不得分			
	应用 WPS AI（10分）	正确应用课堂任务中的应用 WPS AI 人工智能相关功能（每个步骤得1分，共10分）			
	完成任务拓展训练（10分）	正确完成任务拓展训练中的计算任务，得10分			
职业道德素养（25分）	"坚持学习，守正创新"的职业道德规范。（10分）	学习过程认真仔细，笔记全面，训练积极，得10分； 认真听讲，基本参与训练，得5分			
	"严谨细致、一丝不苟、精益求精"的工作作风（10分）	严谨细致，得5分； 操作熟练，得5分			
	沟通交流能力（5分）	在团队合作中主动交流沟通得5分			
课堂参与度（10分）	积极参与课堂互动（10分）	主动参与互动，得5分； 承担小组展示活动，得5分； 参与小组展示，得2分			
小计					
平均分（满分60分）					

说明：任务评价采取课堂评价（60%）与期末考核评价（40%）相结合的方式。课堂评价由自我评价（自评）、小组评价（互评）和教师评价（师评）组成，分别从知识技能、职业道德素养、课堂参与度三个方面进行评价。

任务拓展训练

应用 WPS AI 对数据进行分类计算

你是一家公司的财务人员，目前正根据本月的打卡与加班情况核算本月销售部与后勤部员工的工资。根据公司规定，每月实发工资在每月基本工资基础上，基于每月请假与加班天数调整之后决定。根据部门性质，销售部员工基于请假与加班天数的调整日薪为 300

元，后勤部员工为 200 元。此外，全勤员工当月可获得全勤奖，为 1000 元。

请根据上述信息及各部门员工的出勤与基本工资统计表（金额单位：元）（见表 10.1.6），对数据进行分析与处理，结合公司现有的薪酬体系，核算每名员工当月的实发工资，并确认当月该员工工资是否高于公司平均水平。

表 10.1.6 出勤与基本工资统计表

序号	部门	姓名	应出勤天数	实出勤天数	加班天数	每月工资
1	销售部	金小妹	21	21	0	8000
2	后勤部	金小獴	21	20	0	6000
3	销售部	金小萌	21	21	2	8000
4	后勤部	金小一	21	20	0	7500
5	后勤部	金小崽	21	20	0	7500
6	销售部	金快快	21	19	0	7550
7	后勤部	金组织	21	20	0	7600
8	后勤部	金豆豆	21	21	1	7650
9	销售部	金兵兵	21	21	0	7700
10	后勤部	金嘻嘻	21	20	0	7750
11	销售部	金夸夸	21	21	1	7800
12	后勤部	金吉吉	21	21	1	7850

扫码查看训练
任务和操作演示